KB054722

김두관의

외침

김두관의

외침

김두관
지음

매일경제신문사

정치인은
외칠 의무가 있습니다

21대 국회에서 보낸 지난 3년여 시간은 문재인 정부에서 윤석열 정부로 넘어가는 격변의 시기였습니다. 제3기 민주정부에서 다시 보수정부로 교체되는 과정을 지켜보는 것은 참 고통스러운 일이었습니다. 코로나를 방어하며 민생과 경제 부문에서 공들여 쌓아올린 탑은 무너지고, 대한민국의 국제적 위상과 대외관계도 백척간두에 서 있는 느낌입니다. 앞으로 3년이 더 남은 시간, 대한민국이 어떻게 흘러갈지 무척 염려가 됩니다.

문재인 정부의 부동산 실책과 인사 실책은 우리에게 거대한 나비효과로 돌아왔습니다. 그 과정에서 저는 무던히도 외쳤습니다. 개인적 외침만으로는 부족했기에 대선 경선에도 출마하고, 당 원내대표 선거에 나서기도 했습니다. 저의 부족함으로 인해 선택받지 못했지만, 그간 외침의 기록만큼은 남겨두고자 합니다. 저의 판단과 발언이 옳을 때도 그를 때도 있었습니다. 그러나 정치적 고비마다 우리가 어떤 상황 속에서 어떻게 행동했는지는 되새길 필요가 있다고 생각합니다.

이 책에는 지난 시간 발표한 정치와 정책에 관한 소견을 묶었습니다. 내용에 따라 총 4장으로 구분했습니다. 각각 민생과 경제, 권력과 검찰, 정치와 정당, 균형과 분권에 대한 내용을 시간의 흐름대로 담았습니다.

숙고된 발언도 있고, 다소 정제되지 않은 발언들도 있습니다. 그렇지만 대체로 수정없이 그대로 담은 것은, 지금과 특정 견해나 표현을 수정하거나 철회한다면 의미가 상쇄될 것 같기 때문입니다.

저는 이 책에 실린 대부분의 견해를 여전히 고수하고 있습니다. 그렇기 때문에 이 글들은 저의 정치적 철학 혹은 노선을 표명한다고 볼 수도 있습니다. 큰 정부와 국가의 공적 기능 강화, 사회경제적 개혁의 필요성, 정당의 민주적 개혁과 표의 비례성을 높이는 선거제 개편, 과감한 균형발전과 분권체제 구축 등이 그것입니다. 현실적으로 국회의원 한 사람이 할 수 있는 일은 아닙니다. 그러나 국회의원은 입법부 헌법기관의 일원으로 나라의 비전을 보일 의무가 있습니다.

이 책을 하나의 이정표이자 기록으로 남겨두고자 합니다. 이제는 그 외침이 현실화되도록 정당과 정치 내부에서 더욱 매진하겠습니다. 국민들 속에서 귀를 열고 민심을 포용하되, 더욱 견고하게 생각을 쌓아가고 실천의 단초를 마련하겠습니다. 감사합니다.

김두관 올림

1장 / 국민에 보답하는 나라

민생과 경제를 위한 외침

2장 / 권력 통제와 실패의 대가

검찰개혁과 부당한 권력에 맞선 외침

3장 / 민주개혁, 민주당의 본령

정치와 정당의 개혁을 위한 외침

4장 / 균형과 분권이 나라를 살린다

자치분권과 균형발전을 위한 외침

1장
국민에 보답하는 나라
민생과 경제를 위한 외침

국회의원 임기 지난 3년 반을 돌아봅니다. 그동안 우리 국민 모두에게 참 많은 일들이 있었습니다. 지난 21대 총선에서 민주당은 더불어시민당을 포함해 무려 180석을 얻었습니다. 민주당이 역대 총선에서 얻은 가장 많은 의석이었습니다. 2018년 지방선거에서도 국민들은 민주당에 압도적인 표를 몰아주었습니다. 문재인 정부의 지지율은 집권 후 상당 기간 동안 80% 이상 고공행진을 거듭했습니다. 우리가 그만큼 잘해서였다기보다, 국민들의 염원이 포함된 것이었다고 생각합니다.

그러나 우리는 정권을 빼앗겼습니다. 뒤늦은 후회입니다만, 만일 문재인 대통령 당선 이후 탄핵 찬성 대 반대의 정치 지형을 그대로 유지했더라면 어땠을까 하는 생각을 지울 수 없습니다. 국민들이 촛불로 열망을 모아 주셨고 당시 여당에서조차 탄핵 찬성으로 돌아선 사람들이 있었는데, 그들을 탄핵 표결의 거수기로만 쓰고 버린 것이 과연 옳은 일이었을까를 생각합니다. 어쩌면 그러한 정치 지형을 유지했더라면 적어도 오늘날처럼 탄핵 이전처럼 정치 지형이 거꾸로 가지는 못했을 것이라는 아쉬움이 항상 남습니다.

모두가 알다시피 20여 차례 거듭된 부동산 대책은 대부분 실패로 끝났습니다. 집값이 몇 배나 올라 주거 사다리가 사라져 버린 서울시의 유권자들은 지난 대선과 지방선거에서 민주당을 철저히 외면했습니다.

훌륭한 방역 대처로 코로나19 위기 상황을 무난히 넘기기는 하였지만, 그 과정에서 국민들을 지원하는 데 무능력이 여러 차례 노출되었습니다. 정권에서 임명한 기획재정부 장관은 총리나 대통령의 지시에 맞서가며 재정을 푸는데 극히 인색했습니다. 너무나 아쉬운 장면입니다.

대한민국은 근면한 국민들의 희생으로 압도적인 성장을 이룬 나라입니다. 그러나 성장과 발전의 그림자가 너무 짙습니다. 노동자들은 전 세계 최소 수준의 장시간 노동시간에 시달리고 있고, 산업재해도 OECD 최고 수준을 기록하고 있습니다. 세계에서 가장 큰 빈부격차 수준은 국민들의 낮은 행복지수와 극도로 낮은 출산율로 이어지고 있습니다. 평생을 나라와 자식들에게 헌신한 노인들은 노후가 매우 불안정해, 노인빈곤율과 자살률도 OECD 1위를 달리고 있습니다. 국가는 부강해졌는데 국민들은 과연 그만한 성장의 혜택을 누리고 있는 것일까요?

지난 20대 대선 경선 후보로 나서면서 제가 내건 슬로건은 '국민에 보답하는 나라'였습니다. 국가가 국민에 보답해야 합니다. 지난 코로나19 기간 동안 문재인 정부는 수차례 추경을 통해 재난지원금을 지급했습니다. 그러나 자영업자들과 중소기업인들의 엄청난 손실을 채우기에는 역부족이었습니다. 손실보상금은 실제 손실 규모와 무관하게 일시적인 소규모 지원에 그쳤습니다. 독일, 미국, 일본 등 선진국들이 지원한 재정 규모에 비교조차 할 수 없는 정도였습니다.

그나마 지원된 돈도 대부분 금융지원, 다시 말하면 나중에 갚아야 할 빚이었습니다. 급증한 소상공인의 대출은 이제 하나둘 만기가 다가오고 있습니다. 대한민국 정부의 재정건전성은 여전히 손꼽히는 수준으로 좋은데, 윤석열 정부는 재정준칙을 이유로 다시 허리띠를 죄고 있습니다. 그러는 사이 가계부채는 지난해 말 기준 GDP 대비 105%에 이르고 있습니다. 세계 3위 수준입니다. 경기 하강기에 물가상승과 금리상승이 겹쳐 국민은 빚에 시달리고 있는데, 정부는 추경을 고려조차 하지 않고 있습니다.

국가경제 운용에 대한 철학은 정권의 기반입니다. 경제철학은 정권의 이념적 기반임과 동시에 지지계층을 형성하는 기반도 됩니다. 김대중 대통령은 민주당을 서민과 중산층의 정당으로 정의했습니다. 그런 면에서 지난 대선 패배의 가장 큰 원인은 지지기반의 분열이라고 판단됩니다. 저금리와 대출 확대 등 투기를 조장하는 정책을 그대로 두고 지엽적인 규제로 부동산을 컨트롤하려 했던 것입니다. 결과적으로 볼 때 중산층 중심의 경제정책 운용으로 서민층이 이반되는 결과를 낳았다고 생각합니다. 우리는 민주당이 추구하는 경제정책에 대한 분명한 철학과 의지, 그리고 정책 수단을 갖출 필요가 있습니다.

대선 경선 기간 동안 제가 제안한 가장 큰 경제 정책은 '청년기본자산제'였습니다. 기본자산에 관한 법률도 입안해 제출했습니다. 사회적 상속 개념을 차용해, 국가가 상속증여세로 거둔 세금의 일정 부분을 청년기본자산으로 지급하자는 주장이었습니다. 출발점부터 격차가 심화되고 있는 상황에서, 출발 자산을 국가가 지불하자는 과감한 발상입니다. 태어날 때 3천만 원 정도를 국가가 기금으로 예치하면 25세쯤이면 5천만 원 정도 수령이 가능할 것입니다. 지금 태어나는 인구를 고려하면 연간 6조 원 정도면 충분히 가능합니다. 국가재정의 1%가 채 되지 않는 수치입니다. 저는 여전히 기본소득보다 기본자산이 더 나은 정책이라고 생각하고 있습니다.

저는 지난 21대 국회 중 절반을 기획재정위원으로 보냈습니다. 되돌아보면 국민들에 대한 재정지원을 두고 우리가 선출한 정부의 기재부 장관과 싸워야 했던 상황이 안타깝습니다. 더 씁쓸한 점은 직전까지 곳간을 지키던 기재부가 윤석열 정권으로 바뀌자마자 무려 55조 원짜리 재정 보따리를 풀었다는 점입니다. 보수정권 친화적인 관료집단의 단면을 볼 수 있습니다. 향후 민주당이 집권할 때 반드시 반면교사로 삼아야 할 점입니다. 정권 운용의 핵심은 권력기관과 재정운용 두 축이 될 수밖에 없기 때문입니다. 안타깝게도 우리는 이 두 부분에서 모두 좋지 못한 선례를 남겼습니다.

국회의원의 가장 중요한 역할은 행정부의 국가운영, 즉 국정을 견제하는 일입니다. 그것은 여당일 때나 야당일 때나 마찬가지입니다. 이 책의 첫 장은 지난 21대 국회 발언의 기록들입니다. 정치적인 발언보다 정책적 발언에 주목해 주면 좋겠습니다. 다소 과도한 발언도 있고, 지나고 보면 100% 맞지 않는 발언도 있습니다만 기록과 평가를 위해 별도의 수정 없이 그대로 수록합니다.

2·3차 재난지원금을
각오해야 합니다

민주당은 3차 추경으로 적어도 30조 원, 많게는 40조 원까지 논의 중에 있습니다. 역대 최대 규모입니다. 역대 최고 수준의 위기에는 역대 최대 규모의 추경이 필요하기 때문이고, K방역이 세계 표준이 되었다하지만 경제위기의 쓰나미를 막아주지는 못할 것이기 때문입니다.

오늘 이재명 경기도지사께서 전 국민 1인당 20만 원의 재난지원금을 지급할 것을 중앙정부에 요청했습니다. 저는 동의합니다. 이 제안에 더해 이번에는 지급 주체와 방법을 조금 더 발전적인 방식으로 개선했으면 합니다.

첫째, 가구 단위가 아니라 개인 단위로 변경해야 합니다. 가구 쪼개기같은 부작용을 줄일 수 있고, 지급 시간과 행정비용을 줄일 수 있습니다.

둘째, 소득과 재산 구분을 두지 않아야 합니다. 논란 끝에 정부가 전국민 지급으로 결정하고 집행한 경험을 생각하면 차등 지급으로 다시 돌아갈 이유가 없습니다.

셋째, 지급 받은 금액 전체가 지역에서 소비되도록 기부방식은 억제할 필요가 있습니다.

넷째, 지방 정부를 지급 주체로 해야 합니다. 상당수 지방 정부가 지역화폐를 도입하고 있습니다. 카드형 지역화폐를 지급하고 지역 내에서 쓰게 해야 지역경제가 회생합니다. 현장을 가장 잘 아는 시군구 지방정부가 재난지원금의 주체가 되면 효과는 배가됩니다. 무상급식, 지역화폐, 참여예산 등 민생 분야 혁신정책들은 모두 지방 정부에서 시작됐습니다. 지방정부를 믿고 지급을 책임지도록 한다면 더 좋은 창의적 방안과 성과가 나오리라 확신합니다.

이런 원칙을 정하고 적어도 7월 초쯤에는 국민들께 전달될 수 있도록 속도를 높였으면 좋겠습니다.

2차 재난지원금과 함께 3차 재난지원금의 가능성도 또한 열어두어야 합니다. 경제위기로 가계가 어려워지면 국가가 직접 소비 여력을 돕는다는 믿음을 국민들께 주어야 합니다. 그래야 긴급재난지원금이 경기 활성화의 마중물 역할을 할 수 있고, 재정 승수乘數도 올라갑니다. 필요하다면 2차, 3차 편성도 할 수 있다는 정부의 메시지가 중요한 이유입니다.

지금은 IMF와 비견되는 위기 상황입니다. 어떤 면에서는 더 위중한 상황입니다. 위중할 때는 당연히 비상한 방법으로 위기를 극복해야 합니다.

국민소득 3만 불, 지켜내야 합니다

2020 06 11

OECD에서 한국의 2020년 경제성장률 예측치를 -1.2%로 발표했습니다. 그나마 OECD 평균인 -7.5%에 비해서는 선방할 것으로 예측되어 다행이긴 합니다만 하반기에 다시 코로나가 악화되면 이런 희망적인 예측도 아무 의미가 없을 것 같아서 걱정이 큽니다.

지금 우리에게 제일 필요한 것은 심리적 안정입니다.

재난지원금으로 우리는 위급한 시기에 국가가 국민들을 지켜준다는 믿음과 함께, 소비지역을 묶고 기간을 제한하면 실질적으로 지역경제를 살릴 수 있다는 교훈을 얻었습니다. 소득주도성장의 핵심이 소비 여력을 키워서 내수를 진작시키는 것이니, 이번 경험이 소득주도성장을 어떤 방향으로 해야 하는지를 가르쳐 준 셈입니다.

지난 6월 2일 한국은행 발표를 보면 2019년 1인당 GDP는 3.2만 달러였습니다. 1년 전보다 4.3% 정도 줄어든 것이지만 그나마 3만 달러를 지켰는데, 올해도 과연 3만 달러를 지킬 수 있을지 장담할 수가 없습니다. 절대 녹록하지 않을 겁니다. 어쩌면 내년부터 역성장할지도 모릅니다.

기재부와 한국은행은 국민소득 3만 달러 방어를 1차 과제로 삼아야 합니다. 이미 몇몇 보수언론들은 3만 달러 선이 붕괴될 가능성이 크다며 염원이 섞인 보도를 하고 있습니다. 3만 달러 방어는 국민들의 심리적 방어선을 지킨다는 차원에서도 꼭 필요합니다.

실질 경제성장률, 물가상승률, 환율, 인구증가율을 포함해 모든 지표가 불리하다는 점을 모르지 않습니다. 그래서 지금 정부의 역할이 가장 중요합니다. 무엇보다 적극적인 금융정책이 필요합니다. 이미 환율을 비롯한 재정정책의 효과는 한계 상황입니다. 제가 2차, 3차 재난지원금이 필요하다고 한 이유는 한국형 양적완화 수준까지 돈을 풀 필요가 있기 때문입니다. 한국은행이 국채 매입을 시사했지만 지금 상황에서는 더 과감할 필요가 있습니다.

우리에게 지금 필요한 것은, 긴축이 아니라 확장입니다. 2008년 미국발 금융위기 때 유럽은 재정확장 주장에도 불구하고 재정안정성을 언급하면서 긴축새성을 했습니다. 그 결과 유럽 GDP는 지속적으로 하락했습니다. 대공황 당시 케인즈는 '재정지출은 경기변동과 반대로 하라'는 귀한 교훈을 주었습니다. 우리의 재정지출이 재정 승수를 일으키는 중요한 기제로 작용한다는 점을 잊지 말아야 합니다. 재정지출을 확장하고 GDP에서 가장 큰 비중을 차지하는 민간 소비를 활성화하는데 경제정책의 초점을 맞춰야 합니다.

장기적 관점에서 문재인 대통령이 말씀하신 '지속가능하고 보다 평등한 경제'를 위한 전방위적인 노력이 필요합니다. 양적 완화 과정에서 유동자금이 부동산으로 흘러들어 부동산을 상승시키지 않도록 대비하는 것도 경제 불평등을 예방하는 중요한 수단이 될 것입니다.

문재인 정부에 대한 국민들의 최종 평가는 코로나 위기에 3만 달러를 지켰는지에 따라 판가름 날 것입니다. 저에게도 역할이 있다면 언제든 앞장서겠습니다.

민생과 경제를 위한 외침

노동시장 이중구조 개혁에
지혜를 모아야 합니다

2020 06 29

미래통합당은 공공부문 비정규직의 정규직 전환을 달가워하지 않는 것 같습니다. 정규직 전환을 위한 어떤 대안도 제시하지 않습니다. 공공부문이 전환되면 그다음은 자기 지지기반인 민간 대기업이 될 것이라 보기 때문일 것입니다.

청년들을 무한경쟁으로 몰아넣는 취업 고시 문제도 관심 없습니다. 협력업체 비정규직을 해고하고 공채시험으로 다시 뽑는 것을 '공정'이라 합니다. 공채만 '공정'이라 하고, 비정규직은 시험을 보지 않았으니 동료가 아니라는 특권의식도 부추기고 있습니다.

또한 정규직과 비정규직의 임금 격차를 해소하자는 저를 '청년 분노 유발자'라 비난합니다. 정규직과 비정규직의 임금 격차가 2배가 나도 '불공정'이 아니랍니다. 차별을 그대로 두자는 것인지 이해가 가지 않습니다.

인천국제공항공사가 대통령이 갔던 사업장이라 특혜를 준다는 선동도 열심입니다. 대통령이 찾아간 것은 비정규직 비율이 가장 높은 상징적인 사업장이었기 때문입니다. 그리고 정규직 전환은 인천국제공항만 한 것이 아닙니다. 이미 문재인 정부는 공공부문에서 지금까지 약 19만여 명을 정규직으로 전환했습니다.

왜 공공부문만 하냐고도 따집니다. 민간을 견인하기 위해 공공을 먼저 했습니다. 공공은 가만두고 민간부터 강제로 밀어붙였어야 하나요? 미래통합당이 잘한다고 박수를 쳤을까요? 어느 한순간에 모든 비정규직을 한꺼번에 정규직으로 전환하는 묘수가 있으면 제발 좀 알려 주십시오.

일본의 2020년 상반기 대졸자 취업률은 98%였습니다. 아베 총리의 '1억총활약' 정책패키지 때문인데, 아베는 2016년에 동일노동 동일임금을 선언했고 2019년부터 비정규직 임금을 정규직과 동일하게 주도록 강제했습니다. 아베는 외부적으로 무능하다는 비판을 받아왔지만, 인구 유지 정책을 비롯해 이 같은 내부 결속을 다져왔기에 장기 집권이 가능했습니다. 비정규직 차별을 당연한 것처럼 보는 미래통합당은 아베 총리에게 비정규직 문제를 어떻게 풀었는지 한 번 물어보십시오.

정규직 전환은 양극화를 해소하고, 좋은 일자리로 만들고, 사회적 불평등을 개선하고, 불공정을 공정으로 바꾸는 지난한 여정입니다. 정규직 전환으로 정규직 자리가 늘고 임금 격차가 줄면 청년들이 좋은 일자리를 구할 기회도 늘어납니다. 정부는 이런 시대적 소명에 최선을 다하고 있습니다.

미래통합당이 아무리 발목을 잡아도 정부는 개혁의 고삐를 늦추지 말아야 합니다. 좋은 일자리를 달라는 청년들의 요구에 해답을 내놓아야 합니다.

첫째, 민간 부분 정규직화로 고용 안정성을 높이는 방안에 대한 로드맵을 구상해야 합니다. 비정규직 사용 제한을 강화하는 법제 정비를 비롯한 정책패키지가 필요합니다. 일례로 기업의 정규직 비율을 공공 조달

민생과 경제를 위한 외침

에 반영하는 것도 하나의 방법이 될 것입니다.

둘째, 공공부문과 민간부문의 임금 격차를 줄여나가야 합니다. 차이가 너무 크면 공공부문이 특권층화되고 사회적 갈등도 심화됩니다. 이번 사안에서 이미 드러났듯이, 계층 갈등으로 노골화되고 있습니다. 공공과 민간, 정규직과 비정규직의 임금 격차가 더 이상 벌어지지 않도록 관리해야 합니다.

셋째, 한국판 뉴딜로 경제적으로 취약한 청년 일자리를 더 많이 만드는데 전 부서가 나서야 합니다. 특히 환경부를 비롯해 한국판 뉴딜 사업 계획을 담당하는 부처의 분발이 필요합니다. 이번에도 강자가 보따리를 더 많이 챙기고 약자는 속수무책으로 당하는 일이 반복되면 절대로 안 됩니다.

저는 지금까지 미래통합당의 '이대로 두자'에 '이제 바꾸자'로 맞섰습니다. 그때마다 미래통합당과 보수언론은 편집과 왜곡으로 완강하게 저항했습니다. 전선이 뚜렷해졌습니다. 코로나까지 닥친 지금 상태에서 노동시장의 이중구조를 근본적으로 바꾸지 않으면, 모든 청년들이 희생자가 될 수밖에 없습니다. 지금이라도 '인국공 논쟁'을 계기로 여야 할 것 없이 노동시장 문제를 잘 해결할 수 있는 좋은 정책을 만드는 데 지혜를 모았으면 합니다.

노동시장 이중구조 혁파,
21대 국회가 힘을 모았으면 합니다

차별과 분노와 슬픔의 대명사, 바로 '비정규직'입니다. 비정규직은 세계화를 외치던 김영삼 정부에서 시작되어 IMF 외환위기 때 기업을 살리겠다는 임시방편으로 양산되었습니다. 23년이 흘러 기업은 살아났으며, 대기업과 재벌은 사내에 쌓아둔 돈을 주체하지 못할 지경입니다. 그런데도 비정규직은 임금 차별과 고용위협과 생계 불안에 시달리고 있습니다.

머슴살이도 마다하지 않았던 비정규직의 눈물과 희생으로 성장한 대기업들이, 경제가 비약적으로 성장한 이후에도 비정규직의 고통을 외면하고 있습니다. 정규직 전환은커녕, 보수 야당, 보수언론과 손잡고 노동시장 구조개혁을 방해하고 있습니다. 정규직의 반값밖에 안 되는 값싼 노동력을 계속해서 맘대로 쓰려고 그러는 것입니다.

비정규직 직원을 정규직으로 전환한다고 해서 기존 정규직 직원의 일자리는 줄지 않습니다. 비정규직 직원을 정규직으로 전환한 공기업의 신규 채용은 오히려 대폭 증가했습니다. 이런 사실을 알면서도 미래통합당은 일하는 사람끼리 대립하게 만들고 있습니다. 대기업들이 싼 임금의 비정규직을 계속 쓰게 하려는 것입니다. '대기업과 조·중·동과 보수 야당의 노동시장 구조개혁 무산 시도', 이것이 '인국공 사태'의 본질입니다.

제가 '청년분노유발자'라는 오명을 써가면서까지 조선일보와 보수 정

민생과 경제를 위한 외침

치인에 맞선 것은 이 싸움에서 지면 더 많은 청년들이 비정규직의 질곡에서 벗어나지 못하고 임금의 양극화도 더 심화될 것이라 봤기 때문입니다. 제 좌우명은 불환빈환불균不患貧患不均입니다. 국민은 가난한 것에 분노하는 것이 아니라 불공정한 것에 분노한다는 사실을 마음에 새기고 정치를 시작했습니다. 부자와 빈자, 대기업과 중소기업, 수도권과 지방으로 갈라진 양극화를 해소하는 것을 제 필생의 업이라 생각하고 있습니다.

경남도지사로 취임하자마자 도청 비정규직을 정규직으로 전환했던 것도 바로 그런 이유였습니다. 많이 늦었습니다. 21대 국회가 소득과 자산의 양극화 해소를 위한 대수술을 시작해야 합니다. 제가 먼저 앞장서겠습니다. 여야 할 것 없이 국가 존망이 걸린 노동 개혁에 함께해 주실 것을 요청합니다.

노동 개혁은 임금 격차를 줄이는 데서 시작해야 합니다. 비정규직을 모두 없애기는 불가능할 것입니다. 하지만 동일노동 동일임금 원칙은 꼭 실천해야 합니다. 고용 형태와 무관하게 동일한 가치가 있는 노동은 동일한 임금을 지급하는 사회적 합의가 이뤄진다면 비정규직을 고용하려는 기업은 줄어들 것입니다. 또 단기계약 노동자도 특례를 적용해서 퇴직금을 지급하도록 하고, 정부 조달시장에서 비정규직이 적고 좋은 일자리를 많이 제공하는 기업을 우대하도록 하고 노동자파견법도 손을 봐야 합니다.

장기적으로는 노동시장의 공평을 향해 가야 합니다. 비정규직을 모두 없애는 것은 불가능하다는 전제 아래 얼마나 많이 줄일까를 고민해야 합니다. 일은 하지만 빈곤에서 벗어나지 못하는 '워킹푸어'를 구제할 수 있도록 기본소득이든 EITC든 제도를 보완해야 합니다. 노동의 종류에 따른 가치를 평가하고 합의하여, 공평한 평가방식을 만들어야 합니다. 지금 노동시장을 바꾸려는 노력을 시작하지 않으면 우리는 계속 노동시장 이중화의 고통에서 벗어나지 못할 것입니다.

청년 여러분, 우리나라는 정규직과 비정규직의 소득 격차가 OECD 국가 중 가장 높습니다. 평균임금은 1차 하청 업체가 원청의 60%, 2차 하청 업체는 40%, 3차 하청 업체는 25% 수준이라고 합니다. 재벌 100대 기업이 전체 이익의 60%를 차지하면서도 비정규직 일자리는 더욱 늘리고 있습니다. 비정규직은 남들이 하기 싫어하는 가장 힘든 일을 가장 낮은 임금을 받으면서 하고 있습니다. 이런 세상은 공정하지 않습니다. 잘못된 세상에 분노하는 것은 청년의 권리입니다. 하지만 분노의 방향이 중요합니다. 소득과 자산의 양극화를 즐기는 세력들, 그곳으로 분노의 화살을 돌려야 합니다. 정규직과 비정규직으로 양분된 노동시장의 이중구조에 분노해야 합니다. 부와 가난이 대물림되는 자산의 양극화에 분노해야 합니다.

민생과 경제를 위한 외침

아파트값 잡는데
민주당의 명운을 걸어야 합니다

2020 07 03

저는 제20대 국회를 마감하면서 보유세 강화를 골자로 하는 종부세법 개정안을 반드시 처리해야 하고, 고위공직자는 1채 말고는 다 팔아야 한다는 입장을 밝힌 바 있습니다. 야당의 비협조로 종부세법 개정에도 실패하고 고위공직자의 주택 처분도 성과를 거두지 못했습니다. 결국 부동산값은 폭등하고 있고 고위공직자의 다주택 보유가 연일 야당의 공격 소재가 되고 있습니다.

부동산 문제의 핵심은 아파트인데, 이 부분은 장기적이고 획기적인 공급물량 확대와 명확하고 단호한 규제 외에는 달리 대안이 없습니다. 시의적절하게 대통령께서도 공급물량 확대를 지적하셨고 정부가 이에 대한 특단의 대책을 세워주길 기대합니다.

지금까지 정부와 국회가 보유세 강화에 의지가 없다고 본 투기 세력들은 수도권과 지방을 가리지 않고 아파트 가격을 올리기 시작했습니다. 전세를 끼고 차액만을 거래대금으로 지급하는 이른바 갭 투자가 동원되었습니다. 문재인 대통령께서 직접 나서야 할 정도로 부동산시장이 폭발 직전입니다. 민심이 흔들리고 있습니다. 명운을 걸고 분명하고 확실한 대책을 세워야 합니다.

첫째, 이미 말씀드렸듯이 장·차관, 청와대 참모, 그리고 고위공무원단인 1, 2급 관리관과 이사관들은 1주택만 보유하고 나머지 주택은 다 팔아야 합니다. 공천 신청 시 1주택만 보유하고 나머지는 처분하겠다고 서약한 더불어민주당의 국회의원들도 마찬가지입니다. 국민과 당원에게 한 약속, 꼭 지켜야 합니다. 이번에 알려진 서울시의회를 포함한 지방의 원들도 기준을 명확히 해야 합니다. 이런 일에서 시민들의 분노가 더 크게 일어납니다. 어떤 정권이든 불로소득과 공직의 명예를 함께 가지려 해서는 안 된다는 원칙을 이번 기회에 꼭 확립해야 합니다.

둘째, 정책 수립 관련 부서에 있는 일선 공무원 가운데 다주택자는 다른 부서로 속히 전보해야 합니다. 다주택자가 부동산정책에 개입하지 않아야 국민이 정부 정책을 신뢰할 것입니다.

셋째, 1주택 이외의 다주택 보유자에 대해서는 누진과세를 해야 합니다. 이것도 강한 규제라고 볼 수 없습니다. 부부가 각각 1주택을 가지고 있더라도 가구당 2주택 이상 보유도 가능하므로 가혹한 조치라고 볼 수 없습니다. 이 정도 조치도 못 한다면 투기 세력은 눈도 꿈적이지 않을 것입니다.

넷째, 지금까지 규제는 핀셋이 아니라 '두더지잡기' 게임식이었습니다. 두더지잡기 식으로 대응해서는 주택가격 상승을 막기 어렵습니다. 수도권 전체를 투기과열지구로 하고, 비수도권을 조정대상지역으로 묶어야 합니다. 끊임없이 이어지는 뽕망치 게임은 끝내야 합니다.

다섯째, 민간 임대주택사업자에 대한 특혜를 없애야 합니다. 주택임대사업은 공공임대사업자 중심으로 개편해야 합니다. 주택은 돈벌이 수단이 아니라 사람이 거주하는 곳이고, 국민의 기본권이라는 개념으로 접근해야 치솟는 아파트값을 잡을 수 있을 것입니다.

민생과 경제를 위한 외침

여섯째, 법인을 통한 탈세로路를 차단해야 합니다. 법인의 비업무용 부동산은 중과세를 통해 매각을 유도해야 합니다.

정부가 강력한 의지를 가지고 이런 조치를 취할 때 부동산 가격은 안정되고 흔들리는 민심도 잡을 수 있습니다. 문재인 정부의 성공을 위해 더불어민주당과 정부가 각오를 단단히 해야 할 때입니다.

그린벨트 해제,
심사숙고해야 합니다

2020 07 07

부동산 가격 폭등을 막기 위해 서울 유휴부지 공급 확대, 즉 그린벨트 해제가 필요하다는 주장이 등장하고 있습니다. 공급물량을 늘려서 해결해 보자는 것인데 물량 확대보다는 보유세 강화가 우선입니다. 서울 그린벨트를 해제하는 것으로 부동산 가격 폭등을 막지 못할뿐더러 생태환경 파괴, 주거환경 악화, 수도권 집중 강화 등 좋지 못한 결과만 초래할 것입니다.

공급 확대는 창릉, 왕숙, 교산, 계양, 대장 등 3기 신도시의 물량이 아직 풀리지도 않은 상태니 이 물량을 통해 대처하는 것이 우선입니다. 더구나 그린벨트 해제는 부동산 대책의 논점을 흐릴 우려가 있습니다.

잠잠해지기는커녕, 더욱 기승을 부리는 코로나19는 우리에게 환경을 파괴하는 '자본과 집중'을 자연과 공존하는 '생명과 분산'으로 전환하지 않으면 생존할 수 없다고 경고하고 있습니다.

대한민국 전체 면적의 11.8%에 불과한 수도권에 전체 인구의 50.2%가 살고 있습니다. 밀집, 밀접, 밀폐는 국민 생명을 지키기 위해 절대 피해야 하는 과제입니다. 국민생명을 위협하고 지방소멸을 부르는 수도권 집중은 더 이상 곤란합니다. 수도권 집중이 아니라 지방 분산과 균형발전이 유일한 생명선입니다.

수도권 주택보급률은 이미 100%입니다. 장기적으로 주택공급을 늘릴 수도 있겠지만, 지금은 다주택자들이 자발적으로 보유한 주택을 시장에 내놓도록 중과세해야 할 때입니다. 임대사업자 특혜도 폐지하여 임대사업자들이 공급물량을 입도선매하는 것을 막아야 합니다. 이게 우선이고 그래도 안 되면 그때 공급 확대를 검토하면 됩니다. 보유세 중과세 없는 공급 확대는 투기꾼들에게 또 다른 먹잇감만 던져주는 일입니다.

더불어민주당 국회의원부터 1주택 이상은 처분하자는 분위기가 일고 있고 부동산 세제개혁이 논의되고 있는 시점에서, 공급 확대를 위해 서울 그린벨트를 풀자는 것은 순서가 바뀐 것이며, 코로나19로 우리가 배운 교훈이 하나도 없다는 것을 자인하는 꼴입니다.

그린벨트 해제는 도시관리 측면에서도 가장 마지막에 선택할 수단입니다. 가뜩이나 대기오염 문제가 심각한 상황에서 서울의 허파를 훼손하는 것은 이번에도 선택지가 아닌 것 같습니다.

장기공공임대주택은
여러 방안 중 작은 하나일 뿐입니다

2020 07 09

이재명 지사께서 장기공공임대주택을 대안으로 제시하셨습니다. 이 방안은 지금까지 많은 분들이 주장하셨지만 저는 생각을 달리합니다. 장기임대주택은 수량이 적고 아파트 품질이 나빠서 실패한 것이 아니라 국민이, 정확히는 중산층이 선호하지 않기 때문에 보급이 부진한 것이고 그래서 실패한 것입니다.

임대주택을 가장 많이 하는 사업자는 공공부문에서는 LH공사, 민간 업체는 부영그룹입니다. 부영그룹은 아시다시피 임대주택을 지어 주택임대도 하고 분양전환을 통해 분양 이익을 거두면서 급성장했습니다. 건설사 가운데 현금이 가장 많다고 알려져 있기도 합니다. 그래서 30대 재벌기업에도 포함되어 있습니다.

박근혜 정권 당시에 많은 대기업들이 주택임대사업에 뛰어들기 위해 분주했던 적이 있었습니다. 즉 부동산사업을 재벌들의 미래 핵심사업으로 삼으려 시도했다가 촛불혁명으로 사실상 무산된 역사를 기억해야 합니다.

한국에서 아파트가 유독 투자 대상으로 선호되는 것은 자산증식과 높은 환금성 때문입니다. 한국 가구의 자산구성을 보면 이유를 알 수 있습니다. 자산의 최소 80~90% 이상이 부동산, 특히 아파트입니다. 이런 상황에서 아파트를 소유하지 말고 임대아파트에서 평생 살라고 하는 것은 이론적으로는 몰라도 현실성이 부족합니다.

　더구나 임대아파트의 임대료를 보면 평범한 봉급생활자가 감당하기 어려울 정도로 비쌉니다. 게다가 임대료는 매달 쉬는 법도 없습니다. 만일 실직이라도 하게 되면 주거도 같이 위기에 빠지게 되는 문제가 있습니다. 위기 때에 가족과 자신을 지켜줄 돈을 임대기관이 가져가는 문제가 발생합니다. 혹여 건강보험처럼 급여의 몇 %로 임대료를 묶는다면 모르겠지만 가능한 방법은 별로 보이지 않습니다.

　근본적으로 임대사업자는 은행과 임차인 사이에 끼어들어 임차인으로부터 수익을 챙기는 사업자일 뿐입니다. 공공임대도 손해를 감수하지는 못하는 것이 현실입니다.

　우리나라에서 부동산이 더 주목받는 것은 수도권 집중으로 인한 희소성이고, 그 희소성에 더 좋은 주거환경을 바라는 인간의 욕구가 결합된 결과입니다. 그러니 부동산이 더 안정적인 재산증식과 축재수단으로 여겨져 왔으며, 이는 가계뿐 아니라 기업도 마찬가지입니다.

　따라서 부동산정책은 국민의 주거권을 보장하는 동시에 자산 형성의 기회를 더욱 많이 공평하게 보장하도록 설계되어야 합니다. 그런 면에서 싱가포르 모델은 우리에게 시사하는 바가 큽니다.

　정부는 국민에게 욕구를 줄이라고 캠페인을 하는 역할이 아닙니다. 제도로 그것을 설계해야 현실성이 있습니다. 정부가 이런 시장의 작동 원리와 국민의 심리를 더 세심히 살폈으면 합니다.

'불로소득 천국, 내 집 마련 지옥'을 끝냅시다

2020 07 14

저는 지난 7월 10일 발표된 부동산 대책을 담은 종합부동산세 개정법안을 공동 발의했습니다. 법안이 흡족해서 그랬던 것은 아닙니다. 당정이 협의해서 만든 해법이기에 우선 발의하고 논의 과정에서 미흡하거나 대책안에 담지 못한 부분은 보완하면 된다고 보았기 때문입니다.

더불어민주당은 이번이 문재인 정부 부동산정책의 성패를 가르는 마지막 기회라 생각해야 합니다. 저는 부동산 대책에 정권의 명운을 걸어야 한다고 이미 말씀드린 바 있습니다. 집 장사, 땅장사 해서 돈 번 사람들 표는 한 표도 필요 없다는 각오로 임해야 합니다. 성실하게 살다 보면 누구나 자기 집을 가질 수 있는 나라를 만들겠다는 확고한 원칙이 없다면 백약이 무효입니다. 이번 기회에 그 누구든 집 장사로 돈을 벌지 못하게 하겠다는 대원칙을 세워야 합니다.

바람직한 주택시장이란 무엇일까요? 저는 중위소득 가구가 청약통장에 가입하고 8~10년 정도 꾸준히 돈을 모아서 국민주택기금의 도움을 받아 내 집을 갖는 것이라고 생각합니다. 이것이 국민의 여망이고, 이 여망을 이루는데 부동산 정책의 목표를 두어야 합니다.

그런데 이번 7·10 대책은 이런 여망과 거리가 있습니다. 첫째, 부동산 정책의 목표가 불확실합니다. 불로소득을 원천적으로 차단할 수 있는 방법이 명확한데도 발등에 떨어진 불만 끄겠다고 생각한 것 같습니다.

둘째, 종합부동산세 최고세율에 문제가 많습니다. 최고세율 6%는 과표 대상 90억 원 이상에만 적용합니다. 과세 대상이 90억 원이면 실거래가 또는 시중 가격으로는 130억 원 이상일 것입니다. 이 구간의 실제 과세 대상은 200명이 채 되지 않고, 2018년 기준으로 189명이라는 정보도 있어 기재부에 자료를 요청해 둔 상태입니다. 만일 이것이 사실이라면 그냥 올리는 시늉만 했다는 비난을 면치 못할 것입니다.

셋째, 종합부동산세 과표구간도 잘못됐습니다. 12억~50억 원 구간의 세율이 똑같습니다. 과표구간이 지나치게 넓습니다. 기재부가 대책안을 설명할 때 12억~50억 원 과표구간을 지키려는 관료들의 고집이 대단했습니다. 다주택자 대다수가 몰려있는 구간에 누진 중과세를 못 하도록 보호벽을 쳤다는 의심을 받기에 충분합니다. 이 부분 과표를 분리해야 합니다.

넷째, 기존 주택임대사업자의 세제 혜택에 대한 자동 말소 시기나 일몰 기한을 정해야 합니다. 일몰 시점을 정하지 않은 것은 반영구적으로 특혜를 보장하겠다는 것과 다를 바 없습니다. 민간주택임대사업자는 농지로 치면 부재지주不在地主와 다름없습니다. 태어나지 말았어야 할 제도입니다. 모든 혜택을 거둬들여 이들이 보유한 주택이 시장에 모두 쏟아져 나오도록 만들어야 합니다.

다섯째, 2주택 취득세를 8%로 올린 것은 긍정적이지만 너무 약합니다. 10% 이상, 싱가포르 수준인 15%까지도 올려야 합니다. 그리고 3주택부터는 취득세율을 누진적으로 강화해야 합니다.

여섯째, '증여'를 탈세 통로로 활용하지 못하도록 법 개정을 해야 합니다. 보유세 회피를 목적으로 배우자나 자녀에게 명의를 분산해 두는 '증여'가 탈세 경로로 활용되고 있습니다. 이런 일을 막아야 합니다.

미래통합당은 보유세를 높이면 거래세를 낮춰야 한다며, 양도세 중과세를 폐지하자고 합니다. 주택시장이 정상이라면 그럴 수도 있습니다. 하지만 지금은 그럴 상황이 아닙니다. 보유세, 거래세 모두 대폭 올려야 합니다. 양도세 중과세 폐지는 '불로소득 천국, 내 집 마련 지옥'을 그대로 두자는 주장입니다. 미래통합당이 서민 주거 안정을 조금이라도 걱정한다면 정부의 부동산 대책에 대승적으로 협조해야 합니다.

누차 말씀드리지만, 고위공직자의 다주택 처분이 시급합니다. 내 살을 먼저 도려내지 않고 부동산 잡겠다고 소리쳐 봐야 아무런 메아리도 없을 것입니다. 국회의원을 비롯한 고위공무원부터 1주택 이외의 집은 모두 처분해야 합니다. 무주택자로만 구성된 당·정·청 부동산 TF를 만드는 것도 검토해야 합니다. 주택시장에 이제 집 장사를 하던 시대는 끝났다는 강력한 신호가 될 것입니다.

GDP 추가 하락 막을
2차 재난지원금, 준비해야 합니다

2020 07 27

코로나 경제위기가 심각 단계로 격상되고 있습니다. 올해 2분기 GDP가 1분기 대비 3.3%나 감소했고 5월까지 산업생산이 모두 마이너스입니다. 그런데 유독 서비스업과 소매 판매는 상승했습니다. 1차 재난지원금으로 늘어난 민간 소비가 GDP의 추가 하락을 막아내고 있는 셈입니다. 현재로서는 달리 방도가 없습니다. 2차 재난지원금을 준비해야 합니다. 더 이상의 GDP 감소를 막기 위해 정부와 국회가 2차 재난지원금 논의에 나서야 할 때입니다.

2분기 GDP 감소 폭 3.3%는 IMF 당시인 1998년 1분기 6.8% 이후 최대치입니다. 수출로 먹고사는 나라에서 수출이 16.6% 줄어 매우 심각한 상황이고, 건설투자는 1.3%, 설비투자는 2.9%가 줄었습니다. 그런데 민간 소비는 승용차, 가전제품 같은 내구재를 중심으로 1.4% 늘었고, 정부 소비도 1.0% 증가했습니다.

GDP에서 가장 큰 비중을 차지하는 항목은 민간 소비로 2018년 기준으로 약 48%나 됩니다. 산업 동향을 보면 올해 5월까지 전 산업에서 생산이 마이너스인데, 서비스업은 4월 0.5%, 5월 2.3%, 소매 판매는 4월 5.3%, 5월 4.6%가 올랐습니다. 긴급재난지원금이 얼마나 핵심적인 역할을 했는지 자명합니다. 올해 2분기는 재난지원금에 풀리면서 민간 소비가 살아났고, 그나마 GDP의 더 큰 하락을 막았다고 보는 것이 맞습니다. 이는 경기도가 4월에 지급했던 재난기본소득의 효과를 분석한 자료를 봐도 증명됩니다. 지역화폐 가맹점의 신용카드 매출액이 무려 30%나 증가했고, 소득분위별로는 내구재 소비가 가능한 소득 중간층인 2~4분위의 지출이 늘어났습니다. 이 점이 중요합니다. 정부가 국민의 소비력을 도와주면 내구재를 소비하고 GDP의 추가 하락을 막을 수 있다는 것입니다.

민생과 경제를 위한 외침

지난 16일 이주열 한국은행 총재가 올해 성장률이 -0.2%보다 더 떨어질 것으로 전망했습니다. 시간이 없습니다. 코로나가 진정될 기미가 없는 상태에서 소비가 GDP를 받쳐주지 않으면 성장률에 큰 문제가 생기게 됩니다. 경제는 심리적 요소가 중요합니다. 일단 민간 소비가 GDP 성장률의 추가 하락을 막는 버팀목이 될 수 있도록 2차 재난지원금 편성에 착수해야 합니다. 재난지원금 편성 소식만으로도 시장은 반응할 것입니다.

이와 관련하여 오는 30일 오전 10시 국회의원 회관 제2소회의실에서 '2차 지원금 할 것인가 말 것인가'를 가지고 토론회를 엽니다. 제가 좌장을 맡고 관계 전문가들이 나와 많은 대화를 나눌 것입니다. 많은 관심을 부탁드립니다.

재난지원금 효과 없다고요? 거짓말입니다

2020 07 30

경제위기 극복엔 관심 없고 정권 붕괴만 바라는 언론이 너무 많은 것 같습니다. 제가 2차 재난지원금을 준비하자고 했더니, 보수언론들이 또 달려들었습니다. 동아일보는 '대통령 지지율이 떨어지니 또 들고나온다', 한국경제는 '효과 없는 재난지원금 왜 또 주자고 하나', 이런 식입니다.

미래통합당 원희룡 지사도 최근 2차 재난지원금을 편성했는데, 원 지사도 문재인 대통령 지지율이 떨어질까 봐 걱정돼서 그랬단 말인지요? 제가 '2차·3차 재난지원금이 필요하고 2차 지원금은 7월 중에 지급해야 한다'라고 주장한 것은 6월 2일입니다. 그때는 아무 말 않다가 지금 공격하는 것을 보니, 부동산값 폭등 주범이 미래통합당으로 드러나고 분위기가 변하니 좀 당황한 것 같습니다.

한국경제 사설은 한 발 더 나갔습니다. 사실을 왜곡해 '국회 예산정책처 보고서에 부가가치유발계수가 0.50에 불과한 것으로 나와 있다'라는 거짓말까지 합니다. 재난지원금은 문재인 정부의 지지율을 올리게 되니 못 주게 막아야 한다는 확신에 차서 한 의도적인 거짓말이 아닐 수 없습니다.

예산정책처 보고서에 나오는 1차 재난지원금의 부가가치유발계수는 재난지원금을 국민들이 모두 지출했을 때 0.78, 재난지원금 만든다고 줄어든 예산을 반영했을 때 0.75, 재난지원금이 전액 소비지출로 연결되지 않았을 때 0.65라고 분석했습니다. 눈을 씻고 봐도 '0.50'은 없습니다. 숫자를 조작하는 일은 정말 드문데, 독보적인 가짜뉴스가 아닐 수 없습니다.

예산정책처 보고서는 기존 예산을 집행한 것보다 같은 액수를 재난지원금으로 쓴 것이 취업과 생산에서 효과가 더 컸다는 취지로 분석하고 있습니다. 더군다나 선별적 지원은 정책효과가 제한적일 수 있다는 얘기까지 하고 있습니다. 그런데 이들 신문 어디에도 이런 내용은 없습니다.

왜 이런 뻔한 거짓말을 할까요? 한국경제 사설 뒷부분에 이유가 있습니다. 경제를 살리는 건 '뼈를 깎는 구조조정과 규제개혁'이랍니다. '재난지원금은 경제 살리기에 도움이 안 된다, 구조조정을 해서 노동자를 마음대로 자를 수 있어야 하고, 재벌들이 돈 좀 더 벌게 규제를 풀어주어야 경제가 산다', 재벌을 대변해 이런 이야기를 하고 싶었던 것입니다. 재벌의 기관지라는 것을 살짝 고백한 셈입니다.

2차 재난지원금을 편성해야 하는 이유는 정치가 아니라 경제 때문입니다. 기업과 노동자와 국민이 살아남아야 하기 때문입니다. 서둘러야 합니다. 당분간 재정을 확장하고 소비를 진작시켜 이 위기를 버텨내야 합니다. 이미 재난지원금은 민간 소비를 촉진시켜 GDP 하락을 막고 2분기 성장률을 세계 최고 수준인 -3.3% 수준으로 유지하는 데 결정적 역할을 했습니다. 2분기 경제지표가 이것을 똑똑히 증명하고 있습니다.

주요 투자은행들이 집계한 주요국의 2분기 경제성장률은 일본 -8.5%, 미국 -9.9%, 독일 -10.1%입니다. 이런 악조건에서 우리나라의 -3.3% 성장은 코로나 상황에서 기적적인 일입니다. 2차 재난지원금을 반대하던 홍남기 경제부총리도 제가 필요성을 질의하니까 "마이너스 성장에도 민간 소비가 플러스 1.4%를 기록한 것은 재난지원금도 크게 역할을 했다"라며 인정하는 발언을 했습니다.

그런데 보수언론들은 우리나라 성장률이 -3.3%로 사상 최악이었다고 보도했습니다. 왜곡도 이런 왜곡이 있을 수 없습니다. 2차 재난지원금이 없으면 올해 GDP는 또다시 하락할 수 있습니다. 2차 재난지원금으로 민간 소비를 살리고 GDP 추가 하락을 막아야 합니다. 재난지원금만큼 효과가 빠르고 분명하고 국민 만족도가 높은 정책은 이제껏 없었습니다. 재벌만 살찌우고 경제는 망가지고 정권이 몰락하길 바라는 게 아니라면, 가짜뉴스 생산 언론들은 좀 자중하시기 바랍니다.

코로나와 수해에 대응하기 위한
제4차 추경이 필요합니다

2020 08 10

한 달 이상 계속된 장마에 온 국토가 만신창이가 되고 있습니다. 제 기억에 이렇게 오랫동안, 이렇게 많은 비가 내린 것도 처음인 것 같습니다. 이 추세라면 전국이 특별재난지역이 될 상황입니다. 엎친 데 덮친 격으로 5호 태풍까지 북상하고 있어, 피해가 더 커질 것 같습니다.

무엇보다 재난을 일선에서 수습해야 하는 지방정부의 상황이 매우 걱정됩니다. 이미 지난 6개월간 지방정부는 코로나19와 전쟁을 치르면서 막대한 인력과 예산을 투입했습니다. 코로나를 막기 위해 재난관리기금을 상당 부분 소진했고 전국민 재난지원금 지급에도 많은 예산을 투입하면서, 현재 상당수 지방정부가 수해 복구에 필요한 예산 조달에 많은 어려움을 겪을 것으로 보입니다.

경기도는 올 초 9,200억 원이던 재난관리기금이 지난달 말 2,300억 원으로 급감했습니다. 재난기본소득, 아프리카돼지열병, 코로나19에 막대한 재정이 투입된 까닭입니다. 광주시도 올해 적립한 재난관리기금이 1,150억 원이었으나 코로나19 방역에 760억 원을 사용하면서, 법정 의

　　　　　　　　民生과 경제를 위한 외침

무예치금을 제외하고 집행할 수 있는 재난관리기금이 거의 바닥인 상황입니다.

특별한 재난에는 특별한 대책이 필요합니다. 첫째, 특별재난지역을 신속히 확대 지정해야 합니다. 특별재난지역은 피해조사 후 지자체별로 설정된 국고지원 기준으로 피해액이 2.5배를 초과하는 경우에 선포하게 됩니다. 이 경우 각종 피해 복구비의 50%가 국비로 지원됩니다.

둘째, 수재민에 대한 직접지원을 해야 합니다. 그동안 관련 법 미비로 수재 피해 산정과 보상이 쉽지 않았던 사유 시설이나 농작물 피해, 침수된 상가나 공장 등의 단전·단수 피해 등도 직접지원과 보상을 해야 합니다.

셋째, 피해지원을 위해 신속히 4차 추경을 편성해야 합니다. 지금까지 전국 81개 시군구에 산사태 경보가 발령되는 등 피해가 계속 확대되고 있습니다. 재정 여건을 핑계로 재난 상황에 대해 머뭇거려서는 안 됩니다. 피해를 본 지역민에 대해 먼저 2차 재난지원금을 지급하는 것도 적극 검토해야 합니다.

넷째, 이번 기회에 그린 뉴딜정책 추진에 박차를 가해야 합니다. 호주 산불, 중국 폭우, 그리고 이번 우리나라 폭우까지, 모두 기후 위기에 제대로 대응하지 못해 생긴 기상이변입니다. 정부와 지자체의 모든 정책이 이산화탄소 배출 절감에 목표를 두고 추진되도록 그린 뉴딜의 추진체계를 다잡아야 할 것입니다.

코로나에 이어 수해까지 겹치면서 민심이 돌아서고 있습니다. 대통령과 여당에 대한 지지율이 떨어지고 있으며, 이에 책임을 지고 청와대 참모들이 사표를 제출했습니다.

이런 어려운 상황에서는 당의 역할이 그 어느 때보다 중요합니다. 검찰개혁과 부동산 대책 등 시급한 정치 현안이 많지만, 우선 피해 복구와 민생 수습에 최선을 다하겠습니다.

기본자산제,
불평등 해결을 위한 대안입니다

2020 10 15

지난 10월 5일, 국정감사를 앞두고 의원실 주최로 〈양극화시대, 왜 기본자산인가〉라는 주제로 토론회를 개최하였습니다. 정태인 선생을 좌장으로 모시고, 서강대 김종철 교수 그리고 김병권 정의당 정책연구소장님께서 발제해 주셨습니다. 토론회 후 오찬까지 열띤 토론이 이어졌는데, 매우 중요한 주제를 다루고 있다는 확신이 느껴졌습니다.

공정이라는 화두가 왜 이렇게까지 첨예하고 날카로운 형태의 사회갈등으로 나타나고 있을까요? 저는 이것을 박탈감 때문이라고 생각합니다. 이것은 개인의 노동과 노력에 따른 1차 분배는 물론, 국가의 재정과 조세를 통한 2차 분배조차도 사회적 자원을 균등하게 배분하는 데 실패하고 있기 때문입니다. 문제는 이러한 차이가 처음에는 적지만, 수십 년간 누적되면서 이제는 좁힐 수 없는 지경에 이르렀기 때문입니다. 소득의 격차도 크게 벌어져 있는 상태이고 자산의 격차는 더 크게 벌어져 개인의 성실한 노력만으로는 극복할 수 없는 상태에 있습니다.

국회 기획재정위원으로서 소득과 분배, 재정과 조세의 지표를 보면서 언제부터인가 우리가 이런 상황을 당연하게 받아들이는 것을 발견하게 됩니다. 성경의 전도서를 보면 "구부러진 것을 곧게 할 수 없고, 이지러진 것을 셀 수 없도다"라는 말이 있습니다. 우리는 불공평을 개선하는 것에 대해 이제 포기하고, 그것이 사회적 갈등으로 표출되는 것을 방치하고 있는 것은 아닐까요?

제 생각은 우리가, 기본자산의 근본이념을 모두 받아들이지는 못해도 몇 가지 중요한 생각들을 채택할 필요가 있다는 것입니다. 토지공개념이나 사회적 상속은 모두 지구의 한정된 자원이 완전한 개인의 소유가 될 수 없고, 그렇게 되어서는 안 된다는 것을 주장합니다. 어떤 형태이든 토지와 자본의 과도한 집중화는 중세의 봉건제와 유사한 신분제를 만들어 낼뿐입니다.

저는 해가 갈수록 커지고 있는 상속 및 증여 세원을 자산재분배를 위한 기본자산 재원으로 활용하자는 제안을 하고 싶습니다. 상속증여 재산이 해마다 거의 20%씩 늘어나는 추세입니다. 해당 세수도 많이 늘어나 지난해에는 8조 4천억 원이 걷혔습니다. 내년에는 아마 더 늘어날 것입니다. 이 세원을 활용하여, '기본자산 특별회계'로 구성하여 다양한 방식의 자산재분배에 활용하는 것입니다.

제가 제안한 신생아 기본자산 신탁의 경우, 2천만 원을 출생 시에 신탁한 후 국가가 기금 운용을 통해 이율을 보장받고, 이를 성인이 된 후 기본자산으로 지급하는 방안입니다. 20년이나 25년 후에는 4~5천만 원 정도를 가지고 사회에 발을 내디딜 수 있습니다. 이러한 기본자산 제공은 사회의 공동체성을 한층 강화시켜 줄 것입니다. 물론 이는 현재의 다른 복지제도를 조정할 필요 없이, 저변의 복지를 강화하는 방식으로 병행할 수 있다고 생각합니다.

상속증여 세원은 이것을 넉넉히 감당하고도 남는 수준입니다. 남는 재원으로 목돈마련 청년 통장 같은 다른 여러 형태의 자산 형성 프로그램도 설치가 가능할 것입니다. 저는 국가가 자산의 공평한 분배를 강제할 수는 없지만, 기존의 재정 규모 안에서라도 모든 국민이 기본적인 자산 형성이 가능한 사회를 만들기 위해 노력해야 한다고 생각합니다. 금수저 흙수저의 수저 계급으로 좌절하는 청년이 없어야 합니다.

이것은 최소한의 공평한 출발 이상의 의미가 있습니다. 우리나라 중년층은 자녀의 교육과 결혼을 위해 축적한 자산의 상당 부분을 소진합니다. 이에 따라 노인 빈곤율은 OECD 최악 수준입니다. 만약 개인의 기초자산 형성을 국가가 도와주면, 중년층은 한층 노후가 안정되어 노후 세대까지 사회적 안전망이 강화됩니다. 사회적 상속의 위력이라고 할 수 있습니다.

저는 양극화 해결, 불평등 해결이 이 시대의 화두라고 생각합니다. 이 현실을 직시하지 않고 우리 사회가 앞으로 나아가기 어렵습니다. 희망을 말하기는 더더욱 불가능합니다. 아직 국정감사가 끝나지 않았습니다만, 기획재정위원회의 국정감사는 국가의 재정이 어떻게 쓰이고 있는가를 살펴보는 일이 가장 중요합니다. 세세한 작은 잘못을 찾아내는 것도 중요하지만, 큰 틀에서 우리가 감당해야 할 현실을 과감히 재단해야 할 것입니다. 저는 그것이 저희를 국회의원으로 뽑아주신 국민들의 목소리를

민생과 경제를 위한 외침

대변하는 길이라 믿습니다.

택배 노동자의 죽음

2020 10 19

또 택배 노동자가 숨을 거두었습니다. 이 죽음은 사실 예견된 죽음이기도 했습니다. 우리나라 과로사 판정 기준은 주 60시간인데 비해 택배 노동자들의 평균 근무시간은 주 73시간에 육박합니다. 평균이 이러니 실제 이보다 훨씬 긴 시간 노동을 해야 하는 것은 명약관화한 일입니다.

사태가 여기까지 오는 동안 제대로 된 목소리를 내지 못한 점에 대해 죄송스러운 마음입니다. 저도 끈기 있게 지속적으로 목소리를 냈다면 조금이라도 개선되었을 것인데 그런 노력이 부족했습니다.

코로나 사태의 장기화로 택배 물량이 폭발적으로 증가했지만, 업무의 재편은 이루어지지 않고 있습니다. 분류-배달-집하로 이어지는 택배 노동을 분리시키는 것이 무엇보다 중요합니다. 최소한 운전을 해야 가능한 배달과 1차 집하를 하나로 묶더라도 분류업무와 상하차는 별도의 사람을 투입하는 게 맞는 방식입니다.

하지만 택배회사들은 이러한 요구를 묵살하고 있습니다. 분류인력을 별도로 투입하면 배달과 1차 집하의 효율이 더 늘어날 수도 있을 텐데 기존의 관행과 방식만 고집하는 것입니다.

최근 문재인 대통령께서도 말씀하신 산재보험 적용 제외 신청도 심각한 문제입니다. 이 신청서를 대필했다는 논란도 논란이지만 산재보험 제외를 신청한다는 발상 자체가 놀랍습니다. 법에 위배되는 개인 계약이 무효인 것처럼 이 산재보험 적용 제외 신청서 역시도 그런 관점에서 처리되어야 합니다.

그런 점에서 문재인 대통령께서 주요 택배업체를 대상으로 산업안전보건과 관련한 철저한 감독 및 점검을 지시하신 것은 매우 시의적절한 것입니다. 대필 여부는 물론 택배업체가 산업재해 제도 자체를 무력화하려는 시도를 한 것은 아닌지 철저하게 살펴야 합니다.

1990년대 초반부터 등장한 택배 시장은 인터넷 판매의 급증과 더불어 급격한 성장을 거듭해 왔습니다. 특히 CJ대한통운은 우리나라 택배 시장을 과점하고 있는 회사입니다. 모든 물류회사가 그렇지만 실제 택배 노동자는 노동자가 아닌 개별사업자 계약에 의한 것으로 치부되어 노동권의 보호도 제대로 받지 못하고 있습니다. 하지만 사실상 물류회사의 업무지시와 작업공간 안에서 대부분의 일이 이루어지며 근무 일자와 시간까지 통제받습니다. 사실상의 노동자입니다.

그런데도 마치 사업자끼리의 거래인 것처럼 책임을 방기하는 모습은 국민들의 비난과 원성을 사기에 충분합니다.

문재인 정부는 산재 사고를 줄이기 위해 적극적인 노력을 펼치고 있습니다. 다른 산재도 문제지만 건설산업 산재는 선진국에 비해 부끄러운 수준입니다. 그런 통계가 없어서 그렇지 택배 노동자들의 과로사 측면도 이와 크게 다르지 않을 것입니다.

지금 무엇보다 급한 것은 토요휴무일입니다. 토요일을 배달 없는 날로 확정해야 합니다. 일요일에 배달이 없는 것과 같이 토요일에는 배달을 없애 노동시간을 줄이고 휴식을 취할 기회를 줘야 합니다.

택배의 고객인 시민들께서도 '하루쯤 늦으면 어때'하는 생각을 가져야 합니다. 30분 배달 보장이라는 마케팅에 젊은 청년들이 오늘도 아스팔트 위에서 오토바이 사고로 죽습니다. 10분쯤 더 걸리면 좀 어떻습니까?

이번 사건을 계기로 물류회사의 계약에 대한 국가의 통제가 필요합니다. 토요일 휴무제를 포함하여 배달과 분류의 업무를 별도로 계약하도록 하는 획기적인 조치가 필요합니다. 택배 노동자도 모든 시민들처럼 쉴 시간을 주어야 내일 노동이 더 건강해집니다. 내일의 노동이 건강하지 않은 사회에 무슨 지속가능성이 있겠습니까?

영업 제한으로 고통받은 업종은 국가가 보상해야 합니다

2021 01 08

얼마 전 시대전환 조정훈 의원께서 '손실보상'과 '지원'은 다른 것이라 지적하셨습니다. 집합금지 혹은 집합제한명령이라는 국가의 행정적 통제로 인한 손실을 국가가 보상해야 한다는 주장입니다.

맞습니다. 헬스장, 태권도장 등 영업을 제한당한 업종의 손실은 방역이라는 공익을 위해 직접 희생한 측면이 큽니다. 재정 상황만 고려하면 고민이 많습니다만, 심각한 비상 상황에서 개인에게만 고스란히 그 책임을 지우는 것 또한 바르지 않습니다.

국가 부채비율이 44%에 이른다고 합니다. 지난해에 비해 꽤 늘어난 수치입니다. 그러나 전 세계적으로는 가장 건전한 수준입니다. 반면에 가계부채는 지난해 GDP의 100%를 돌파했습니다. 세계적으로 압도적인 수치입니다. 베이루트 항구 폭발로 GDP가 급격히 감소한 레바논을 제외하면 사실상 세계 1위라는 지적입니다. 가뜩이나 가계부채가 심각했는데, 부동산 담보 대출과 코로나19로 인한 신용대출의 급격한 증가가 여기에 기름을 부었습니다. 국가가 민생을 위해 보다 적극적인 재정 역할을 해야 할 시점입니다.

지금은 준 전시상황입니다. 우리나라의 산업 포트폴리오의 특성상, 거시 경제지표의 영향은 덜 받고 있지만, 자영업 비중이 큰 바닥 민생은 거의 한계 상황에 와있습니다. 100만 원, 200만 원 수준의 일회적 지급으로는 도저히 감당이 되지 않습니다. 임대료와 인건비조차 지급하기 어려운 상황으로 특단의 대책이 필요합니다.

손실에 대한 전액보상은 어렵겠지만, 더 과감한 보상이 이뤄져야 한다고 생각합니다. 전시상황처럼 국채 발행도 검토해야 합니다. 국민들은 이런 시기에 국가의 존재 이유를 묻고 있습니다. 각자도생의 사회가 아니라 국가가 책임지고 공동체가 고통을 분담하는 시스템을 갖추어야 합니다. 가계를 살리는 것이 가정을 살리고 곧 사람을 살리는 것입니다. 사람이 먼저 살아야 국가도 있는 것입니다. 정부의 보다 신속하고 적극적인 행정을 기대합니다.

민생과 경제를 위한 외침

청소노동자의
슬픔을
함께합니다

LG그룹에게 정도경영에 맞는
해고 철회를 요청합니다

2021. 01. 08

기습폭설에 이어 한파가 맹위를 떨치는 날 국회에서는 중대재해기업처벌법이 법안 명칭을 변경해 여야 합의로 통과되었습니다.

故 김용균 씨 어머니를 생각하면 더 충실한 법이 되지 못한 것이 아쉽기만 합니다. 하지만 해마다 2천 명 이상의 노동자가 산업현장에서 일하다 가정으로 돌아가지 못하고 사망하는 현실에서 그나마 여야의 합의로 법안이 통과되었다는 것은 의미가 있다고 생각됩니다.

사람의 생명보다 앞선 가치는 있을 수 없기에 돈벌이와 안전의 선택 문제에서 언제나 안전이 우선되도록 제도를 점진적으로 개선하는 노력은 국회에 부여한 중요한 소명입니다.

김용균 씨 어머님이 농성을 풀었다는 소식을 들었습니다. 천만다행입니다. 지금은 비록 아쉬운 법안이지만 우리가 지금과 같은 마음으로 노력해 간다면 세상은 하나하나 변화될 것입니다. 저는 그런 미래에 대한 희망이 지속되기를 소망합니다.

참으로 안타깝게도 중대재해기업처벌법이 통과되는 날에 우리나라의 대표적인 대기업집단이자 노사협력에서 모범적인 운영을 한다고 알려진 LG그룹의 소식은 이러한 미래사회의 희망을 암담하게 합니다.

LG그룹 본사의 청소노동자를 일괄적으로 해고했다는 이번 소식은 그동안 정도경영을 표방하고 실천한 것으로 알려진 LG이기에 더 충격

민생과 경제를 위한 외침

적입니다.

그룹 총수의 일가들이 소유한 청소용역회사에 일감을 몰아주고, 이익 배당을 통해 총수 일가의 주머니를 채워주면서 최저임금을 받는 청소노동자들에게 해고 통보를 했다는 것은 우리가 알고 있는 LG의 정도경영이 아닙니다.

지금이라도 LG그룹은 기업윤리에 맞는 합당한 조치를 취해야 합니다. 청소노동자들이 불이익을 받지 않고 계속 일할 수 있도록 해야 합니다.

최근 세계적으로 ESG 경영이 화두가 되고 있습니다. 환경을 기본바탕으로 하면서, 사회적 책임도 제고하고 기업의 지배구조를 건전하게 해나가는 것이 이 ESG의 골자입니다. 이번 청소노동자 해고는 특별히 사회적 책임에서 멀어지는 일이면서 건강한 기업의 지배구조와도 상충되는 일입니다.

LG그룹은 이 ESG 경영에 가장 앞장선 것으로 알고 있습니다. 대기업일수록 그 명성에 걸맞은 품격있는 행동이 필요합니다. LG의 조속한 결단을 촉구합니다.

재난지원금,
국민에 보답하는 나라가 되어야 합니다

그동안 재난지원금과 관련해 수차례 입장을 밝혀왔습니다. 국민 모두가 1년이 넘도록 감염병과 싸우며 희생을 감수했습니다. 당연히 모두가 지원을 받아야 합니다. 그것이 전국민재난지원금이며 보편의 원칙입니다. 또한, 특별히 이 과정에 생계 위협 그 이상의 고통을 겪는 분들이 있었습니다. 이분들을 위해서 국가는 정당한 대가를 지불해야 합니다. 그것이 보상의 원칙입니다.

이러한 의미에서 이낙연 대표께서 4차 재난지원금에 대한 대원칙에 저는 공감합니다. 그런데 곧이어 기재부가 난감하다는 입장을 밝혔습니다. 집권 여당의 당 대표가 신년 연설을 통해 밝힌 대원칙을 이런 식으로 반대하는 것은 당정의 역할이라는 측면에서 매우 우려스럽습니다.

지금은 핀셋 지원이냐 전체 지원이냐를 놓고 논쟁할 단계가 훨씬 지났습니다. 이제는 원칙을 확고히 세워야 합니다. 한마디로 그 원칙은 '전체적으로는 넓게 지원하고, 부분적으로는 두텁게 지원하는 것'이 맞습니다.

저는 제4차 재난지원금은 전국민재난지원금과 손실보상으로 나누어 지급되어야 한다고 봅니다. 그런 맥락에서 전국민 지급이 필요한 이유는 선별의 사각지대가 매우 넓기 때문입니다. 실제로 아르바이트생, 가족 노동자, 돌봄 공백 등 전 국민이 일상생활에 큰 타격을 받고 있습니다. 정부의 핀셋 지원은 이러한 피해 상황을 폭넓게 덮기가 어렵습니다.

손실보상의 경우 당내 공감대가 커지고 있고, 관련 입법도 추진되고 있습니다. 이 부분은 전국민재난지원금과 별도로, 정부의 행정 조치로 인해 직접적으로 피해를 입은 업종 등에 대해 기준을 설정하여 보상의 성격을 가지는 재난지원금을 시행하는 것입니다. 국가 재난대응 행정의 사회적 비용을 모두 민간에 전가할 수는 없다고 생각하기 때문입니다. 그리고 추후 별도의 입법을 통해 보상 방안을 마련해야 합니다. 현재 민주당 민병덕 의원 등이 이에 대한 입법을 추진하고 있습니다.

다만, 전국민재난지원금은 경기 활성화의 성격도 띠는 것이 사실입니다. 따라서 지급 시기는 신중할 필요가 있습니다. 현재 5인 이상 모임도 금지되고 있기 때문에, 될 수 있는 대로 방역의 호전 상황을 보아 백신 접종 시기에 맞춰 추진해야 합니다.

최근 IMF 통계에 의하면 G20 경제선진국 10개 국가 중 우리나라는 '코로나19 대응을 위한 GDP 대비 지출'이 가장 낮은 국가로 나타났습니다. 일본44.0%, 이탈리아42.3%, 독일38.9%, 영국32.4%, 프랑스23.5%의 지출 비율이 높았고, 한국의 지출 규모는 13.6%로 9위인 호주18.0%와 큰 폭의 차이를 보이는 꼴찌였습니다.

당정은 재난지원금과 손실보상의 시기와 규모에 대해 시급하게 이견을 좁혀, 국민들께 분명한 원칙을 밝혀야 합니다. 세계 경제가 위기에 빠진 상황에서도 정부를 믿고 탁월한 시민의식을 발휘하여 방역과 경제를 성공시킨 최고의 국민에게 보답하는 나라가 되어야 합니다. 최대한 폭넓고 두텁게 지급하여, 코로나 탈출 이후 우리 경제와 국민들께 힘을 줄

방편이 필요합니다.

정부의 1세대 1주택 원칙 천명과 빠르고 충분한 공급 계획을 환영합니다

2021 02 04

정부가 발표한 관계부처 합동 주택공급 확대 방안을 환영합니다. 특히 '1세대 1주택 공급'원칙을 내세운 것과, 공공이 주도하는 공급 방식이라는 두 가지 정책 기조는 매우 적실합니다.

이번 정책의 목표는 확실합니다. 수도권에 주택을 5년 내로 빠르게 공급하되, 공공이 주도하겠다는 것입니다. 돌이켜 보면 이명박 정부 후반부터 박근혜 정부까지 택지 지정과 택지공급이 사상 최소치를 기록함으로써, 최소 3년 이상 걸리는 택지확보 문제로 주택공급에 큰 차질이 있었기 때문에 '속도전'은 반드시 필요한 일이기도 했습니다.

이런 상황에서 정비사업을 통해 13만 6천 세대, 역세권 도심공공주택 12만 3천 세대, 준공업 지역에 도심공공주택 1만 2천 세대, 저층주거지역 도심공공주택 6만 1천 세대, 소규모 정비로 17만 세대, 도시재생으로 3만 세대, 비주택리모델링 및 신축매입약정으로 10만 1천 세대 등 총 83만호 주택 부지를 공급하겠다는 계획은 정부가 할 수 있는 최대한의 비책을 내놓은 것으로 평가할 수 있습니다. 지난 정권의 잘못으로 인한

민생과 경제를 위한 외침

집값 상승으로 고통받는 수도권 시민들을 위해 최대한 빠르게 짜낼 수 있는 만큼 짜내서 공급하고자 하는 우리 정부의 노력이 시민들의 마음에 닿을 수 있었으면 좋겠습니다.

1가구 1주택 원칙을 넘어 1세대 1주택 원칙을 천명했다는 것도 매우 획기적이고 중요한 방향 전환입니다. 3인 이상 세대는 줄었는데 2인 이하 세대는 꾸준히 늘고 있으며, 안타깝지만 수도권으로 인구 이동도 계속됐습니다. 수도권 주택공급에서 충분한 물량이 필요한 이때, 1세대 1주택은 시의적절한 원칙입니다. 이제 우리 당도 1세대 1주택 원칙을 당론으로 채택해야 할 시점입니다.

역대 주택가격 상승 그래프를 보면 1990년 1기 신도시를 건설부터 IMF 전까지 약 7년 동안은 수도권 집값이 안정세를 보였습니다. 당시 공급물량은 29만 2천 호였습니다. IMF 이후 자산 가격 상승으로 집값이 다시 올랐지만 2기 신도시 계획으로 60만 8천 호가 본격적으로 공급되자 집값 상승은 멈추기도 했습니다. 충분한 공급이 집값을 안정시키는 것이 사실입니다.

그러나 국민의힘이 말하는 공급과는 달라야 합니다. 국민의힘은 집권 기간 동안 실제 공공택지를 조성하지 않았을 뿐 아니라, 계획도 잡지 않음으로써 수도권 집값 대란을 만든 주범입니다. 국민의힘이 말하는 공급은 건설사와 토지 소유자에게 맡겨놓는 공급으로 과소 공급에 집값 폭등을 일으키는 공급입니다. 우리 당과 정부는 공공주도로 충분히 싸게 공급한다는 방향을 지속할 필요가 있습니다.

이런 점에서 오늘 정부가 공공분양을 통해 저렴한 어포더블 하우징

affordable housing 도심 지역에 중·저소득자를 위해 공급하는 집을 만들겠다는 가격 목표를 발표한 것 또한 주목'할 필요가 있는 정책입니다.

정부 계획대로 실행되어 수도권 집값 상승이 잡힐 것을 기대합니다. 이제 우리 당과 정부가 새로운 원칙과 목표에 맞는 공공주도 공급 방식을 세부적으로 마련해야겠습니다. 정부 계획대로 실행되어 수도권 집값 상승이 잡힐 것을 기대합니다. 이제 우리 당과 정부가 새로운 원칙과 목표에 맞는 공공주도 공급 방식을 세부적으로 마련해야겠습니다. 누구나 집을 소유할 수 있는 나라를 만들어가야겠습니다.

집값 정상화로 20년 집권할 것인가 아니면 20년 야당을 할 것인가 선택해야 합니다

2021 04 26

일각에서 종합부동산세를 손보자는 주장이 있습니다. 이에 동조하는 대선주자들도 계시지만 저는 동의가 안 됩니다. 4·7선거 패배의 교훈을 호도하고 더 깊은 늪에 빠지는 일이기 때문입니다.

집값 급등으로 무주택자와 청년은 내 집을 마련하고 중산층으로 올라설 희망의 사다리가 사라졌습니다. 성실하게 일하고 세금 내고 자녀를 키우는 평범한 시민들의 분노와 좌절을 봐야 합니다. 우리 당은 서민과 중산층의 벗이어야 합니다.

민생과 경제를 위한 외침

종부세 완화주장은 집값 급등으로 좌절하고 허탈해하는 무주택 서민과 청년세대에 대한 예의가 아닙니다. 우리가 해야 할 일은 중산층으로 올라갈 희망의 사다리를 만드는 것이어야 합니다.

대책은 간단합니다. 집값을 정상화하는 것입니다.

집값을 돌려놓지 않으면 '20년 집권'이 아니라 '20년 야당' 할 각오를 해야 합니다.

집값 급등은 구조적으로는 저금리와 통화팽창, 지난 10년간 준비하지 않았던 택지공급 부족을 원인으로 들 수 있습니다. 그러나 현상적으로는 다주택자의 주택 매집과 다주택자들에게 유리한 세금 체계가 실시된 이후 폭등했습니다. 여기에 공공택지 공급에는 미온적이면서 그나마 수용으로 얻은 공공택지마저 건설사에 엄청난 특혜를 주고 팔아먹어 높은 분양가 구조가 폭등한 가격을 유지시키는 발판이 되었습니다.

여러 문제 중에서 지금 우리가 할 수 있는 것과 장기적으로 해결할 과제를 구분해서 풀어가야 합니다.

먼저 해야 할 일은 다주택자에 대한 누진 중과세입니다. 현재는 다주택 소유에 대한 조세체계는 모호한 태도를 보이고 있습니다. 불로소득을 완전히 환수하지 못하고 있는 것입니다. 2주택과 3주택 세금이 달라야 하고 4주택 5주택 소유 세금이 달라야 합니다. 양도소득세도 마찬가지입니다. 그런데 현재는 그렇지 못합니다. 1주택을 제외하고는 2주택부터 취·등록세와 보유세가 누진 적용되어야 합니다. 그래서 1세대가 1주택만 소유하고 만족할 수 있도록 제도가 보장해 주어야 합니다.

그리고 주택임대사업자의 특혜를 폐지해야 합니다. 전국적으로 부산시 전체 주택 수보다 많은 157만 채를 주택임대사업자가 소유하고 있습니다. 현행 주택임대사업자 제도는 기업형 주택임대사업자를 양성하도록 설계되어 있습니다. 주택임대사업자들이 갭 투자 등을 통해 주택을 매집하고 과점하게 만들어 놓았습니다. 바꾸어 말하면 국민의 내 집 마련을 제도적으로 방해하는 시스템입니다.

주택임대사업자에게는 종부세 합산배제라는 특권이 있습니다. 얼마나 불공정한 특혜인지 알 수 있습니다. 주택임대사업자제도를 손봐야 합니다. 주거를 영리 사업화에서 탈출시켜야 합니다. 생계형 주택임대사업을 제외하고는 예외 없이 종부세를 부과하고 민간사업자는 소규모 생계형 사업자 중심으로 재편해야 합니다.

당연히 대규모 주택임대사업은 공공중심으로 육성해야 합니다. 그래야 주택임대사업자제도로 인한 주택시장의 왜곡과 뒤틀림을 막을 수 있습니다.

주택시장은 1%가 안 되는 미세한 시장 조작에도 시세에 영향을 받습니다. 1%의 투기 세력이 전 국민을 투기 열풍에 휩싸이게 만드는 것이 주택시장입니다. 2019년 기준으로 서울시의 40㎡ 이하 규모 주택의 절반 이상, 40㎡ 초과 ~ 60㎡ 이하 주택의 12%를 주택임대사업자가 소유하고 있습니다. 집값 광풍이 안 일어날 수 없는 제도가 유지된 것입니다.

세 번째로 공급구조를 개혁해야 합니다. 2·4대책으로 공공을 중심으로 재개발 재건축의 큰 틀을 잡았습니다만 신규 주택공급체계는 바뀌지 않았습니다. 산업단지는 택지를 개발하면 최종수요자인 기업에 매각하고 그 기업이 공장이나 산업시설을 짓습니다. 반면 주택용 택지는

민생과 경제를 위한 외침

건설시행사에 매각합니다. 건설시행사가 소유자가 되어 다시 분양합니다. 이를 혁파해야 합니다. 택지조성사업자가 사업자를 선정하여 집을 짓고 직접 분양하는 시스템으로 바꿔야 합니다.

여기에 외국인과 법인까지 가세하여 주택을 매집하는 것은 강력하게 막아야 합니다. 집을 사놓으면 큰돈을 버는데 외국인과 법인이라고 다르겠습니까.

집값을 끌어올리는 구조를 혁파한다면 1주택자에 대한 세금 감면을 논의할 공간이 생깁니다. 장기적으로 소유하고 실거주하며 노령으로 소득이 없고 자녀에게 증여한 사실이 없는 1주택자라면 얼마든지 감면을 논의할 수 있다고 생각합니다.

주택정책은 인간다운 삶을 보장하는 주거권에서 출발해야 합니다. 누구도 자기의 집값을 이유로 타인의 인간다운 삶을 위한 권리, 내 집을 가질 권리를 침해해서는 안 됩니다. 국가는 이것을 보장해 줘야 합니다.

집값을 정상화하려면 규제와 공급이 같이 가야 합니다. 하지만 지금 같은 규제와 공급은 안 됩니다. 투기지역을 선별하는 규제 방식은 실패했습니다. 현재와 같은 공급도 집값을 낮추는 데는 실패합니다. 다주택 매집을 막는 규제, 현재 집값의 절반 정도인 파격적 가격에 대량 공급만이 집값을 정상화할 수 있습니다. 20년 야당을 할 요량이 아니라면 규제와 공급 방식을 바꿔야 합니다.

가상자산과 관련된
제도 정비에 나서야 합니다

2021 05 02

가상자산을 더 이상 법외지대에 둘 수 없는 상황입니다. 자산 펌핑을 바라는 '코인 개미'가 조금씩 모여들더니 가상자산에 뛰어든 인구가 약 400만 명이라고 합니다. 거래금액은 수십조 원에 달합니다. 당연히 관련 법률의 제정과 투자자 보호를 요구하는 여론도 커지고 있습니다.

이런 와중에 코인 개미에 대한 보호 정책이 마련되지 않아 피해자가 속출하고 있습니다. 예컨대 보이스피싱에 속아 코인 계좌에 잘못 입금하면 그 순간부터 피해자 구제는 불가능해집니다. 한 번 입금된 코인은 되돌릴 수 없다는 특성을 악용하는 사례입니다. 그리고 이름 모를 코인에 코인 개미들이 몰리게 한 후, 개발자들이 고점에서 도망쳐 버리면 투자자들은 그대로 '떡락빔갑작스러운 하락세' 피해를 보는 사례도 많이 발견되고 있습니다.

4대 거래소 기준 2020년 코인 상장폐지율이 22%나 되고, 상장된 573개 종목 가운데 126개 종목이 사라졌다고 합니다. 주식시장과 달리, 가상자산은 상장의 문턱이 낮아 상장과 상장폐지가 자주 이루어지는 너무 위험한 시장입니다.

정부에서도 거래소 대주주의 적격성을 강화하는 등 다방면으로 고심하고 있는 것으로 압니다. 하지만 너무 소극적인 자세여서 현실을 외

　　　　　　　　　　　　　　　민생과 경제를 위한 외침

면하고 있다는 비판에 노출되어 있습니다. 하루빨리 당정 간의 협의를 거쳐 가상자산에 대한 입법을 통해 거래 질서를 정리하고 투자자 보호할 수 있도록 적극적으로 나설 필요가 있습니다.

가상자산을 도박에 가까운 투기판으로 규정하면서 윤리적 기준으로 비판하는 시각이 여전히 존재합니다. 하지만 가상자산 투자자와 거래금액은 계속 늘어나고 있습니다. 우리가 현재 사용하는 통화가 금태환金兌換 같은 실체가 있어서 가치를 인정받는 것이 아니듯, 가상자산이 자산으로서의 가치가 있는지 여부는 시장과 사람이 얼마나 받아들이느냐에 있습니다. 이미 저장과 교환의 수단으로 가상자산이 사용되기 시작했고 확대될 것으로 예상된다면 국가는 서둘러 태도를 정하고 제도를 정비하는 것이 올바른 방향입니다.

국가의 보호를 받지 못하는 법외지대에 국민을 방치할 수 없습니다. 가상자산의 가치와 실체, 윤리와 별개로 국민은 보호받아야 합니다.

'돈'은 법화法貨와 은행권신용으로 구성되고, 중앙은행은 기준금리로 은행권의 통화량을 조절하여 물가를 관리하고 있습니다. 그런데 기재부 장관이나 금융위원장처럼 정부가 이미 시장에 존재하는 가상자산을 애써 무시하거나 없다고 우기는 것은, 근미래에 통화 관리를 포기하겠다는 선언과 같습니다. 기존 정책으로 가상자산을 관리하는 일이 어렵다면, 정부가 할 일은 무시하고 손 놓는 게 아니라 새로운 방법을 찾는 것이어야 합니다. 이런 점에서 기재부 장관과 금융위원장의 태도는 비판받아 마땅합니다.

변화를 갈망하는 젊은 세대는 가상자산을 새로운 자본주의, 새로운 질서, 새로운 기회로 볼 수 있습니다. 가상자산은 이미 우리 경제의 한 부분이 되었고, 더욱 확대되고 있습니다. 불법 부당행위에 대하여 정부가 적극적으로 대처하는 것은 당연합니다.

국민기본자산제, 양극화 시대의 해답입니다

2021 05 04

지난 금요일 저는 제주도의회에서 〈민주당 무엇으로 재집권할 것인가〉를 주제로 국민기본자산제를 제안하는 설명회를 가졌습니다. 대선 출마자는 국가를 어떻게 이끌겠다는 뚜렷한 비전이 필요합니다. 저는 갈수록 커지는 불평등 문제에 정면으로 맞서야 한다고 생각합니다. 같은 당 소속이라고 해서 다 생각이 같을 수는 없습니다. 저마다 다른 생각과 해법을 가졌기에 국민들 앞에서 확인하고 검증받는 시간이 필요합니다.

이런 선상에서 저는 이재명 지사께 언제든 토론할 용의가 있음을 밝혔고, 이 지사께서도 트위터를 통해 화답하셨습니다. 이 지사께서는 "기본자산과 모병제, 좋은 정책 의제입니다. 저의 기본소득과 선택적 모병제와는 다름과 차이가 공존합니다. 언젠가 존경하는 김 의원님과 공개토론 한번 하면 좋겠습니다."라고 응답을 주셨습니다.

감사합니다. 핵심 의제에 대해 기꺼이 토론에 응하겠다는, 대선주자다운 태도라고 생각합니다.

정세균 전 총리께서도 "모든 신생아들이 사회 초년생이 됐을 때 부모 찬스 없이도 자립 기반을 구축할 수 있도록 20년 적립형으로 1억 원을 지원하는 정책을 설계 중"이라며 '기초자산'구상을 밝혔습니다. 제가 지난해 가을부터 주장해 온 '신생아기본자산제'와 골격이 같은 제도입니다. 같은 문제의식을 확인했음에 감사드립니다.

이렇듯 대선에 임하는 주자들이 복지 체제의 혁신적 보완 혹은 복지 체제에 대한 전면적 대체를 주장하는 정책을 내세우는 것은 우리 사회가 기존 체제로는 더 이상 불평등이 고착화된 상황을 타개하기 어렵다는 공감이 있기 때문입니다. 저와 정세균 전 총리께서 주장한 기본자산이든 이재명 지사께서 주장한 기본소득이든 구체적인 재원, 재정 규모, 지급방식과 경제 사회적 효과에 대한 검증이 필요합니다.

이미 기본자산제는 이번 4.7재보궐선거에서 공약으로 채택이 된 바 있습니다. 반면 기본소득은 오랜 논의에도 불구하고, 공약으로 채택된 바가 없습니다. 아마 기본자산은 내년에 치러질 대선과 지방선거에는 정책공약의 핵심에 자리할 가능성이 큽니다. 정책의 구조가 간단하고 재정 규모도 실현 가능하기 때문입니다. 여러 차례 말씀드렸듯, 저는 국민기본자산제가 실현 가능한 해답이라고 생각합니다.

2010년 무상급식이 침체 됐던 민주 진영을 부활시켰듯이 국민기본자산제도는 민주당 재집권의 계기가 될 것입니다. 민주당은 중산층과 서민의 동맹을 성사시켜 촛불혁명에 성공하고 문재인 정부를 출범시켰습니다. 그런데 문재인 정부 하에서 중산층은 이익을 실현한 데 반하여 무주택 서민과 청년 등의 약자는 수혜를 누리지 못했습니다. 집값 급등으로 중산층과 서민의 단단했던 동맹이 와해 위기에 있다고 보는 것이 타당합니다.

중산층과 서민의 동맹을 복원하는 것이 정권 재창출의 지름길이고 국민기본자산제는 이것의 보증입니다. 우리 민주당이 '서민과 중산층의 벗'으로서, 국민기본자산제가 당론이 되어야 한다고 생각합니다.

존경하는
어르신들의 어려움을
함께합니다

어버이날을 맞아
김두관이 약속드립니다

2021 05 07

문재인 정부의 가장 큰 업적 중 하나는 '문재인 케어'로 어르신들의 병원비 걱정을 크게 덜어 드린 것입니다. 중증 치매 환자의 의료비가 크게 경감되었고, 간호간병 서비스가 확대되었으며, 임플란트 부담도 줄었습니다. 아픈 어르신을 둔 가정이라면 문재인 정부 이전과 이후 차이를 확연하게 실감하실 겁니다.

그러나 아직 부족한 부분이 있습니다. 간호간병 서비스가 확대됐지만, 여전히 중증 노인을 모시는 가정들은 간병비 부담에 허덕입니다. 경남도지사 시절 '보호자 없는 병원'정책을 처음 도입한 정치인으로서, 가정경제에 치명적인 간병비 문제는 꼭 해결하고 싶습니다. 중증 환자부터 간병 복지를 받을 수 있도록 제도를 보완하고 관련 예산을 확보하도록 하겠습니다. 그리고 요양원에만 적용되는 간병비 보조를 요양병원까지 확대하도록 하겠습니다.

저소득층 어르신 가구는 건강보험료도 큰 걱정거리입니다. 우리나라 노인의 상대적 빈곤율은 OECD 평균의 세 배에 달합니다. 보유 재산에 따라 지역건강보험료를 경감하고 있지만, 경감 비율은 10~30%에 불과합니다. 이렇다 보니 보험료 납부를 위해 폐지를 줍는 분도 계십니다. 직장건강보험료를 내는 부양가족이 있으면 자부담률이 없기 때문에 직장을 다니는 자식이 없는 분들과 형평성 문제도 아주 큽니다. 이제 65세

민생과 경제를 위한 외침

이상 기초수급자에 대해서는 지역건강보험료를 국가가 지급해야 합니다. 질병 걱정으로 질병을 유발하는 노동을 하는 악순환만은 없애야겠습니다.

노령화 속도가 급속히 진행되고 있습니다. 늘어나는 노령층 복지 수요에 비해, 확대 수준은 그 속도를 따라가지 못하고 있습니다. 이 중에서도 노령층의 생활 보장을 위해 가장 기본적인 기초노령연금은 반드시 상향해야 합니다.

현재의 노령연금은 생활을 뒷받침하기에 어려운 금액이고, 그마저도 부부가 함께 있을 경우 감액이 됩니다. 생활 능력이 없는 어르신은 마땅히 국가가 보호해야 합니다. 개인당 수급액을 50만 원 수준으로 인상할 필요가 있습니다. 생활 능력이 없는 노인 부부가 월 1백만 원 정도를 기본적으로 수급받을 수 있도록 해야 합니다.

내일은 어버이날입니다. 가정도 어버이를 존경하고 모셔야 하지만, 국가도 어르신을 편하게 모실 수 있어야 합니다. 식민지 시대와 동란, 민주화를 거치며 세계가 놀랄 만큼 대한민국을 발전시킨 어르신들에 대해 감사의 마음을 전합니다. 문재인 정부 성과를 이어, 한 걸음 더 나가겠습니다.

기본자산에 관한 법률을
곧 발의합니다

2021 05 28

이용우 의원님께서 〈청년기본자산지원에 관한 법률안〉 발의를 준비하고 계셔서, 흔쾌히 공동발의를 해드렸습니다. 저도 〈기본자산에 관한 법률〉을 준비하여, 법제실 검토를 끝내고 내주 발의를 준비하고 있었습니다. 법안의 내용은 조금 다르지만, 큰 취지에서 같은 문제의식을 담고 있고, 해법 또한 유사합니다. 이제 기본자산 혹은 기초자산에 관한 논의가 정책 영역에서 본궤도에 진입하고 있다고 봅니다.

시대마다 현실을 타개하는 해법이 다릅니다. 때로는 가보지 않은 길을 선택해야 할 때도 있습니다. 저는 이럴 때가 진정 정치인의 혜안이 필요한 때라고 봅니다. 우리는 그간 전통적인 복지 확충을 위해 큰 노력을 기울여 왔습니다. 이미 예산의 1/3이 넘는 금액이 복지예산으로 쓰이고 있습니다. 그런데도 사회경제적 격차는 날이 갈수록 벌어지고 있습니다. 저는 여기에 하나의 보조 바퀴를 달 필요가 있음을 느꼈습니다.

기존의 복지 확충은 더욱 진전이 필요합니다. 특히 노령층 연금 인상, 고용보험의 영역 확대, 출산 및 육아와 관련 복지는 더욱 끌어올려야 합니다. 그럼에도 국민기본자산제를 통해 성년의 출발자산을 만들어 주자는 것은, '사회적 상속'을 통해 출발점에 뒤처지지 않도록 기회를 주는 것은 물론, 당신의 출발을 국가가 응원한다는 것을 피부에 닿게 보여주기 위한 것입니다. 국가가 국민의 출발과 자산 형성을 돕겠다는 분명한 사인을 주겠다는 것입니다.

국민기본자산은 단순히 돈을 뿌리는 것이 아닙니다. 국가 상속을 통해 국민의 공동체적 결속과 통합에도 크게 기여할 것입니다. 저는 이러한 보이지 않는 효과가 훨씬 클 것으로 생각합니다. 이 정도는 불가능한 영역도 아니고, 우리가 감당 못 할 수준도 아닙니다. 정책구조 설계와 결정도 아주 간단하게 가능합니다.

이용우 의원님께서는 매월 20만 원을 성년기까지 적립해 청년기본자산 약 6천만 원을 준다는 방안입니다. 기금 운용은 국민연금에 계좌를 터 운용을 위탁하자는 제안입니다. 제가 신생아에게 3천만 원을 계좌에 신탁해, 20년 후 6천만 원을 주자는 방안과 거의 흡사합니다. 월별 적립 방식이냐, 아니면 목돈을 신탁하는 방식이냐의 차이만 있습니다. 그리고 일반재정으로 운용하느냐_{이용우}, 상속세와 증여세로 특별회계를 만드느냐의_{김두관} 차이가 있을 뿐입니다.

저는 단순한 재정 포퓰리즘 논란이 국민기본자산제의 문제의식을 엎을 수 없다고 생각합니다. 우리 현실에 대한 심각한 진단과 실질적인 해법을 담은 정책이기 때문입니다. 물론, 수십조 수백조가 쓰이는 방식의 설계라면 문제가 있겠지만, 재원이 가용 가능하고 제도적 설계가 간편하다면 정책 도입을 주저할 필요가 없습니다. 이론적 구상이 아닌, 실질적인 사회경제적 변화와 개혁이 필요합니다. 기본자산제는 실행 가능한 변화입니다.

Stupid! 문제는 부동산이야

한국부동산원 자료에 따르면 서울 아파트값이 11개월 만에 최고 주간 상승률을 기록했습니다. 매수심리도 더 강해졌습니다. 집값이 다시 오르고 있는 것입니다. 전적으로 더불어민주당 책임입니다. 당과 당내 부동산특별위원회가 집값 정상화에는 관심이 없다는 메시지를 시장에 확실히 전달한 결과입니다.

특위의 발표는 보유세재산세, 종부세, 거래세양도소득세 등 전방위적인 부동산 세 부담 축소와 대출 확대 논의는 빛내서 집 사는 게 최고의 투자라는 메시지를 주고 있습니다. 주택임대사업자에 대한 세제 혜택은 그대로 두면서 신규 주택임대사업자 등록은 폐지하기로 한 것은 버티면 된다는 믿음을 주기에 부족함이 없습니다. 초등학생도 알아차렸을 것입니다.

게다가 국회의원 16명이나 부동산임대사업을 하고 있습니다. 설상가상 더불어민주당 부동산특별위원회 관계자도 올라 있습니다. 국민들이 민주당에 대해 어떻게 생각하실지요? 걱정입니다. 임대업이 도덕적인 문제가 있다거나 불법이라서가 아닙니다. 불필요한 오해를 낳을 수 있다고 봅니다. 보다 철저한 개혁 조치로 집값 정상화에 총력을 기울여야 합니다.

올해 우리 기업들의 1분기 영업이익 증가율이 세 자리에 달했고 기록적 수출증가율을 기록했습니다. 시중의 유동성이 더욱더 공급되고 있습니다. 인플레 압력이 높아지고 있는 상황에서 부동산 가격은 언제 터질지 모르는 폭탄입니다. 게다가 시중금리도 서서히 오르고 있어, 부동산 문제는 그야말로 언제 폭탄이 될지 모르는 지경입니다.

비정상적인 집값을 잡아야 합니다. 집값 정상화를 이루고 무주택자의 한을 풀어주겠다는 믿음을 주지 않는 한, 우리는 부동산 수렁에서 결코 벗어나지 못할 것입니다. 백신 수급과 집단면역이 큰 전환점이 될 것이지만, 결국에는 부동산 문제가 우리의 발목을 잡을 것입니다.

우리 더불어민주당이 결연한 의지와 분명한 행동을 보여야 합니다. 집값을 정상화할 것인지 안 할 것인지. 문제는 부동산입니다. 엉뚱하게 조국 전 장관에게 화풀이할 일이 아닙니다.

4단계 격상 소상공인 손실보상, 대통령의 결단이 필요합니다

2021 07 09

코로나19 확진자가 1천 명 이상 계속되면서 수도권 거리두기 단계가 코로나 확산 이후 최고 수준인 4단계로 조정됐습니다. 오후 6시 이후 3인 이상 사적 모임이 금지되고, 행사 및 집회도 금지됩니다. 다중이용시설은 10시까지 운영이 제한됩니다.

소상공인들의 버티기는 이미 한계점에 와 있습니다. 4단계 거리두기는 1년 반 동안 눈물겹게 버텨온 소상공인에게는 치명타가 될 것입니다.

정부가 과감하고 신속한 조치로 희망을 주지 않는다면 상상하기 싫은 사건들이 벌어질 수도 있습니다. 무엇보다 소상공인들에게 희망을 드려야 합니다.

작년 기준으로 우리나라의 코로나19 대응 GDP 대비 정부지출은 13.6%였습니다. 일본은 44%, 독일은 38.9%였습니다. 정부가 선진국 평균 28.4%의 절반에도 미치지 못하는 지원을 하는 사이, 자영업자의 대출은 1.5배 증가했습니다. 국가는 국민의 생명과 재산을 지켜야 합니다. 국가의 역할을 몰각한 일부 관료들이 소상공인을 죽음의 계곡으로 몰아넣었습니다.

소급 적용 조항이 없는 '손실보상법'이 국회를 통과한 뒤에 4단계 거리두기 조치가 나올 수밖에 없는 상황이 안타깝습니다만, 이제라도 정부가 국가의 역할을 제대로 해야 합니다.

독일은 작년 12월 영업금지 조치 후 첫 6주 동안 예상 수익만큼 보상을 시행하고, 이후 매출의 75%를 보상하고 있습니다. 영국도 올해 1월부터 소형업종에 월 2천 파운드의 보조금을 지급하고 있으며, 일본은 긴급사태로 인한 휴업 시 하루 최대 4만 엔을 지급하고 도쿄도는 감염 확대 방지 협력금으로 사업자에게 50만 엔을 지원했습니다. 프랑스도 작년 9월부터 영업 중단 업체에 대한 최대 1만 유로에 달하는 손실보상을 해오고 있습니다. 우리나라는 2차, 3차, 4차 코로나 재난지원금 편성을 통해 소상공인 지원을 했습니다만, 지원 규모와 지속성에서 다른 선진국을 따라가지 못하고 있습니다.

소상공인들이 희망을 찾기 위해서는 정부의 지원 규모와 시기, 지속성이 예측 가능해야 합니다. 가장 먼저 '손실보상법'에 의한 손실보상 심의위원회가 활동을 개시할 필요가 있습니다. 4차 거리두기 이후 손실보상의 대상과 기준, 지급 시기를 사전 논의해야 합니다. 손실보상에 대한 선제적 논의가 있어야 절망에 빠진 소상공인들이 믿음과 희망을 찾을 수 있고, 보상받는 시기도 앞당길 수 있습니다.

지원 규모는 두 가지 지표를 참고해야 합니다. 작년 자영업자의 대출 잔액은 약 40조 원이 늘었습니다. 작년 정부가 지원을 회피한 총량을 이 정도로 추산할 수 있습니다. 한편으로, 작년 소상공인을 지원한 2차, 3차, 4차 재난지원금 총액은 17조 원이었습니다. 우리나라가 재난지원에 작년 다른 선진국의 절반에 못 미치는 재정을 투입했다는 점을 고려하면, 소상공인에게 최소 34조 원 규모의 지원이 있어야 합니다. 총액 기준으로 최소 34조 원에서 40조 원을 고려할 필요가 있습니다.

손실보상의 주무 부처는 중소벤처기업부입니다만, 총리가 직접 진두지휘할 필요가 있습니다. 우리나라의 손실보상이 시기와 규모 면에서 다른 선진국에 미치지 못하고, 개인들이 대출을 받아 '각자도생'하게 만든 것은 부처 위의 부처로 군림하고 있는 기재부의 영향이 컸습니다. 이번 4단계 거리두기 이후 소상공인 손실보상은 총리가 직접 나서서 적극적인 보상책을 마련해야 합니다. 만약 기재부가 또다시 절체절명의 위기에 처한 소상공인들의 처지를 무시하고 보상을 축소한다면 총리는 기재부 장관의 해임을 대통령에게 건의해야 할 것입니다.

노래방이나 유흥주점 등 영업 제한 업종에 대해 재난지원금이 지급된 만큼, 이들 업종에 대해 손실보상도 제대로 이뤄져야 합니다. 정부는 단 한 명의 국민 손도 뿌리쳐서는 안 됩니다. 모든 업종 사업자에게 동등한 비율의 보상이 될 수 있도록 차별을 만들지 않아야 합니다.

재난은 모두에게 똑같이 오지 않습니다. 코로나19처럼 정부가 방역지침을 내리고, 영업을 제한하는 감염병 재난의 경우는 특히나 특정 계층에 피해가 집중됩니다. 지금 소상공인에 대해 정부의 지원이 충분하지 않다면, 코로나 이후 피해를 본 가계들을 회생시키고 사회를 통합하는 데는 더 큰 돈과 시간이 필요할 것입니다. 과감하고 빠른 조치가 필요합니다.

징벌적 손해 배상제 출발을
환영합니다

2021 07 29

언론중재법 개정안이 국회 문화체육관광위원회 소위를 통과했습니다. 이른바 '가짜뉴스'에 대해 징벌적 손해배상 의무를 부과하는 의미 있는 첫걸음으로 평가합니다.

1995년 제가 남해군수로 처음 정치에 입문했을 당시, 저는 지역 기득권의 산실이었던 '기자구락부'라는 이름의 기자실 폐쇄를 단행했습니다. 대한민국 역사에서 처음 있는 일이었습니다. 이로부터 시작된 언론 기득권과의 싸움은 저에게 적지 않은 시련을 남겼지만, 결코 멈출 수 없는 시대의 정신이 되었습니다.

민생과 경제를 위한 외침

흔히들 언론을 '사회의 공기'로 규정합니다. 동의합니다. 권력과 자본에 대한 견제와 감시, 비판은 언론이 존재하는 이유입니다. 동시에 사회적 약자를 보호하고 강자의 횡포를 고발하며 인권을 지키는, 어찌 보면 민주주의 최후의 보루이기도 합니다.

우리 언론 역사도 자랑스러웠습니다. 무엇보다 군사독재에 대항하며 칼보다 강한 펜의 정신과 힘을 보였습니다. 국민은 언론을 믿었고, 언론은 민주화를 뒷받침했습니다.

지금은 어떤가요? 대다수 언론이 자본에 눈과 귀를 닫았으며, 일부 족벌언론은 사주의 이해관계만을 좇는 이익단체의 행태를 보입니다. 무엇보다 펜의 정신은 망각한 채 그 힘에만 도취되어 인격 말살과 같은 심각한 범죄 행위도 보였던 게 사실입니다.

이 과정에서 진실은 왜곡되거나 과장됐으며, 심지어 없는 사실이 '단독'이라는 뉴스의 이름을 빌려 보도되기도 했습니다. 노무현 대통령에게 모욕을 안겨준 '논두렁 시계'가 대표적 사례입니다.

그렇습니다. 언론은 이미 우리 사회의 기득권이 됐습니다. 검찰의 농간을 알면서도 피의사실 공표 등으로 인간의 기본권을 위협했습니다.

더는 안 됩니다. 언론의 자정 기능만을 믿고 맡겨두기에는 작금의 현실이 너무나도 비참합니다. 언론이 다시 책임 있는 언론으로 돌아가기 위해서라도 징벌적 손해배상제 도입은 필요합니다. 언론도 이를 계기로 예전 국민이 환호하고 지지했던 그 모습으로 돌아오기를 간절히 바랍니다.

대선후보 부동산 조사 찬성입니다
KDI 전수조사도 같이합시다

2021 08 26

"여야를 막론하고 모든 대권후보와 그의 가족이 부동산 검증을 받아야 한다." 역시 제가 존경하는 홍준표 의원님은 다릅니다. 뒤는 구리면서 앞으로는 엄숙한 척하는 우리 정치의 엄숙주의를 해학으로 날려버리는 여유가 있습니다. 이래서 사람들이 홍 의원님을 '민주당 지지자들도 미워할 수 없는 후보'라고 하는지 모르겠습니다.

저는 대찬성입니다. 당장 이번 달 안에 모두 공개하고, 권익위에 넘기고 검증받고, 투기자는 즉시 사퇴하는 것으로 합시다. 저는 별스럽게 공개할 부동산이 없긴 합니다만, 오늘이라도 저와 가족의 모든 부동산거래 내역을 모두 찾아서 깨끗하게 공개하겠습니다. 천 마디 만 마디 부동산 대책보다 이것이 더 중요합니다. 더 이상 고양이에게 생선을 맡길 수는 없습니다. 부동산으로 돈을 번 후보에게 부동산 대책을 맡길 수야 없지 않겠습니까?

대선 후보들이 어디에 얼마나 많은 집과 땅을 가졌는지, 그 땅과 집을 무슨 돈으로 샀는지, 그리고 그것이 지난 10년 동안 얼마나 올랐는지, 세금은 제대로 냈는지 전부 철저하게 검증합시다. 누가 과연 망국적인 부동산 기득권을 가루로 빻아버릴 사람인지 가려냅시다. 땅값, 집값 오른 것은 후보별로 그래프를 그려서 전국 곳곳에 뿌립시다.

자. 이제 제가 받았으니 홍 의원님도 제 제안 하나 받으시기를 바랍

니다. 오는 정 가는 정이 좋은 것 아니겠습니까? 저는 윤희숙 의원 사건을 계기로, 예비타당성조사를 하면서 개발계획을 사전에 조사, 심사, 실사하는 KDI 전현직 임직원들의 부동산 투기에 대해 전수조사를 하자고 제안했습니다.

생선 훔친 고양이가 LH가 아니라 KDI에 더 많을 것 같아서 한 제안입니다. KDI 전수조사와 대선후보 전수조사를 맞바꿉시다! 부동산 투기자를 색출하고 부동산 가격 폭등을 막고 국민들의 내 집 마련 소원을 풀어주는데 여야가 어디 있겠습니까?

그리고 이준석 대표에게도 다시 묻겠습니다. 먼저 국민의힘 최고위가 언제부터 대법원 역할을 했습니까? 민주당보다 강하게 징계하겠다고 해놓고 무슨 권한으로 투기 의원들의 변명만 듣고 면죄부를 주는 것입니까? 또 왜 윤석열 후보 캠프 관련자에게만 탈당을 촉구했는데, 이것은 국민들이 분노하는 부동산 투기 문제를 가지고 권력투쟁을 하는 것 아닙니까?

국민들은 지금 '내부정보를 이용해 투기를 한 것으로 추정되는 사기 임차인 윤희숙 의원'에 대해 분노하기 시작했습니다. 이 분노가 끓어 넘쳐 국민의힘을 쓸어버리기 전에 사과하고 솔직히 고백하시기 바랍니다. 말도 안 되는 연좌제 운운하며 눈물 쇼로 꼬리 자르기 한다고 속을 국민들이 아닙니다. 윤 의원 부친이 8억에 산 토지는 6년 만에 10억이 올랐고 지금도 오르고 있다고 합니다.

그 재산 상속자가 윤 의원인데 그게 연좌제입니까? 여당보다 더 강력한 처벌이 투기꾼 붙잡고 울어주는 겁니까?

우군인 보수언론이 막아줄 것이라고 기대하시다가 큰코다칩니다.

윤석열의 종부세 재산세 통합, 강남만 잘살기입니다

2021 11 16

윤석열 후보가 국세인 종부세를 지방세인 재산세로 통합하겠다는 공약을 했습니다. 그냥 들으면 지방세가 늘어나 더 좋겠다는 생각을 할 수도 있겠습니다.

그런데 종부세는 우리나라에서 약 1.7%만 내는 세금입니다. 이 1.7%의 사람들이 어디에 살까를 생각해 봅시다. 분당을 비롯한 일부 지역도 포함되겠지만 당연히 강남 서초가 압도적입니다.

따라서 윤석열 공약의 핵심은 강남구청으로 세금을 몰아주고 강남만 잘사는 나라를 만들겠다는 것입니다. 윤석열 후보는 자신의 지지기반의 핵심이 어디인지를 정확히 간파하고 있습니다.

죄송한 말씀이지만 우리나라 대다수 지역에서 종부세를 내는 사람은 거의 없습니다. 그런데 종부세를 국세로 걷어서 교부세로 지역에 나눠주면 지방에도 적지 않은 도움이 됩니다.

원래 노무현 대통령은 집 부자 1%에게 종부세를 걷자는 생각을 했습니다. 현재는 전체 국민 중 1.7% 정도가 종부세를 냅니다. 종부세 기준도 서울을 기준으로 공시지가 11억 원으로 상향 조정했습니다. 실제

민생과 경제를 위한 외침

가격은 15억 원에서 17억 원 정도입니다.

하지만 우리나라 정서에서 종부세와 전혀 관계없는 국민들이 더 민감하게 반응합니다. 종부세를 내는 사람들이 주로 여론주도층이기 때문에 사실보다 더 확대되어 문제를 제기합니다. 기울어진 언론운동장 탓이 크지만 이에 대해 지혜롭게 대응하지 못한 점도 있습니다.

노무현 대통령은 종부세를 없애지 못하게 하려고 수도권에서 종부세를 걷어 지역에 나눠주는 재원으로 설계했습니다. 당시엔 역진하지 못하도록 만든다는 취지였는데 결국 국민의힘 정권 시절 이런 설계가 많이 망가졌습니다. 이에 더해 윤석열 후보는 아예 이걸 지방세로 돌려버리겠다는 것입니다. 이럴 경우 강남, 서초를 빼고 전국이 막대한 손해를 감수해야 합니다.

우리가 강남만 잘사는 나라에 동의하지 않는다면 윤석열 공약의 본질을 집중적으로 알려야 합니다. 윤석열 후보의 자기 지지기반 챙기기, 강남만 좋은 나라 만들기를 팩트로 폭로하고 공격해야 합니다.

소상공인의
고통을 함께합니다

민생에는 여야가 없습니다

'2021 초정대상 시상식'에 수상자로 다녀왔습니다.

'초정대상'은 조선 후기 대표적 실학자인 초정 박제가 선생의 상공업 부흥 정신을 되살리고, 소상공인 권익 보호에 앞장선 데에 대한 감사의 의미를 담아 제정된 상이라고 합니다.

전국 700만 소상공인이 직접 투표한 점수를 더해 수상자를 선정한다고 하니 그 어떤 상보다 값지고 뜻깊습니다.

코로나19 이후 지난 2년은 소상공인분들께 너무나도 가혹하고 힘든 시간이었습니다. 어려움을 감수하고 정부 방역 정책에 적극 협조해 주신 700만 소상공인 여러분의 노고에 다시 한번 진심으로 고개 숙여 감사드립니다.

저는 올 한해 소상공인을 위한 재정 지원 규모를 40조 원까지 확대할 것을 적극적으로 주장해왔습니다. 또한 두 차례에 걸친 간담회를 통해 집합 금지와 영업 제한을 받은 소상공인·자영업자의 현장 의견을 경청하고, 보다 현실성 있는 방역 대책을 마련할 것을 촉구했습니다.

여기에 세계잉여금 발생으로 인한 추가경정예산 편성 시 소상공인 손실보상을 가장 먼저 고려하는 내용을 담은 국가재정법 일부개정법률안, 이른바 '소상공인 살리기 법'을 발의하기도 했습니다. 당연히 해야 할 일이지만 이러한 노력을 높이 평가해 주신 것 같습니다. 감사합니다.

그럼에도 소상공인과 영세 자영업자에 대한 손실보상의 폭이 체감할

만큼 두텁지 못했다는 점에서 여당 의원이자 기획재정위원으로서 안타깝고 죄송하다는 말씀도 꼭 전하고 싶습니다.

얼마 전 우리 당은 신속한 소상공인 지원을 최우선 과제로 선정했습니다. 단발적인 방역지원금에서 멈추지 않고 실질적이고 직접적인 보상에 이를 수 있도록, 집권 여당 의원으로서 책임감 있게 추진해 나가겠습니다.

오늘 함께 수상하신 동료의원 여러분께도 축하 인사를 전합니다. 민생에는 여야가 없습니다. 오늘 함께 하신 모든 의원님과 함께 소상공인 여러분을 위한 제도 개선과 정책 마련을 위해 더 노력하겠습니다.

오염수 방류로 국민 생활을 벼랑으로 내몰려 하십니까?

2023 05 08

한일 정상회담에 앞서 원전 오염수 배출을 단호히 반대해야 한다고 지난 토요일에 긴급 기자회견을 했습니다. 알다시피 부울경과 남해안권 일대는 오염수 배출의 직접적인 영향권에 있습니다. 오염수 배출 자체도 큰 문제이지만 문제는 향후 오염수 배출로 인하여 얼마나 피해를 입을지 얼마나 오래갈지, 끝나기는 하는 건지 그 누구도 모른다는 것입니다. 올여름이 그런 지속적이고 장기적인 오염수 배출의 시작점이 될 가능성이 매우 큽니다.

민생과 경제를 위한 외침

어제 공개된 공동언론발표문을 보면, 한일 두 정상은 이번 회담에서 후쿠시마 오염수 관련 한국 전문가들의 현장 시찰단 파견에 합의했다는 내용이 있습니다. 이어 '과학에 기반한 객관적 검증이 이루어져야 한다는 우리 국민의 요구를 고려한 의미 있는 조치가 이루어지기를 바란다'라고 적시되어 있습니다. 사실상 일본 측의 호의에 기대하는 수준의 조치로, '오염수 방류 반대'라는 우리 국민들의 강력한 요구와는 거리가 멉니다.

　　한국 정부가 오염수 문제에서 국제원자력기구IAEA와 별도의 확인 트랙을 마련했다는 의미가 있다는 평가도 있습니다. 그러나 검증단이 아닌 '시찰단'이어서 파견을 통해 얻을 정보 접근 자체가 극히 제한적일 뿐더러, 어떤 조치를 강제할 수 있는 수단도 없습니다. 자칫, '시찰단'이 일본의 오염수 방류를 합리화해주거나, 사실상 '승인'해주는 역할을 할까 걱정이 됩니다. 이런 식의 합의는 차라리 없는 것만도 못한 것입니다.

　　당장 7월 오염수 방류가 현실화하면, 수산물 먹거리와 직결된 부산을 비롯한 남해안권 관광은 심각한 타격을 받게 불 보듯 뻔합니다. 남해안권 관광벨트가 무너지면, 지역경제는 수렁으로 빠져들 것이며, 방류가 중지되지 않는 이상 이후에도 아주 오랫동안 헤어나올 방법이 없을 것입니다. 우려가 아니라 현실입니다. 윤석열 정권의 무책임한 대응은 부울경 어업과 수산업, 관광산업을 통째로 무너뜨릴 공산이 큽니다.

　　과거 우리 주변에 있던 수많은 생태찌개집을 생각해 보십시오. 후쿠시마 원전 사고 이후 주변에서 인기 있던 생태찌개 동태찌개 집이 사실상 자취를 감췄습니다. 생태는 일본에서 온다는 인식이 강하기 때문이었습니다. 오염수 방류는 그런 차원을 벗어나 우리나라 연안에서 잡힌 물고기마저 국민들의 외면을 받는 상황을 만들 것입니다. 이것이 경제 파탄, 민생 파탄이 아니고 무엇입니까?

오염수 방류는 한가하게 '시찰'을 할 문제가 아닙니다. 주권국가답게 당당히 오염수 방류를 반대하고, 인접 국가들과 공조해 일본의 책임 있는 조치와 대안 마련을 압박해야 합니다. 국민들의 건강과 안전, 생업을 위협하는 일본의 무책임한 조치에 국제적인 공조로 대응해야 하는 것이 정상 아닙니까?

윤석열 정권은 향후 벌어질 일들에 대해 전적으로 책임을 져야 합니다. 무엇보다 국민이 제대로 알 수 있도록 해야 합니다. 이번 사안은 국민들의 자존심에 상처입히는 것으로 그치는 사안이 아닙니다.

남해안권 어업, 수산업, 요식업, 관광업 전체의 생존 문제가 걸려있는 문제입니다. 경고합니다. 만약, 이것을 막지 못한다면 윤석열 정권은 거대한 민심 이반을 경험하게 될 것입니다.

2장
권력 통제와 실패의 대가
검찰개혁과 부당한 권력에 맞선 외침

검찰은 문재인 정부의 덫이었습니다. 노무현 정부에서부터 시작된 검찰과의 악연은 결국 노무현 대통령의 서거로 이어졌습니다. 이에 분노한 대다수의 친민주당 세력은 검찰에 분노했습니다. 그 분노의 그늘이 너무 깊어졌습니다. 그런 과정은 문재인 정부의 '검찰개혁'을 국정의 중심 과제로 만들어버렸습니다.

권력기관 개혁은 공수처의 설치와 검찰 수사권 축소라는 두 축으로 진행되었습니다. 검찰개혁의 주체로 지목된 윤석열 검찰총장은 취임 당시 검찰개혁을 이루겠다는 약속을 손바닥처럼 뒤집었습니다. 그 이후 일어난 조국, 추미애 장관과의 극한의 대립은 모두가 아는 대로입니다. 결국 그는 문재인 정권과의 대립을 통해 상대 당 대선 후보가 되었고, 대통령에 당선되었습니다. 검찰에 대한 분노만 있었지, 그들이 어떤 존재였는지를 몰랐던 것입니다. 제도적으로 통제할 수 있다 믿은 것이 가장 큰 실수였습니다.

문재인 정부는 '재조산하再造山河'의 원대한 표어를 내세웠습니다. 탄핵 국면에서 망가진 나라의 기강을 세우고 기틀을 재정립하겠다는 의지였습니다. 저는 당시 국민들의 열망은 문재인 정부가 설정한 목표를 넘어선 것이었다고 생각합니다. 국민들의 요청은 단순한 권력기관의 변화 이상의, 사회경제적 구조 전반의 변화가 아니었나 생각합니다. 이 부분에 있어 국민들의 요청에 응답된 부분은 정권 초기 남북관계의 대담한 진전 정도가 아니었나 생각합니다. 국민들의 기대가 너무나도 컸던 것입니다.

문재인 정부의 적폐 청산 기조에 있어 검찰은 양면의 칼과 같은 존재였습니다. 검찰은 개혁 대상이기도 했지만 버리기는 아까운, 잘 드는 칼이기도 했습니다. 특히 윤석열 검사는 좋은 칼이었습니다. 국정원 댓글 수사로 박근혜 정권에서 좌천된 윤석열은 국정농단 사태에서 수사팀장으로 화려하게 복귀했습니다. 이후 서울중앙지검장으로 파격적으로 승진했고, 검찰총장이 되었습니다. 이명박 대통령과 박근혜 대통령, 이재용 회장을 잡아넣은 검찰 기세는 하늘을 찔렀습니다.

이 모든 것이 검찰개혁 논의 과정과 함께 진행된 것입니다. 정권에 협조한 검찰에 이제 역할이 끝났으니 수사권을 내놓으라고 하니 순순히 들을 리가 만무했습니다. 집권 후 2년이 조금 지난 시점이었음에도 불구하고, '조국 사태'가 일어난 정황을 볼 때 이미 검찰은 통제 불능 상태였습니다. 검찰은 대통령이 지명했더라도 마음에 들지 않으면 법무부 장관 정도야 쑥대밭을 만들어 보내버릴 수 있다는 메시지를 보낸 것입니다. 그런데도 대통령은 개입하지 않았습니다. 국민들은 추미애 장관과 윤석열 총장의 지루한 공방을 지켜보아야 했습니다.

검찰개혁의 핵심은 검찰 직접 수사권의 축소였습니다. 문재인 정부는 검찰의 직접 수사권을 6대 범죄로 축소했고, 2022년 4월에는 부정부패와 경제범죄의 2대 범죄를 제외한 직접 수사권을 박탈한 개혁안이 국회를 통과했습니다. 그러나 이미 정권 말기까지 끌어온 사안에다 국민들의 피로도가 큰 상황에서 지지받기 어려웠습니다. 결국 시기를 놓친 검찰개혁은 새로 출범한 윤석열 정부와 마찰을 빚으며, 법무부 시행령을 통해 수사권이 원상복구 되는 사태에 이르고 있습니다. 문재인 정부가 전력을 쏟았던 검찰개혁의 스케줄이 전혀 전략적으로 작동하지 않았던 것입니다.

검찰개혁의 또 다른 축이었던 공수처 설치는 공수처법이 입안되는 과정에서 그 규모가 현저히 작아 제대로 된 수사력을 발휘하기 어려운 여건에 있었습니다. 또 하나의 문제는 초기 공수처가 검찰에서 검사와 수사 인력을 제공받은 상황이라 검찰의 영향력에서 자유롭지 못하다는 점입니다. 당초의 의도와 달리 지금 공수처는 권력층 수사에 있어 거의 성과가 없는 상황입니다. 물론 시간이 지나면 이러한 상황은 개선될 여지가 있지만, 공수처가 독립적 위상과 기관의 역량을 발휘하기까지는 상당히 오래 걸릴 것입니다.

당초 민주당은 검찰의 수사 기능을 완전히 박탈하고, 기소청을 만들어 수사와 기소를 완전히 분리하자는 입장이었지만 이를 관철하지 못했습니다. 이에 대한 근거법을 만드는 것이 국회의 일이기도 합니다만, 이는 일차적으로는 행정부의 조직 영역의 일입니다. 검찰청은 행정부의 일개 외청입니다. 정부 조직을 개편하고, 이에 맞게 입법을 정비하면 될 일입니다. 문재인 정부의 아쉬운 점은 검찰조직을 개편하는 대통령 주도의 실행 의지가 보이지 않았다는 점입니다.

저는 이러한 딜레마의 중심에는 윤석열 검찰총장이 있었다고 생각합니다. 문재인 대통령은 자신이 한 인사에 대해, 비록 실패했더라도 자기부인을 하기 어려운 성품을 가진 분입니다. 본인이 임명한 윤석열 총장을 끝까지 중용하다 보니 모든 퍼즐은 어그러지고, 권력기관 개혁 과제도 결국은 좌초된 것입니다. 공직 인사에 있어 맺고 끊음은 사적인 어떤 관계보다 중요합니다. 문재인 정부는 결과적으로 검찰개혁은커녕, 결국 검찰조직의 수장에게 정권을 넘겨주는 사태를 만들었습니다. 그 결과는 지금 보는대로입니다. 윤석열 정권은 검찰국가檢察國家로 국정을 운영하고 있습니다.

저는 2020년 8월부터 윤석열 검찰총장 해임건의안 제출을 거듭 주장했고, 12월에는 탄핵을 강하게 주장했습니다. 대통령의 의사가 분명하지 않은 상황이어서인지, 이에 대한 당 지도부의 반응은 매우 미온적이었습니다. 일부 의원들은 '적당히 하라'는 눈치마저 주는 일도 있었습니다. 저에게는 그것이 당이 검찰과 대립하지 않겠다는 의도로 읽혔습니다. 윤석열 총장은 문재인 정권과의 대립으로 지지율이 높아지자 이듬해 3월 검찰총장직을 사퇴하고, 7월 국민의힘에 입당해 대선후보가 되었습니다. 그 이후의 일은 따로 적을 필요도 없습니다.

행정부를 견제하고 감시하는 입법부에 주어진 큰 권한 가운데 하나가 바로 탄핵彈劾입니다. 법관과 검사, 그리고 행정부의 고위 관료를 감독할 중요한 권한이자 책무이지만, 우리나라에서는 박근혜 대통령 탄핵을 제외하고 거의 실행된 적이 없습니다. 행정부 우위의 정치문화와 엄격한 탄핵 심판 요건 때문에 과도하게 자제해 온 것이 사실입니다. 그러나 입법부가 탄핵하게 되면, 헌법재판소의 심판 때까지 직무 정지가 됩니다. 핵심은 탄핵이 부당한 행정을 정지시킬 수 있는, 합법적으로 주어진 권능이라는 것입니다.

대한민국은 민주공화국입니다. 법률과 지휘체계에 따라 행정은 질서정연하게 작동합니다. 정권 운영에 있어 자기 팔과 다리가 싸우는 미숙

함을 보여서는 안 됩니다. 민주당이 노출한 이러한 정치적 미숙함은 국민들에게는 정권을 맡길 만한가 하는 의문으로 다가왔을 것입니다. 우리는 지금 권력을 다루지 못한 실패의 대가를 치르고 있습니다. 민주당이 수권하려면 다시, 제대로 준비해야 합니다. 뼈아프지만 우리의 지난날을 반면교사로 삼을 수밖에 없습니다.

검찰총장 해임안 제출을 제안합니다

2020 08 05

윤석열 검찰총장이 대통령을 향해 독재와 전체주의라고 공격했습니다. 더 이상 망설일 필요가 없습니다. 대권후보로 키워주는 격이라는 걱정도 사치에 불과합니다. 더불어민주당은 윤 총장 해임안을 제출해야 합니다. 국가의 기강과 헌정질서를 바로잡고 검찰을 바로 세우기 위해 결단해야 합니다.

윤 총장의 신임 검사 신고식 연설문에는 "우리 헌법의 핵심 가치인 자유민주주의는 평등을 무시하고 자유만 중시하는 것이 아닙니다. 이는 민주주의라는 허울을 쓰고 있는 독재와 전체주의를 배격하는 진짜 민주주의를 말하는 것입니다."라고 되어 있습니다.

아무리 읽어봐도 앞 문장과 뒤 문장은 전혀 연결되지 않습니다. '민주주의라는 허울을 쓰고 있는 독재와 전체주의 배격'이라는 말을 맥락과 관계없이 의도적으로 집어넣은 것이 분명합니다. 우리 헌법 체계에서 독재나 전체주의라고 비판할 수 있는 대상은 대통령밖에 없습니다.

문재인 대통령은 국민이 선출한 대통령입니다. 검찰총장이 국가원수인 대통령을 독재와 전체주의라고 비판한 것은 결코 묵과해서는 안 될 헌정질서 유린이자 주권자인 국민에 대한 도전으로 해임해야 마땅합니다. 박정희·전두환 군부독재의 충복으로 사건 조작과 인권유린을 일삼았던 검찰의 최고 책임자가, 국민이 목숨과 피눈물로 몰아낸 독재와 전체주의를 내세워 대통령을 공격하다니 어처구니가 없습니다.

군부독재의 호위병으로 복무하다 민주화 이후에는 정치검찰의 잘못된 길을 걸었던 검찰을 제자리로 돌려놓아야 합니다. 검찰개혁에 반기를 들고, 정부 여당 인사에게는 가차 없이 칼을 휘두르면서도, 야당 인사와 부하직원 범죄는 감싸주기에 급급한 사람, 이런 위인을 더 이상 검찰총장이라 할 수 없습니다.

　윤 총장을 해임하면 박해자 이미지를 만들어 정치적으로 키워주고 야당에 호재가 될 수 있다는 생각을 할 수도 있을 것입니다. 하지만 더 중요한 것은 검찰의 이익을 위해 국가의 기본질서를 흔드는 행위는 묵과할 수 없다는 큰 원칙을 지키는 일입니다. 이런 국기문란 행위는 단호하고 신속하게 대처해야 합니다. 그래야 권력기관이 국민을 우습게 보고 권력을 자신들의 기득권 보호에 악용하는 일이 없을 것입니다.

　한동훈 검사장의 검언유착 의혹사건 조사도 검찰총장의 방해로 사실상 실패로 귀결되는 것 같습니다. 이럴 때일수록 검찰개혁의 고삐를 더욱 죄어야 합니다. 더 이상 검찰의 정치화를 방치할 수 없습니다. 검찰을 완전히 해체하는 수준으로 검찰개혁의 수준을 높여야 합니다.

　이번 기회에 검찰을 순수 소추 기관으로 바꿀 것을 제안합니다. 하는 일이 없다고 비판받는 고등검찰청을 해체하고 지방검찰청이 제 역할을 하도록 해야 합니다. 검찰청을 해체해서 법무 부내 검찰 본부로 흡수하고 전문적 역량을 쌓아온 수사 분야는 경찰의 국가수사본부와 통합하여 국가수사청으로 독립해야 합니다.

　이렇게 하면 검경 수사권 조정으로 공룡 경찰이 탄생한다는 우려도 해소할 수 있습니다. 검찰의 기득권을 꺾고 국민검찰로 거듭나도록 하려면 이 정도까지는 전진해야 합니다. 검찰개혁 완성! 갈 길이 험난하고 멀게만 느껴집니다. 하지만 얼마 남지 않았습니다. 우선 윤 총장부터 해임하고 계속 전진해야 합니다.

해임결의안 준비하겠습니다
장관은 징계위원회를 열어 주십시오

2020 08 07

"검찰의 정치적 독립과 정치적 중립은 다른 문제였다. 검찰 자체가 정치적으로 편향되어 있으면 정치적 독립을 보장해 주어도 정치적 중립을 지키지 않는다." 노무현 대통령은 자서전 「운명이다」에서 이미 예언했습니다. 정치적으로는 독립했지만, 중립을 잃어버린 윤석열 검찰은 해체 수준의 개혁을 해야 하고, 가장 먼저 윤 총장 해임부터 추진해야 합니다.

윤 총장의 연설문은 사실상 정치 출사표였습니다. 정치를 하겠다는 사람을 검찰총장 자리에 그대로 두는 것은 국회가 역할을 방기하는 것입니다. 소원대로 정치를 하도록 보내 주는 것이 맞습니다. 제가 해임촉구결의안을 만들겠습니다. 추미애 장관은 검사징계법에 따라 징계위원회를 열고 해임 절차를 밟아주실 것을 정중히 요청합니다.

해임해야 할 사유는 너무도 명확합니다. 국민이 뽑은 정부를 독재와 전체주의라고 공격했습니다. 지난 1년간 정치적 중립은 내다 버렸고 정치적 편향은 유래를 찾기가 힘들 정도였습니다. 검찰개혁을 추진했다는 이유로 온갖 비열한 수단을 동원해 전직 대통령을 죽음의 길로 가게 만들었던 만행이 계속되게 할 수 없습니다. 이것은 혹한의 겨울에 촛불을 들었던 국민의 명령입니다.

윤 총장은 신고식에서 "법은 누구에게나 공평하게 적용되고 집행되어야 한다"라고 했지만, 특별한 사람에게만 불공평하게 법을 집행했습니다. 무고한 장관 후보자를 근거도 없이 72회나 압수수색하고, 확인되지 않은 가짜정보를 언론에 흘려 한 가족의 인권을 처참하게 유린한 조국 사건이 대표적입니다. 조국 재판이 진행 중입니다만 대부분 무죄로 드러나고 있고, 72회 압수수색은 도대체 왜 했는지 모를 지경이 되었습니다.

반면에 삼성 이재용은 기소유예 처분한다는 소식이 들리고 미래통합당 나경원 의원 수사는 지지부진하고, 언론사 사주 비리에 득달같이 압수수색 영장을 발주했다는 소식은 들은 적도 없습니다. 여기에 윤석열 검찰총장의 장모, 배우자, 최측근의 범죄는 애써 모른 척하고 있습니다. 국민검찰이 개인검찰로까지 전락했습니다.

지난 1년 우리 국민들은 통제받지 않는 검찰 권력을 그대로 두면 나라가 어디로 가는지 충분히 학습했습니다. 노골적으로 특정 정치세력의 보호자를 자처한 정치검찰을 그대로 둘 수 없습니다. '국민검찰', '공정검찰'을 목표로 검찰개혁을 완수해야 합니다.

여당이냐 야당이냐, 진보냐 보수냐, 부자냐 빈자냐, 재벌이냐 골목 가게 주인이냐를 가리지 않고, 공정하게 법치를 구현할 국민검찰을 만들라는 민심을 따라야 합니다. 국회는 해임결의안을 통과시키고 추미애 장관은 지체없이 징계해야 합니다.

검찰개혁은 모든 개혁의 시작입니다. 그런데 검찰개혁을 주창한 조국은 희생재단에 오르고 검찰개혁에 저항한 윤석열은 대선후보가 되고 있습니다. 있을 수 없는 일입니다. 검찰개혁은 정치적 선언이 아니라 실천적 사명을 갖고 해야 합니다. 공수처로 완성되는 것이 아니라 공수처로 시작되는 것입니다.

어제 말씀드렸듯이 검찰은 순수 소추 기관으로 전환하고, 수사 기능은 경찰의 국가수사본부와 통합해서 국가수사청으로 독립해야 합니다. 우선 윤 총장부터 끌어내리고 검찰 개혁안을 관철하기 위해 피 흘릴 각오를 하고 앞장서겠습니다.

공수처법 개정, 더 미룰 수 없습니다

2022 09 20

여러분들도 잘 아시는 것처럼 원래 공수처는 지난 7월 15일 출범했어야 합니다. 하지만 국민의힘의 비협조로 무한 지연되고 있습니다.

'고위공직자범죄수사처'를 설치하기 위해서는 당연히 그 기구의 장을 선출해야 합니다. 그 선출 과정은 야당이 반대하는 누구도 임명할 수 없게 되어 있습니다. 우리 당이 야당과의 대승적 협력을 위해 마련한 장치입니다.

국민의 80%가 찬성하는 공수처라도 야당과의 합의 하에 출범시키는 것이 진정한 검찰개혁을 위해서도, 국정안정을 위해서도 더 좋겠다는 민주당의 통 큰 결단이었습니다. 그리고 그렇게 법이 통과되었습니다.

하지만 국민의 힘은 공수처 설치를 아예 반대하면서 두 가지 방법을 쓰고 있습니다. 첫 번째는 공수처장 후보를 추천하기 위해 반드시 구성해야 할 '공수처장후보 추천위원회 위원추천' 자체를 하지 않고 있습니다. 이러면 공수처장 추천과 임명 절차가 막히게 됩니다. 국민의 힘은 이런 야비한 방법으로 현행법의 시행을 막고 있습니다.

두 번째는 헌법재판소에 '위헌법률심판'을 청구하고 이것을 명분 삼아 헌재 판결까지 기다리자는 것입니다. 보통의 헌재 판결 기간으로 볼 때 문재인 정부가 끝나야 결과가 나올지도 모릅니다. 이런 상황을 만들어 놓고 마치 민주당이 위헌적인 법률을 밀어붙이는 모양을 만듭니다.

기억하시는 분은 모두 아시겠지만, 이 공수처법은 당시 민주당과 야 4당이 함께 처리한 법입니다. 여야 5당이 위헌적인 법률을 처리했다는 얘기인데 세계 어느 나라에도 이런 일은 없습니다. 오로지 국민의힘 전신인 자유한국당과 검찰들만 반대했습니다. 공수처가 설치되면 그동안 기득권의 두엄 속에 썩혀온 냄새 나는 범죄들이 드러날까 걱정하는 것입니다.

이 상태로 두면 공수처는 기약이 없습니다. 다소 무리가 되더라도 공수처법을 개정하여 야당 교섭단체가 추천을 거부하면 비교섭단체 2개의 야당이 1명씩 추천하게 만들어야 합니다. 그렇지 않으면 더 이상의 진전을 기대하기 어렵습니다.

공수처 출범 지연으로 인하여 갖가지 부작용이 나타나고 있습니다. 수년째 이어져 온 검찰개혁에 대한 피로감이 쌓이고 검찰총장의 전체주의 발언이나 추미애 법무부 장관 일가에 대한 극우 언론의 무차별적인 공격이 대표적입니다. 조국 전 장관에 이어 이번 추미애 법무부 장관에 대해서도 가족의 허물을 이 잡듯 뒤지는 검찰과 언론의 태도는 지금까지의 검찰 기득권이 얼마나 깊고 강고한지를 보여줍니다. 여기에 굴복하면 문재인 정부뿐 아니라 재집권의 가능성은 없습니다.

세간에서 말하는 '권력을 쥐여 줘도 못쓴다'라는 비아냥은 우리가 어느 정도 결연한 자세를 보여야 하는지를 말해줍니다. 부끄럽지만 우리 당의 현실입니다.

이번 정기국회에서는 지방자치법, 행정수도법 등의 여러 개혁법안과 함께 공수처법의 개정이 반드시 이루어져야 합니다. 장기화되는 코로나19 방역으로 국민들이 힘들어합니다. 국민 80%가 지지하는 법안의 통과는 국민 여러분께 시원한 청량감을 선사할 것입니다.

구체적인 일정도 제안드립니다. 올해가 가기 전에 공수처가 출범되도록 합시다. 공수처에 대한 국민적 지지는 충분합니다. 그 지지를 믿고 과감하고 신속하게 국민의 명령을 이행합시다. 저도 제안한 사람의 몫을 당당히 하겠습니다.

신속한 공수처 설치로
문재인 정부가 검찰개혁
반드시 완성해야 합니다

2020 10 24

누가 봐도 답답하고 터무니없는 상황입니다. 국민은 얼마나 화가 나시겠습니까? 코로나19로 국민의 삶은 팍팍한데 아직도 몇몇 기득권은 국민 위에 군림하려 합니다. 이번 윤석열 총장과 검찰의 행위는 대한민국 민주주의에 대한 도전이며, 다시는 이런 일이 없도록 제도와 시스템을 완성해야 합니다. 그 첫걸음이 공수처의 신속한 출범입니다.

법무부 장관의 법에 근거한 수사 지휘를 위법이라 맞서고 있습니다. 당연히 총장이 연루됐을 수 있어 제척 사유가 분명한 라임 사건과 가족 사건은 수사 검사의 보고를 받지 말라는, 지극히 상식적인 장관의 지휘였습니다.

검찰총장은 법무부 장관의 부하가 아니라는 말까지 서슴지 않았습니다. 보수언론과 야당이 유력 대권후보로 지지를 보내니 대통령도 장관도 국민도 아무것도 눈에 보이는 게 없는 것이 분명합니다.

큰일입니다. 검찰총장이 중립을 팽개친 지는 오래고 급기야 검찰을 총장의 정치적 욕망을 위한 사유물로 전락시키고 있습니다. 진영 대립이 최고조에 달한 우리 사회에서 한쪽만 집중적으로 때리는 것 자체가 이미 고도의 정치 행위입니다.

윤 총장은 야권 인사의 비리에는 애써 눈감고 여권 인사 자녀의 표창장 하나에 수색영장을 수도 없이 남발했습니다. 이것이 윤석열 정치의 시작이었습니다. 주권자의 준엄한 명령인 검찰개혁을 거부하고 보수 야당과 보수언론 쪽에 붙기로 한 것입니다.

급기야 국민이 뽑은 대통령을 겨냥해 '민주주의의 허울을 쓴 독재와 전체주의'라고 공격하더니, 이제는 엄연히 수사지휘권을 가지고 있는 법무부 장관을 향해 '내가 니 부하냐?'라는 식으로 따지고 있습니다.

이제 공수처밖에 대안이 없습니다. 일반 사건의 기소율이 40%인데 반해 검사가 저지른 범죄 기소율은 고작 0.1%입니다. 검사가 검사를 수사하는 것은 수사가 목적이 아니라 면죄부가 목적이라는 사실을 이보다 더 적나라하게 보여주는 통계는 없습니다.

공수처를 하루속히 출범시켜야 합니다. 그래서 나라를 어지럽히고 공정을 해치는 정치검사와 비리 검사를 모조리 몰아내야 합니다. 이것은 일선에서 묵묵히 정의를 실천하는 대다수 검사들의 명예를 지키기 위해서도 반드시 필요한 일입니다.

국민이 준 176석으로 공수처를 설치해야 합니다. 이것은 공정과 정의를 어지럽히는 윤석열 총장을 본인이 가고 싶은 곳으로 보내는 가장 확실한 방법입니다.

검찰개혁 없이 공정한 세상은 오지 않습니다. 윤석열류類의 정치검찰이 있는 한 우리 사회의 정의는 사전 속 죽은 단어일 뿐입니다. 국민이 명령한 검찰개혁을 완수하고 윤석열 총장을 자리에서 물러나게 해야 합니다. 국민의 명령을 조속히 완수하는 데 모두 노력해 주십시오.

공수처,
이제 눈앞에 다가왔습니다

2020 12 10

오늘 본회의에서 공수처법 개정안이 드디어 통과되었습니다. 20대 국회에서 패스트트랙에 올려 공수처법을 통과시킨지 1년여만의 일입니다. 스스로가 공수처가 필요하다고 역설한 분이 원내대표를 맡고 있는 정당이 비토권을 빌미로 공수처장 추천 자체에 응하지 않는 현재 상황을 방치하기 어렵기 때문이었습니다.

패스트트랙으로 공수처법을 통과시키기 위해 우리 더불어민주당은 적지 않은 손해를 감수해야만 했습니다. 총선에서 더불어 시민당 비례대표의 앞번호를 과감하게 양보하게 된 이유도 이와 큰 관련이 있습니다. 민주당은 공수처라는 역사적 대의 앞에 고개 숙였고 촛불 시민이 내린 명령을 이행하기 위해 고통을 감내했습니다.

오늘 공수처법 개정을 계기로 2021년은 공수처를 설치하는 역사적인 한 해가 될 수 있게 되었습니다. 공수처 출범을 염원해 오신 모든 당원 동지들과 지지자 여러분과 이 감격을 나누고 싶습니다.

이번 개정 내용은 공수처장 후보추천위원회의 의결정족수를 6명 이상에서 3분의 2 이상으로 개정하고, 공수처 검사의 자격요건을 변호사 자격 10년에서 7년으로 완화하였습니다. 무조건 반대만 하는 국민의 힘의 반대를 피하기 위한 불가피한 조치였습니다.

여당이 일방적으로 공수처장을 임명할 수 있게 되었다는 비판도 사실과 다릅니다. 개정 후에도, 추천위원 7명 가운데 변협회장 추천인만 반대해도 사실상 공수처장을 추천할 수 없기에 야당의 공정성 시비는 사실상 근거가 없는 것입니다.

공수처 설치는 검찰의 기소독점권을 분리하는 큰 의미가 있습니다. 민주주의에 있어 견제와 균형의 원리는 가장 중요한 가치이기 때문입니다. 견제받지 않는 권력은 반드시 부패합니다. 검사가 접대받은 금액이 96만2천 원이라는 검찰식 산수 계산이 이러한 현실을 보여주고 있습니다.

고위공직자범죄수사처는 말 그대로 고위공직자의 범죄 수사를 위한 기관입니다. 고위공직자 및 그 가족이 범한 직권남용, 수뢰, 허위공문서 작성 및 정치자금 부정 수수 등의 특정범죄를 척결하고, 공직사회의 특혜와 비리를 근절하여 국가의 투명성과 공직사회의 신뢰성을 높이기 위한 기구입니다. 공수처는 그간 견제 대상이 없었던 검찰은 물론 판사, 고위공무원, 청와대에 이르기까지 특권층의 부패와 결탁을 막는 중요한 역할을 수행할 것입니다.

권력은 나누고 분점 되어야 부패하지 않습니다. 특히, 고위층과 특권층에 대해서는 더욱 엄정한 잣대가 필요합니다. 일반 국민의 기소율이 43%이고 판사의 기소율이 0.2%, 검사의 기소율 0.3%에 불과한 상황에서, 누가 공정한 판단을 이야기할 수 있겠습니까. 이제 시작입니다. 이제 개정된 공수처법에 따라 조속히 공수처가 출범하도록 최선을 다하겠습니다.

검찰개혁과 부당한 권력에 맞선 외침

누가 공수처를 두려워하는가?

2020 12 11

국민의힘을 비롯한 보수진영 정당·사회단체 대표들이 10일 연석회의를 열고 '폭정종식 민주쟁취 비상시국연대'를 출범시켰다는 소식이 전해집니다. 저는 이 뉴스를 보고 걱정보다는 웃음을 참지 못했습니다.

사실 따지고 보면 이 비상시국연대란 것도 어두운 밤의 대통령을 자처하며 권력 놀음에 빠져 민주와 인권을 짓밟고 부패한 기득권을 지키기 위해 똘똘 뭉쳤던 정치검찰과 적폐 언론과 태극기 야당이, 공수처 출범에 깜짝 놀라 질러대는 비명 소리, 그 이하도 이상도 아닙니다.

이런 점에서 법사위 윤호중 위원장이 '평생을 독재에 빌붙어서 꿀을 빨았던 사람들'이라고 표현한 것은 '핵심'이자 '정곡'이었습니다.

공수처 출범은 온갖 악행을 저질러온 검찰과 언론과 국민의힘에게만 비상시국일 뿐, 권력기관 개혁으로 인권과 민주와 공정 세상이 열리길 염원했던 대다수 국민에게는 박근혜 탄핵 이후 최고의 선물입니다.

공수처는 시민사회의 공론화 요구로 거론되기 시작되었고 노무현 대통령이 반드시 하고자 하신 것이지만, 과거 이회창 대통령 후보께서 가장 강력하게 주장하신 내용이기도 합니다. 2016년 주호영 원내대표는 공수처 전도사였습니다. 그런 분들이 공수처를 빌미로 '폭정'을 운운하니 이 심각한 자기부정을 어떻게 수습하실지 잘 지켜보겠습니다.

만약 문재인 정부가 폭정이었다면 취임 첫해 공수처는 만들어졌을 것입니다. 옛날처럼 국회의원 잡아다 두드려 패고 몰래 뒤를 캐서 협박하고 했으면 못 할 일도 아니었지요. 하지만 문재인 정부와 민주당은 그런 과거의 독재가 아닌 절차적 민주주의를 지켜 공수처법을 완성했습니다. 국민들의 80%가 찬성하는 공수처를 밀어붙인 것은 우리 사회의 심각한 특혜집단을 해체하겠다는 결연한 의지였으며 촛불 시민이 내린 명령을 이행한 것입니다.

고로 비상시국연대의 이름은 '대한민국 특권집단 특혜옹호연대'라는 호칭이 더 적합할 것입니다. 집권을 영원히 포기하고 이 나라 민주주의의 암세포 정당으로 남길 원한다면, 다시 국정농단 시절로 돌아가고 싶다면, 안철수, 홍준표류와 더 자주 더 많이 만나 태극기 부대 앞세우고 계속 전진하시기 바랍니다.

검찰개혁과 부당한 권력에 맞선 외침

민주주의를 지키기 위한
분노를 함께합니다

윤석열 탄핵,
김두관이 앞장서겠습니다

2020 12 25

법원이 황당한 결정을 했습니다. 정치검찰 총수, 법관사찰 주범, 윤 총장이 복귀했습니다. 실로 충격적입니다. 국민이 선출한 대통령의 권력을 정지시킨 사법 쿠데타에 다름 아닙니다. 동원할 수 있는 모든 헌법적 수단을 총동원해야 합니다.

추미애 장관은 법무부에서 책임지고 징계위원회를 다시 소집해야 합니다. 정직 2개월 결정이 잘못된 것이 아니라 절차가 문제라고 하니, 절차를 다시 밟아 해임이 결정되도록 해야 합니다. 지난 법무부 징계위원회에서도 윤 총장의 행위는 해임에 해당하지만, 검찰총장 임기제와 검찰의 정치적 중립을 존중하여 정직으로 결정했다고 하지 않았습니까? 해임에 해당하는 사람은 해임하는 것이 맞습니다. 징계위원회를 다시 소집해 주십시오.

저는 국회에서 윤 총장 탄핵안을 준비하겠습니다. 윤 총장이 대통령의 인사권을 법원으로 끌고 갔을 때부터, 국회가 탄핵을 준비해야 한다고 보았습니다. 주변의 만류로 법원의 결정까지 지켜보기로 했던 것입니다. 하지만 이제 더 기다릴 수 없습니다. 검찰과 법원이 장악한 정치를 국회로 가져오겠습니다.

검찰은 검찰-언론-보수 야당으로 이어진 강고한 기득권 동맹의 선봉장입니다. 검찰을 개혁하지 않고는 대한민국 미래도, 민주주의 발전도,

대통령의 안전도 보장할 수 없다는 것을 우리는 잘 알고 있습니다. 이제 국민이 선출한 국회의원이 나서야 합니다. 윤 총장을 탄핵해야 합니다. 남은 방법은 탄핵밖에 없습니다. 법률상 국회에서 탄핵하면 바로 결정됩니다. 민주주의를 지키고 대통령을 지키는 탄핵의 대열에 동료의원들의 동참을 호소합니다.

더불어민주당 당원 동지 여러분, 여러분과 함께 김두관도 분노합니다. 민주주의를 지키겠습니다. 대통령을 지키겠습니다. 윤 총장을 탄핵하고 검찰개혁을 완성하는데 여러분과 함께하겠습니다. 선출되지 않은 권력이 선출된 권력을 짓밟는 일을 반드시 막겠습니다. 국민이 선출한 대통령의 통치행위가 검찰과 법관에 의해 난도질당하는 일을 반드시 막겠습니다.

삼각 기득권 동맹으로부터 대통령을 지키는 것이 민주주의를 지키는 것입니다

2020 12 26

국민의힘에서 저에 대해 입에 담지 못할 인신공격을 하는 것을 보고 국민의힘 선봉대가 윤석열이요, 윤석열 보호자가 국민의힘이라는 것을 새삼 확인했습니다.

대통령의 안전보장을 위해 탄핵을 추진한다고요? 맞습니다. 국민이 뽑은 대통령을 지키는 것이 바로 민주주의를 지키는 것이기 때문입니다. 없는 죄를 뒤집어씌워 노무현 대통령을 죽음에 이르게 한 무소불위의 권력자를 자처하는 검찰입니다. 저는 본분을 잊고 권력자가 되겠다고 나선 검찰을 제자리로 돌려보내지 않으면 대통령이든 누구든, 죄가 있든 없든 결코 안전할 수 없고, 민주주의도 없다는 것을 강조한 것입니다.

국민의힘이 검찰과 언론을 앞세워 노리는 것이 무엇인지 잘 알고 있습니다. 저들의 범죄는 모두 덮고 대통령을 포함한 여권의 티끌은 악착같이 찾아내서 보복 수사, 표적 수사를 한 다음 정권을 잡자는 것입니다.

언론을 등에 업고, 검찰에 올라타서 여권만 열심히 수사하면 정권이 넘어올 것 같겠지만 어림도 없습니다. 우리에겐 국민의힘에는 없는 대의와 명분이 있고, 언론과 검찰의 융단폭격에도 굴하지 않는 깨어있는 시민이 있고, 검찰이 정치를 관두고 제자리를 찾길 바라는 국민들이 있기 때문입니다.

오늘 저는 탄핵보다 제도개혁이 우선이라는 일부 의원들의 충언을 잘 들었습니다. 하지만 검찰총장을 탄핵하지 않으면 제도개혁에 탄력이 붙기 어렵습니다. 검찰 언론 야당의 방해로 공수처와 검경수사권 조정 하나 하는 데 3년이 걸렸습니다. 그나마 공수처는 아직 처장도 임명하지 못하고 있습니다.

검찰, 보수언론, 국민의힘이 뭉친 삼각 기득권 동맹 때문입니다. 이것을 해체하지 않으면 제도개혁도 쉽지 않습니다. 반개혁 동맹의 정점인 검찰총장을 탄핵하는 것이 제도개혁의 선결 조건입니다. 탄핵을 추진한다고 제도개혁을 못 하는 것도 아니기 때문에, 탄핵은 탄핵대로 추진하고 제도개혁은 별도로 계속 밀고 나가면 됩니다.

법원의 가처분신청 결정에서 인정된 위법 사실을 근거로 신속히 윤석열을 탄핵해야 합니다. 나라와 민주주의를 걱정하는 많은 동료의원들께서도 적극 동참해 주실 것을 호소합니다.

윤석열 탄핵,
얼마든지 가능합니다!

2020 12 27

그동안 검찰총장에 대한 탄핵발의는 여섯 번 있었습니다. 김대중 정부에서 야당은 무려 다섯 번이나 탄핵발의를 했습니다. 국민의힘은 지금 검찰총장 임기를 보장해야 한다고 목소리를 높이지만 정작 자신들은 검찰총장 탄핵을 습관적으로 발의했던 세력입니다. 총장 임기보장은 핑계일 뿐, 검찰을 내세워 현 정부를 공격하고 집권을 해보겠다는 것이 국민의힘의 본심입니다.

탄핵소추권은 행정부와 사법부를 통제하기 위해 국민이 뽑은 국회에 부여된 통제 수단입니다. 헌법 제65조 제1항 '그 직무 집행에 있어서 헌법이나 법률을 위반한 때'에 해당한다고 판단될 경우, 검찰총장은 얼마든지 탄핵이 가능합니다.

윤석열 총장은 검찰 수사권을 남용하여 대통령의 인사권을 침해했고, 정권을 공격하기 위해 판사 사찰을 사실상 지휘했고, 본인과 측근의 감찰을 거부하고 방해하는 등 국가권력 질서에 따른 통제를 거부했습니다. 또한 21대 국회의원선거를 앞두고 자행된 채널A 사건에 개입하고, 수시로 언론과 유착하여 감찰 정보를 외부에 흘리는 등 사실상 검찰이 할 수 있는 모든 방식으로 검찰의 중립의무를 위반하고 편향된 정치 활동을 했습니다.

이렇게 국가적으로 가장 큰 법익을 침해한 윤 총장에 대한 탄핵을 더불어민주당이 주저할 이유는 전혀 없습니다. 수사권과 기소권의 완전한 분리 같은 제도개혁에는 저도 동의합니다. 이미 수사권 기소권 완전 분리 방안을 제안도 했습니다. 탄핵과 제도개혁은 택일의 문제가 아닙니다. 제도개혁을 잘하기 위해서도 탄핵은 필요합니다. 검찰총장이 야당의 선봉대를 자임하고 표적 수사, 보복 수사로 정권을 공격하는 한 제도개혁은 결코 쉽지 않습니다. 제도개혁의 걸림돌을 치우는 일, 그것이 윤 총장 탄핵입니다.

역풍을 걱정하는 분이 많은 것 같습니다. 단언하지만 역풍론은 패배주의이며 검찰과 대립하지 않겠다는 항복론입니다. 정치적 후폭풍을 고려해 의사결정을 미루는 것은 책임 있는 정치인의 자세가 아닙니다. 지금 국민의 인내심이 폭발 직전입니다. 정당의 당파적 지지를 배반하는 것이야말로 훗날 심판의 대상이 될 것입니다.

헌재에서 탄핵이 기각될 수도 있겠지만, 탄핵과 동시에 윤 총장과 그 가족에 대한 특검을 추진하거나 공수처에서 윤 총장 개인의 범죄 행위에 대한 수사에 착수하면 헌재를 설득할 수 있습니다. 당 일부에서 퍼지고 있는 패배주의에 빠진 역풍론은 제발 거둬들였으면 합니다.

국회 탄핵 소추는 그 자체로 충분히 의미가 있습니다. 국회 의결 즉시 윤 총장의 직무는 중지됩니다. 윤석열을 탄핵하지 않는다면, 보궐선거 개입, 정부 정책 수사, 청와대 표적 수사, 제도개혁 방해라는 사태를 불러올 겁니다. 하지만 탄핵안을 의결한다면 윤석열 직무정지, 검찰의 정치개입 중단, 제도개혁 가속화가 가능합니다. 윤 총장을 7개월간 방치했을 때 잃을 국가적 혼란보다 탄핵시켰을 때 얻을 이익이 훨씬 크다는 것을 강조하고 싶습니다.

탄핵, 특검, 제도개혁은 선택의 문제가 아닙니다. 동시에 추진해야 합니다. 언론, 사법, 검찰, 국민의힘으로 뭉친 반개혁 동맹은 선전포고를 하고 총공세를 펼치기 시작했습니다. 동원할 수 있는 모든 무기를 다 동원해야 하는 판에 언제 될지도 모를 제도개혁만 붙들고 있자고 합니다. 더 이상 이런 패배론자들의 푸념이 들리지 않았으면 합니다.

행정부는 징계를 결정하고, 사법부는 사실상 징계를 철회했습니다. 이제 입법부가 탄핵으로 견제하고, 헌법재판소가 마지막 결정을 하는 것입니다. 이것이 진정한 삼권분립이요 헌법 원리입니다. 그동안은 하나의 권력이 힘으로 밀어붙였지만, 이제 대한민국도 민주주의가 작동하고 있는 것입니다. 정치는 검찰과 사법부가 아니라 국민이 뽑은 국회가 하는 것입니다. 국민은 검찰과 사법부에 넘겨준 정치를 국회가 되찾아오길 원하고 있습니다.

제도개혁과 탄핵이
당론이 되어야 합니다

2020 12 30

방금 전광훈 목사가 무죄판결을 받았다는 소식을 들었습니다. '대통령은 간첩', '대통령이 대한민국 공산화를 추진했다'라는 발언도 무죄라는 것입니다. 사법부도 검찰, 언론, 국민의 힘 삼각 기득권 카르텔에 편입된 것 같습니다. 우리가 윤석열 총장을 탄핵하지 않는다면, 이들 기득권 카르텔은 헌정질서를 끊임없이 유린하고 대통령의 행정권을 계속해서 공격할 것입니다.

우리 헌법은 주권재민 원리에 따라 국민이 직접 선출한 대통령이 행정권을 갖고 있습니다. 문재인 대통령이 국정의 최고지도자이고 책임자입니다. 그런데 지금 이들 기득권 카르텔이 윤석열을 앞세워 대통령의 행정권을 허물려고 하고 있습니다.

민주당은 여당입니다. 대통령과 국정을 함께 책임질 책무가 있습니다. 윤석열 징계가 사법부에서 뒤집혔다고 해서 민주당이 물러설 이유가 없습니다. 지금은 전열을 가다듬고 결의를 다지고 기득권 카르텔을 꺾어야 할 때입니다.

제도개혁으로 돌파하자고 하지만 윤석열 검찰총장 탄핵을 하지 않으면 제도개혁도 제대로 할 수 없습니다. 검찰의 기소권을 완전히 박탈하는 개혁과 함께 대통령과 헌법에 대항하는 윤석열 총장 탄핵을 같이해야 합니다. 왜 두 손 다 있으면서 한 손으로만 싸우자고 하는지 당원과 지지자들은 전혀 이해하지 못하고 있습니다.

걸림돌인 사람을 치우지 않으면 제도개혁도 제대로 할 수 없습니다. 탄핵으로 반개혁 진영의 선봉대장을 처리해야 제도개혁도 속전속결로 할 수 있습니다. 민주당은 윤석열 탄핵과 제도개혁을 병행하는 투트랙 전략을 채택해야 합니다.

윤석열 검찰총장이 저 자리에 있는 한 개혁은 번번이 가로막힐 것입니다. 지금은 불가능한 수비를 말할 때가 아니라 확실한 공격을 시작할 때입니다. 그는 절대 여기서 멈추지 않습니다. 정부를 흔들고 청와대를 흔들고 정책을 흔들고, 기필코 선거에 개입할 것입니다. 검찰총장이든 대법원장이든 정치 중립을 위반하면 국회가 탄핵한다는 분명한 선언을 해야 합니다.

백척간두진일보百尺竿頭進一步라고 합니다. 두려움을 무릅쓰고 목숨을 걸 때에 비로서 살 길이 열릴 것입니다. 지금은 고민할 때가 아니라 결단할 때입니다. 수비할 때가 아니라 공격할 때입니다. 역풍을 걱정할 때가 아니라 탄핵을 결단할 때입니다.

국민의힘이 가장 겁내는 무기가 윤석열 검찰총장 탄핵입니다. 당에서 하려는 제도개혁의 촉진제가 바로 탄핵입니다. 서울시장, 부산시장 승리의 열쇠가 윤석열 탄핵입니다. 국민적 지지를 회복할 유일한 카드가 윤석열 탄핵입니다. 제도개혁과 탄핵 추진이 민주당의 당론이 되어야 합니다.

공수처 출범의 기쁨을
함께합니다

김대중, 노무현 대통령이 시작한 공수처 문재인 정부에서 드디어 출범합니다

2021 01 21

1996년 참여연대가 고위공직자비리수사처를 포함한 부패방지법안을 입법 청원한 지 25년, 2002년 고故 노무현 전 대통령이 이를 대선공약으로 내건 지 19년 만에 드디어 문재인 정부에서 공수처가 출범합니다.

공수처 출범은 헌정사상 처음으로 검사의 기소독점권이 무너졌다는 점에서 큰 의의가 있습니다. 공수처는 권력형 비리의 성역 없는 수사와 사정, 권력기관 사이의 견제와 균형, 부패 없는 사회로 가기 위한 첫걸음이 될 것입니다.

문재인 정부가 들어선 후 '공수처' 설치를 위해 많은 우여곡절이 있었습니다. 이제 그 진통이 헛되지 않도록 잘 운영해야 합니다. 국가권력은 국민 위에 군림하는 것이 아니라 국민을 위해 작동해야 합니다. 공수처는 국가권력이 진정 국민을 위해 봉사하도록 감시하는 최후의 보루가될 것이라 믿습니다.

다시 한번 공수처의 출범을 환영합니다.

탄핵은 입법부의 권한이자 책무입니다

임성근 부산고등법원 부장판사에 대한 탄핵소추안이 오늘 발의될 예정입니다. 지금까지의 분위기로 보아 발의에는 문제가 없을 듯 보이고 4일 표결도 큰 변화는 없어 보입니다.

국민의힘은 이번 법관탄핵을 '사법부를 목 죄려는 여당의 폭거'라 규정하고 있지만 이는 의회의 역할에 대한 기본도 모르는 어처구니없는 망언일 뿐입니다.

법관은 함부로 파면할 수 없습니다. 법관 신분을 보장해야만 소신 있는 판결이 가능하기 때문입니다.

그런데 어느 판사가 다른 판사의 소신 있는 판결에 방해가 되는 일을 하면 어찌 될까요? 당연히 처벌받아야 하는데 법률적으로는 이를 처벌할 규정이 없습니다. 국회의 탄핵소추권은 바로 이런 경우에 사용하는 것입니다. 입법부의 다수조차 용납하기 어려운 위헌적 행위를 한 판사는 그 자리에서 물러나게 하는 것이 민주주의라는 원칙을 담은 것입니다.

국민 여러분들께서도 보셨지만, 이번 법관탄핵에는 적지 않은 시간이 걸렸습니다. 그만큼 국회에서 어떤 의견 하나를 모아내고 통과시키는 게 생각처럼 쉽지 않습니다. 그런 국회에서 탄핵을 결정한다는 것은 그 법관의 행위가 민주주의의 근본 질서를 부정했다는 의미입니다.

오늘 탄핵안이 발의되는 임성근 부장판사는 불법적으로 재판에 개

117   검찰개혁과 부당한 권력에 맞선 외침

입한 명백한 증거가 확인되었습니다. 오죽했으면 사법부 자체에서도 사실상 탄핵해달라는 요청까지 있었습니다. 그런 사안에 대해 국회가 침묵하는 것은 오히려 직무를 유기하는 것이고 민주주의 질서 확립을 외면하는 것입니다.

판사는 10년마다 연임 여부를 심사합니다. 설령 징계를 받아도 법관 연임 기간에는 신분이 보장됩니다. 임 판사는 이런 규정에 따라 사법행정권 남용으로 재판에 회부된 초기, 재판에서 배제되어 사법 연구를 명받은 방식으로 부산고법에서 1년 동안 근무했고, 연구 보고서 실적은 단 하나도 없이 연봉을 받았습니다. 그다음 1년은 부산고법·지법에서 조정총괄부장을 맡았습니다. 법관은 탄핵당하면 5년 간 변호사 자격을 잃고 공직 취임이 금지됩니다만, 그러나 퇴임하면 변호사 자격을 유지합니다.

지금 국회가 임 판사를 탄핵하지 않으면, 법관은 헌정을 어지럽히고 민주주의를 파괴해도 처벌받지 않는다는 잘못된 선례를 만들게 됩니다. 우리 헌법에는 특권계층을 인정하지 않습니다만, 만약 판사의 신분보장 뒤에 숨어 민주주의를 파괴한 임 판사를 탄핵하지 않는다면 국회는 특권계층을 용인하는 꼴이 됩니다.

아직도 우리 당 일부 의원들은 탄핵에 부정적 입장을 가지고 있습니다. 지금은 민생의 시기라는 것입니다. 국민들이 모두 힘들어하는 이 시기에 굳이 탄핵으로 국회에서 싸워야 하느냐를 걱정하고 있습니다. 저는 그분들의 염려를 이해합니다. 하지만 그 염려보다는 민주주의의 기본을 지키는 일을 외면해서는 안 된다는 마음으로 찬성하는 것입니다.

국민의힘은 앞으로 며칠간 이 탄핵을 정치공작으로 몰아붙일 것입니다. 국민의힘은 국회의 탄핵 필요성을 애기한 재판부마저 정치공작을 한다고 주장하는 꼴입니다. 그러니 국민들의 박수를 받지 못하는 것입니다.

아직 우리 정치문화에서 '탄핵'이라는 단어는 익숙하지 않습니다. 하지만 입법부의 탄핵권은 가장 오래된 무기이자 민주주의를 지켜내는 보루입니다.

민주당의 탄핵발의와 처리 과정에 힘을 모아주시기를 바랍니다.

사법 신도시로 법조 카르텔의 지리적 기반을 해체해야 합니다

2021 06 28

지난번에 저는 청와대와 국회 이전과 함께 헌재와 대법원 이전을 포함하는 법조 신도시 구상을 주장했습니다. 저는 이 중에서도 대법원 이전이 매우 중요하다는 점을 지적하고 싶습니다. 서울의 강남, 그중에서도 저는 대법원과 검찰이 자리 잡고 있는 서초동이 사법 권력의 핵심 거점이라고 봅니다.

경성 제대와 서울대 법대로 이어지는 세력은 근대 이후 우리나라 기득권의 최상층부를 차지하고 있습니다. 로스쿨 제도가 도입되기 전까지 법조삼륜法曹三輪의 주류는 사실상 같은 학맥의 동문으로 이뤄져 있었

검찰개혁과 부당한 권력에 맞선 외침

습니다. 특히 검찰과 법원으로 이뤄진 법조 세력의 최상층부는 권위주의 정부 이후에는 정치까지도 사법의 영역으로 포섭해 영향력을 발휘해 왔습니다.

법조 귀족들의 지리적인 기반은 서초동 주변의 강남입니다. 대법원 주변에 수많은 변호사, 법무사 등 관련 업계가 세력을 형성해 자리 잡고 있으며, 이들은 부동산, 교육, 소비 등 모든 면에서 강남공화국을 굳건히 떠받치고 있습니다. 법을 통해 체제를 수호하는 이들을 중심으로 수많은 이권과 세력들이 강남으로 모여듭니다.

법조 카르텔의 시스템, 즉 구조적인 해체도 필요하지만, 거점의 해체와 재구성도 필요합니다. 이것은 서울공화국의 집중화 문제, 권력의 집중화 문제와 연결된 문제이기 때문입니다. 저는 법조 신도시를 만들어, 대법원과 헌재를 이전하여 사법 수요 중심의 행정도시를 만드는 방안을 제안합니다. 실제로 남아공의 경우는 행정수도 프리토리아Pretoria, 입법수도 케이프타운Cape Town과 더불어 사법수도 블룸폰테인Bloemfontein을 별도로 두고 있습니다.

저는 균형발전의 관점과 더불어 수도권 중심의 법조 세력화를 분산시키는 의미에서 사법 신도시를 만들어야 한다고 생각합니다. 2004년 행정수도를 막았던 판결에서 헌재는 "헌법재판권을 포함한 사법권이 행사되는 장소와 도시의 경제적 능력 등은 수도를 결정하는 필수적인 요소에는 해당하지 아니한다고 볼 것"이라고 적시했습니다. 즉, 법조 신도시는 수도 이전 논란과도 무관한 사항입니다.

많은 분들이 검찰과 사법부의 개혁을 말씀하고 있습니다. 물론 중요합니다. 하지만 저는 그와 더불어 이들이 존립하는 토대를 면밀하게 살필 필요가 있다고 생각합니다. 당장의 검찰, 사법개혁과 더불어 그 기반과 체질을 바꿀 조치들이 필요합니다.

정치검사 윤석열이
국민 여러분께 자백합니다

2021 07 30

정치검사 윤석열 총장이 국민의힘에 입당했다고 합니다. 이한열 열사를 앞에 두고 '이건 부마항쟁인가요?'라고 묻는 한심한 초보 배우가 드디어 정의와 공정이라는 가면을 벗어던지고 본심을 드러냈습니다.

그렇습니다. 윤석열은 수사가 아니라 정치를 하고 싶었던 것입니다. 정치를 위해 수사를 이용했던 것입니다. 윤석열은 국민의힘 대선후보로 출마하고 싶었던 것입니다. 저는 오늘 윤석열의 국민의힘 입당 소식이 윤석열의 정치 고백으로 들립니다.

"저는 자유민주주의가 뭔지, 헌법정신이 뭔지는 몰라도 권력이 얼마나 달콤한지 그 맛은 잘 알고 있고 잊을 수도 없어서 대통령이 되려고 국민의힘에 입당합니다."

"제가 조국 가정을 멸문지화로 몰고 가는 수사를 시작한 것은 국민의힘에 입당해서 대선후보로 선출되기 위한 욕심 때문이었습니다. 저는 정치를 조국 수사로 시작했습니다."

검찰개혁과 부당한 권력에 맞선 외침

"제가 추미애 전 법무부 장관과 사사건건 대립하며 징계안에 반발하고, 수사 기소권 완전 분리에 반대하며 검찰총장직을 내던진 것도 오로지 대통령이 되겠다는 고도의 정치 행위였습니다."

하지만 검찰총장직職을 정치에 이용한 윤석열 총장의 길은 정해져 있습니다. 우선 검증의 길이 있습니다. 이제 70차례 압수수색보다 더 무서운 수백, 수천만 국민들의 칼 같은 검증이 시작될 것입니다. '조국 전 장관의 심정이 이랬겠구나' 하고 느끼게 될 것입니다. 언젠가 왜 정치를 했나, 후회하는 날이 올 것입니다.

국민의힘이 갈 길도 정해져 있습니다. 윤석열을 디딤돌로 당내 주자를 키우고 정권을 잡으려 하겠지만, 그 길도 순탄치 않을 것입니다. 역사도 헌법도 민주주의도 모르는 정치검찰 윤석열과 손을 잡고, 공정과 정의를 내팽개친 국민의힘의 본질이 곧 드러날 것이기 때문입니다.

윤석열 전 총장님, 아무튼 토사구팽이 될 그 날까지 최선을 다하시기를 바랍니다. 그리고 제2의 수첩 공주 소리를 듣더라고, 참모가 써주는 말만 하시기 바랍니다. 생각나는 대로 말하면 정치생명은 그만큼 더 단축될 것입니다. 윤석열의 국민의힘 입당을 환영합니다.

非 군 출신 여성 장관을 생각한다

2021 08 14

공군에 이어 이번엔 해군입니다. 또 성범죄가 터졌고 아까운 생명을 잃었습니다. 이젠 더 이상 국방부에 대책을 요구할 수도 없습니다. 벼룩도 낯짝이 있다는 옛말도 있습니다. 이번에도 또 믿어달란다고 믿어줄 국민은 없습니다.

장관이 사퇴한다고 일이 해결되는 게 아닙니다. 진짜 책임지는 자세는 그 문제의 근본을 고치고 퇴장하는 것입니다.

극단의 조치를 취해야 합니다. 충격적 조치를 통해 군대 내부의 관행에 쐐기를 박아야 합니다. 관행을 뒤집어야 혁신이 일어납니다.

2008년 스페인은 30대의 비 군 출신 여성 카르메 차콘을 국방부 장관에 임명했습니다. 지금 현재도 다른 비 군 출신 여성 장관이 그 역할을 충실히 하고 있습니다.

카르메 차콘은 등장부터 심상치 않았습니다. 임신 8개월의 몸으로 장관 취임 사열을 했고 곧바로 아프카니스탄으로 날아가 스페인군의 파병상태를 점검했습니다.

그녀는 취임 일성으로 '군과 사회의 통합'을 외쳤고 군에 대한 문민 통제의 상징이 되었으며 그 역할을 충실히 했습니다.

이제 우리도 비 군 출신 장관을 기용할 때가 되었습니다. 다 알려진 사실이지만 지금까지 60년간 계속 전쟁을 이어오고 있는 미국 국방성 장관의 75%가 비 군 출신입니다. 심지어 군 출신이라 해도 제대 후 10년이 지나야 할 수 있습니다. 우리는 오늘 전역시켜 내일 국방부 장관에 임명합니다. 수십 년 관행입니다. 이 관행을 깨야 군도 개혁할 수 있습니다. 이 관행을 못 깨면 다음에는 육군에서 터지는 사고를 봐야 합니다.

비 군 출신이 혁신이라면 여성 장관은 혁신에 더해 군내 성 문제를

검찰개혁과 부당한 권력에 맞선 외침

근본적인 문제를 해결하겠다는 정부의 단호한 의지로 읽힐 것입니다.

군대는 군령권과 군정권으로 나뉘어 있습니다. 실제 군사작전을 지휘하는 군령 라인은 합참의장이, 군정 라인은 각 군 참모부가 장악하고 있습니다. 국방부 장관이 비 군 출신, 여성이라 해서 작전에 문제가 있는 게 아닙니다. 세계 6위의 군사 대국이 우리나라입니다. 오히려 선진국에 진입한 대한민국이 이제야 제대로 된 문민 통제를 하게 되었다는 선언을 할 수도 있습니다.

무엇보다 중요한 해법은 군 내 사법기관의 철폐입니다. 기존의 장군들 머리에서는 이런 결단이 나올 수 없습니다. 장군들이 가지고 있는 자기 지휘권에 얽매이다 보면 근본적 개혁은 불가능합니다. 땜질 처방으로 가능했다면 여기까지 오지도 않았습니다.

군대 내부에 검찰과 법원을 가진 나라는 전 세계에서 우리와 미국뿐입니다. 군내 사법기관의 원조인 영국도 이미 포기한 제도입니다. 중국과 대적하는 대만에서도 인권유린을 이유로 철폐한 제도입니다. 우리가 더 이상 운영할 이유가 없습니다.

군 내 사법기관의 운영은 '보안을 핑계로 적당히 은폐할 수 있다'는 가능성을 키워 근본 문제를 해결할 수 없습니다. 대한민국도 이제 그럴 수 있는 나라가 되었습니다.

언제까지 이런 성범죄의 도돌이표를 봐야 합니까. 이제 결단해야 합니다.

윤석열 전 총장은
진실을 고백하고 수사받아야 합니다

작년 총선 전 윤석열 당시 검찰총장이 당시 미래통합당 총선 후보에게 '범여권 인사와 일부 기자'에 대한 고발 청부를 했다는 보도가 나왔습니다. 이런 소식을 두고 '혹시나 했는데 역시나'라는 말이 떠오릅니다.

보도 내용을 보면, 지난해 4월 3일 현 국민의힘의 김웅 의원에게 두 차례에 걸쳐 고발인 란이 비어있는 고발장을 전달했다는 것입니다. 고발장에는 유시민, 최강욱, 황희석 등이 선거에 영향을 주기 위한 목적으로 〈문화방송〉의 '검•언 유착' 보도에 개입했다는 범죄사실공직선거법 위반, 정보통신망법 위반이 기재되어 있었다고 합니다.

이와 함께 〈문화방송〉 관계자와 부인 김건희 씨의 '도이치모터스 주가조작 연루 의혹'을 보도한 〈뉴스타파〉 기자들도 포함되어 있었다고 합니다. 이들에게 피해를 본 사람은 윤석열 총장과 부인, 한동훈 검사장으로 적시되어 있었다는 것입니다.

변호사 무료법률서비스도 아니고 검찰에서 고발인 이름만 뺀 고발장을 대신 작성해서 '고발을 사주'했다는 것인데 이는 정치검찰의 전형적인 사례로 충분한 합리적 의심이 가는 사안입니다.

이 사건을 보도한 이진동 기자는, 우리나라에서 시사 분야 최고의 탐사 전문기자로 이름이 높은 분입니다. 국정농단 정국에서 최순실 관련

특종을 한 기자이기도 합니다. 그러니 더 합리적 의심이 가는 것입니다.

그것도 누구에게 들은 것이 아니라 문건을 통째로 입수했다고 하니 이것이 공개된다면 윤석열 후보는 대선후보가 아니라 구속대상자 후보로 바로 신분이 바뀔 것입니다.

2019년 하반기부터 이상한 흐름이 있었습니다. 유시민 이사장은 검찰이 노무현재단과 자신의 계좌를 들여다보고 있다는 의심이 있다는 말을 여러 차례 주장했습니다.

그리고 이 사건은 총선 직전 4월 초에 벌어졌습니다. 시간의 흐름이 자연스럽습니다. 이 사건이 의미하는 것은 무엇입니까? 늑대 3마리가 아기돼지 11마리에게 피해를 당했다고 여우를 시켜 고발장을 대리 접수하려 한 사건입니다. 여기에 유출되어서는 안 될 판결문까지 첨부되었다고 하니 이 사실도 함께 밝혀야 합니다.

이 의혹이 사실로 밝혀지면 윤석열 후보의 대통령 꿈은 일장춘몽으로 끝날 것입니다. 정치검사, 공작 검사 윤석열을 탄핵하지 못한 것이 또다시 천추의 한으로 남습니다. 이런 천인공노할 사건을 저지르고도 대선후보가 되겠다고 한다면 국민모독이자 소속 정당인 국민의힘에 대한 모독입니다.

민주당은 국정조사를 준비해야 합니다. 사건의 사실관계를 국정조사를 통해 밝혀야 합니다. 조사를 통해 '주문자'가 정확히 누구이며 '배달자'와 대리자를 다 밝혀야 합니다. 그것이 민주당의 임무입니다.

윤석열은 한시라도 빨리 진실을 고백하고 수사를 받으시기를 바랍니다. 국민의힘도 공작 검사 윤석열을 내보내고 정상적인 민주정당의 길을 가시길 바랍니다.

민주당 경선 후보의
공동 대응이 필요합니다

2021 09 07

윤석열 전 검찰총장 등의 '고발 사주' 사건이 정국의 핵으로 등장하고 있습니다. 저 역시 이 사건에 대한 국정조사 등 강력 대응을 주장했지만 경선 후보가 이러한 목소리를 하나로 낼 필요가 있습니다.

이 사안은 민주공화국의 질서를 정면으로 위배한 중대한 사안입니다. 수사와 기소에 대한 전권을 휘두르던 검찰이 이젠 사건 조작까지 했다는 의심입니다.

한명숙 전 총리는 모해위증의 의혹을 받았지만, 공소시효 만료로 제대로 된 재수사를 하지 못했습니다. 하지만 합리적 의심을 할 수 있는 수많은 증거가 있습니다.

이번 사건은 확실한 물증이 보입니다. 최강욱 의원의 잘못된 생년월일은 물론 다른 고발장과 거의 복사된 듯한 내용, 일반인은 거의 사용하지 않는 문구의 등장 등 이번 사건은 검찰이 사건을 청부 고발하여 자신들의 권력을 지키고 야권의 선거에 유리하도록 시도한 정황이 너무 뚜렷합니다.

또한 KBS가 6개월 넘게 추적 보도한 '이재명 별건 수사' 의혹도 이와 함께 검증하고 밝혀야 합니다. 전형적인 '한명숙 사건의 시즌2'입니다. 이게 사실이라면 검찰의 존재 자체가 온당한가 생각해야 할 수준입니다.

이재명 후보의 제안에 공감하며 다른 후보들과 이 사안에 대한 공동 대응을 위한 실무 라인을 가동했으면 합니다. 후보들이 뭘 할 수 있냐가 아니라 뭐라도 했으면 하는 간절한 마음입니다.

이번에야말로 이 사건의 본질을 파헤쳐 검찰이 국민으로부터 '위임받은 권한'을 제대로 묶는 계기가 되길 바랍니다.

여순항쟁의 영웅과
함께합니다

제복 입은 시민,
고故 안병하 치안감을 추모합니다

경찰이라는 조직은 유럽에서 왕에 의해 창설되었습니다. 당연히 왕권
강화와 정권 안보용 정보수집이 주된 임무였습니다. 하지만 프랑스 시
민혁명을 거치면서 경찰의 주된 목표는 시민 안전이 되었습니다.

이러한 경찰의 목적변화를 가장 잘 표현한 말이 '경찰은 제복 입은
시민이다' 입니다.

고故 안병하 치안감은, 1980년 광주항쟁 과정에서 '제복 입은 시민'
이 어때야 하는가를 보여준 빛나는 경찰 영웅입니다.

1928년 강원도 양양에서 태어난 고인은 육사를 졸업하고 6.25 전쟁
과정에서 큰 전공을 세웠습니다. 1962년 경찰에 투신한 고인께서는 서
귀포 간첩 사건의 지휘를 맡아 큰 공로를 세우기도 하셨습니다.

1979년 전남도경국장에 부임한 고인께서는 무엇보다 '시민의 안전을
지키는 경찰'을 지휘방침으로 세우고 1980년 5월 25일 광주를 방문한
최규하 대통령 앞에서 '시민을 향해 총을 겨눌 수 없다'라고 발포 명령
을 거부했습니다. 시민의 안전을 지켜야 할 제복 입은 시민이, 같은 시민
에게 총을 쏠 수 없다는 빛나는 경찰 정신의 발로였습니다.

바로 다음 날 직위해제 당한 고인께서는 8일 동안 모진 고문을 당하
시고 8년간의 투병을 하시다가 순직하셨습니다.

어제 저는 여순항쟁 위령탑을 방문했습니다. 1948년 10월 발생한 여

수 주둔 14연대 항명 사건을 우리는 '여순반란'이라 배웠습니다. 하지만 이 사건 역시도 제주 도민 토벌 명령을 받은 군인들이 같은 동포에게 총을 쏠 수 없다는 시민 정신의 발로로 시작된 사건이었습니다.

국민이 낸 세금으로 운영되는 군대가, 그 국민에게 총을 쏘라는 명령을 받았을 때, 어떤 선택을 해야 할까? 여순항쟁이 우리에게 던지는 큰 물음입니다.

미군정 정보장교조차도 '약탈과 강간을 위한 학살극'이라고 본국에 보고서를 낸 이 사건도 이제 '반란'이 아닌 '항쟁'으로 역사를 수정해야 합니다.

고 안병하 치안감의 그 빛나는 정신과 여순의 정신은 같은 곳을 향해 맞닿아 있습니다. 누구를 위해 국가기구가 존재하는 것인가?

고 안병하 치안감 기념사업회와 함께 손잡고 안병하 치안감의 정신을 기리고 여순항쟁의 본 모습을 밝히는 일에 함께하겠습니다.

권력기관 개혁,
국세청이 남았습니다.
슬기롭고 우직하게 밀어붙이겠습니다

2021 10 07

국세청을 흔히 4대 권력기관이라고 합니다. 검찰이 기소독점권으로 권력을 휘두르는 것처럼 국세청은 세무조사라는 막강한 무기를 지니고 있지만, 검찰과 달리 적폐 청산과 권력기관 개혁에서는 한 발 비켜 있었습니다. 개혁에서 벗어나 있었던 이유는, 국세청이 전 세계적으로 유례없는 과세정보 비밀주의 뒤에 숨어 세무조사를 무기로 무엇을 하는지 알 수 없었기 때문입니다. 기업 세무조사도 대상부터 조사 결과까지 모두 비공개입니다. 공정위나 금융위가 문제가 되는 기업과 조사 결과를 공개하는 것과 대조적입니다. 최순실 국정농단 사건 당시 국세청을 이용해 기업들을 협박했다는 증언도 있었습니다만, 사실이 밝혀지지 않은 채 유야무야되기도 했습니다.

이번 국감에서 그 '비밀의 숲'에 들어갔습니다. 세정협의회라는 조직이 나왔습니다. 일선 세무서장들이 관내 납세 기업인들의 애로 사항을 청취한다는 명목으로 수십 년간 세정협의회를 운영하면서, 기업들의 편의를 봐주고 때로는 표창을 수여해서 세무조사를 면제해주는 대가로 퇴임 후 연간 최대 5억 원으로 추정되는 고문료를 받고 있었습니다.

세정협의회 문제가 그간 세상이 드러나지 않았던 이유는 국세청이 과세정보 비밀주의 뒤에 숨어 있었기 때문이었습니다. 국세청은 세정협의회 명단 제출을 요구하면 개인정보 보호를 이유로 거부했습니다. 세정협의회 소속 기업이 고용한 세무서장 출신 고문 현황을 제출하라는 요구에는 개인 과세정보를 이유로 제출하지 않았습니다.

국세청은 자료요구를 거부하는 대신 질의를 막는 데 모든 역량을 동원했습니다. 세정협의회 문제를 질의하기 위해 신청한 국감 증인들은 국세청이 움직이자 불발됐습니다. 저와 의원실 보좌진들은 수많은 전화를 받았고, 의원실로는 하루에도 몇 명씩이나 저와 보좌진들의 지인이 찾아왔습니다. 국세청은 전청全廳 차원에서 세정협의회가 국감 이슈가 되는 것을 막으려 했습니다.

'비밀의 숲' 속에는 세정협의회 문제만 있는 게 아니었습니다. 국세청은 신한금융지주회사를 세무조사 하는 기간 동안 신한은행이 국세청 직원에게 낮은 이자로 대출을 해주는 협약을 맺었습니다. 일선 세무서장들은 비슷한 직급의 다른 기관에서는 없는 여성 비서들을 두고 있었고, 공용차를 배정받고 있었습니다. 장막 속에서 성추행 피해자는 자살했고, 조직적인 2차 가해 정황도 있습니다. 여기에 내부 폭력 사건은 무마되고, 상사가 직원에게 개인적인 일을 시키는 전근대적인 조직문화도 되고 있었습니다.

권력을 가진 집단이 국민의 감시에서 벗어나 있으면 부패는 막을 수 없습니다. 국세청을 비밀의 숲으로 만들어 놓은 철저한 과세정보 비밀주의에 대해 조세정책을 총괄하는 기재부를 상대로 과세정보 공개가 필요하다는 질의를 했고, 기재부 장관에게 긍정적 답변도 얻었습니다.

개혁이 성공하려면 목표와 방향이 정확해야 합니다. 국세청을 투명하게 만드는 일과 국세청 내부의 적폐를 없애는 일이 국세청을 개혁하는 방향입니다. 국세청을 동원한 권력의 입김을 차단하는 것과, 자신의 권력으로 자신의 이익을 쫓지 못하도록 하는 것, 오로지 국민을 위해 봉사하도록 만드는 것이 국세청 개혁의 목표입니다.

4대 권력기관 중 개혁에서 빗겨 있던 국세청 개혁은 이미 시작됐습니다. 슬기롭고 우직하게 최선을 다해 성공시키겠습니다.

검찰과 사법부의
짜고 치는 충성경쟁

2021 12 02

법원이 곽상도 전 의원의 구속영장 발부를 기각했습니다. 국민의 법감정에 비춰 볼 때 이게 과연 가능한 일인지 아연실색하지 않을 수 없습니다.

곽상도의 아들은 퇴직금과 위로금이라는 명목으로 50억 원을 받았습니다. 일반인들은 뼈 빠지게 일하고 한 푼도 쓰지 않고 평생 모아도 불가능한 금액입니다.

저는 이 황당한 사태를 검찰과 사법부의 윤석열을 향한, 윤석열을 위한 짜고 치는 충성경쟁이라 해석합니다. 검찰과 사법부가 국민의힘의 보호자, 윤석열의 경호부대, 뇌물범죄자의 수호자가 되겠다는 선언을 했다고 볼 수밖에 없습니다.

대장동 불법 대출을 묵인한 윤석열과 50억 클럽에 포함된 나머지 선배 판검사에게 불똥이 튀는 것을 막아보겠다고 두 손 두 팔 걷어붙인 것입니다.

판검사를 사회적 특수계급으로 나누고 이들은 그 어떤 경악할 범죄를 저질러도 우리가 책임지고 봐준다는 만행을 또 재현했습니다.

대한민국을 뇌물 공화국으로 만들 생각이 아니라면 있을 수 없는 결정입니다. 앞으로 뇌물을 받으려면 최소 50억 원 이상은 받으라는 것이 아니고 무엇입니까? 50억 원을 받아도 풀어준다니 도대체 어떤 사건에서 이런 관대함과 대범함이 있었는지 도저히 사례를 찾을 수가 없습니다.

이와 반대로 검찰과 사법부는 이재명 후보에 대해서는 사막에서 지하수 파듯이 없는 죄도 만들어 끝까지 파는 표적 수사를 하고 있습니다.

이번 수사와 영장 기각은 공정과 정의를 거꾸로 뒤집은 사법 만행입니다. 전 검찰총장 윤석열 후보에 대한 머리 숙이기 충성경쟁의 끝판왕이 아닐 수 없습니다.

정의와 진실 찾기라는 본래의 엄중한 책무를 망각한 검찰에게 수사를 맡길 수 없습니다. 대장동 특검을 당장 시작해야 합니다. 선거 유불리를 떠나 검찰과 사법부가 짜고 치는 이런 만행을 더 이상 두고 볼 수 없습니다.

헌법 제11조 제1항은 '모든 국민은 법 앞에 평등하다'라고 선언하고 있습니다. 제2항은 '사회적 특수계급의 제도는 인정되지 아니한다'라고 되어 있습니다. 검찰과 사법부가 헌법 파괴자의 길로 가고 있습니다. 현명한 국민들께서 나서서 막아야 합니다.

정경심과 김건희, 잣대는 같아야 합니다

2021 12 18

부인 김건희의 사기꾼 뺨치는 허위경력 이력서 작성으로 조국 수사에 대한 검찰총장 탄압과 공정과 법치를 내세웠던 윤석열 후보의 출마 명분은 사라졌습니다. 사퇴해야 합니다.

조국 수사로 대통령 후보 자리까지 차지한 사람이 자기 부인은 정경심보다 더 심한 경력 위조를 했는데 무슨 염치로 공정과 법치 운운하며 대선 후보 자리를 계속 유지할 수 있겠습니까?

윤 후보는 검찰총장 시절, 정경심 교수가 자식의 경력과 수상 이력을 위조했다며 기소했습니다. 김건희 씨는 본인의 경력과 수상 이력을 위조했습니다.

윤 후보는 정경심 교수가 불법적 펀드 운용에 관여했다며 기소했습니다. 김건희 씨는 불법적 주가조작 혐의로 조사를 받아야 합니다.

윤 후보는 정경심 교수의 시댁이 학원 운영 비리를 저질렀다고 기소했습니다. 김건희 씨의 어머니는 병원 운영 비리로 구속 후 보석상태에서 재판받고 있습니다.

정경심 교수가 법의 심판과 민심의 심판을 받아야 한다면 김건희 씨도 똑같이 법의 심판과 민심의 심판을 받아야 합니다.

하지만 윤석열 후보는 자신이 장관이 되어서는 안 된다고 판단한 조국과 그 가족에 대해 휘둘렀던 법의 몽둥이가 부인 김건희 씨 앞에서는 한낱 종잇조각으로 변해버렸습니다. 소환조사 한번 없습니다.

김건희 씨는 허위경력 기재 의혹은 지금까지 언론에서 확인한 것만 5개 대학에 12건이나 됩니다. 하지만 이제 겨우 시작일 뿐입니다. 암흑의 장막 뒤에 가려진 거짓과 가식의 퍼레이드는 앞으로도 끊임없이 계속될 것입니다.

윤석열 후보는 조국과 정경심을 조사하고 구속하고 기소했던 것은 '공정한 검사'이기 때문이라고 했습니다. 정의를 지키기 위해 투쟁했고, 그 결과 탄압을 받았던 정의의 투사라고도 했습니다.

그 '정의의 투사'가 사실은 자신이 수사했던 조국과 다를 바 없는 내로남불의 대명사가 되었습니다.

윤석열 후보와 김건희 씨는 이제 그만 가면을 벗고 국민 앞에 사죄하고 제기된 수도 없는 의혹에 대해 진실을 밝히고 대선판을 떠날 것을 촉구합니다.

보수언론과 검찰이 장막을 치고 사실을 숨기려 해도 국민의 집단지성 앞에 진실은 언젠가는 밝혀진다는 것을 이번에 똑똑히 보지 않았습니까?

국민들은 이번 대선을 통해 거짓과 위선, 분노와 대결의 정치를 끝내고 희망찬 새로운 미래를 열어 주기를 간절히 바라고 있습니다.

이제 조국이든 윤석열이든, 정경심이든 김건희든, 크든 작든 열심히 법을 지키면 살아가는 대다수 국민을 좌절시킨 모든 위선과 내로남불은 과거 속에 완전히 묻고 완전히 새로운 대한민국을 열어야 합니다.

그 출발선은 윤석열 후보가 본인과 부인, 장모의 위법과 위선을 낱낱이 고백하고 국민께 엎드려 사과하고 조용히 대선후보를 사퇴하는 일이 되어야 할 것입니다. 조국 전 장관이 부인의 일로 장관직을 사퇴하고 정치를 떠났듯이 말입니다.

검찰개혁과 부당한 권력에 맞선 외침

민정수석실 폐지는
검찰 공화국 선언인가?

윤석열 후보는 최근 없애겠다는 주장을 자주 합니다. 세월호 사고 뒤에 '해경을 없앤' 박근혜 전 대통령이 다시 돌아왔나 싶을 정도입니다.

부인 김건희 씨가 논란이 되니까 대통령 부인의 업무를 보좌하는 제2부속실을 없앤다더니, 검찰을 통제하는 '민정수석실'도 없애겠다고 합니다. 검찰에 의한 검찰을 위한 정권을 세우겠다는 검찰주의자 윤석열의 면모를 가감 없이 드러내고 있습니다.

2002년 노무현 대통령은 '검사와의 대화'를 시도했습니다. 그 자리에서 대통령으로서 거의 모욕에 가까운 언사를 들었지만 참았습니다. 그때 나온 '이쯤 되면 막가자는 거지요'라는 말이 다시 생각납니다.

당시 검사들은 검사인사권을 검찰총장에게 달라고 주장했습니다. '왜 정치권이 개입해서 검찰 인사를 좌지우지하느냐? 우리끼리 알아서 잘 할 수 있다'는 생각이 깔려 있었습니다.

이런 논리라면, 군대 인사도 정치가 하지 말고 순수 군인들이 하자, 공무원 인사를 왜 정치가 관여하느냐? 하는 주장도 가능합니다. 윤 후보는 이런 주장에 동의하십니까?

근대 국민국가가 출범한 이후 세계 모든 나라에서 변치 않는 인사원칙은 '시민 통제'입니다. 우리나라에서는 '문민 통제'라 부르지만 이걸 포털에 검색해 보면 'civilian control'이라고 나옵니다. 여기서 시민이란 주권을 가진 정치의 주체를 말하는 것입니다.

윤 후보가 '민정수석실'을 없애겠다는 것은 '검찰에 잔소리하는 청와대 민정수석실에 대한 검찰 시절의 인식'을 그대로 반영한 것입니다. 검찰총장으로 있을 때 내 맘대로 못 해 원통했다는 고백이기도 합니다.

윤석열 후보가 대통령이 되면 가장 심각한 검찰 국가가 될 것입니다. 주권자인 시민의 통제를 받지 않는 검찰 공화국, 생각만 해도 아찔합니다.

지금까지의 검찰 권력도 무서운데 진짜 그런 나라가 된다면 우리 중 누가 막을 수 있겠습니까? 경계하고 또 경계할 일입니다. 윤 후보의 민정수석실 폐지 발언은 '진짜 막가자'라는 막말을 대놓고 한 셈입니다.

대한민국은 주권자인 시민이 검찰과 군대와 공무원을 통제하는 민주공화국입니다. 검찰이 시민을 통제하겠다는 검찰 공화국 음모를 막아야 합니다.

대장동 부패검사 윤석열을
수사해야 합니다

2022 02 07

'백일하에 드러난다.'

아무리 어둠 속에 갇혀 있던 것도 밝은 햇빛에 나타나게 되어 있다는 뜻입니다. 대장동의 실체가 백일하에 드러나고 있습니다. 이미 '50억 원

클럽'이라는 이름으로 사실상 다 드러났지만, 언론이 애써 외면한 그 진실, 이제는 회피할 수 없는 사실이 되고 있습니다.

곽상도 전 의원이 아들을 이용해 50억 원을 받아 구속됐습니다. 어제 박영수 특검의 딸이 아파트 특혜에 이어 11억 원을 더 받았다는 사실이 보도됐습니다. 곽상도 아들 실수령액 25억 원과 엇비슷합니다. 김만배 누나는 윤석열 아버지 집을 구입했습니다.

누가 대장동의 수혜자인가? 누가 대장동의 몸통인가? 정답이 거의 나왔습니다. 단언컨대, 대장동의 몸통은 김만배입니다. 곽상도입니다. 박영수입니다. 그리고 윤석열입니다. 세 명의 검사는 범죄자를 잡으라고 검사로 임명해 놓았더니 스스로 범죄자가 되었습니다. 그것도 아들, 딸, 누나, 아버지까지 가족들까지 범죄에 이용한 파렴치한 가족범죄단의 멤버가 되었습니다.

대장동 주범 김만배는 윤석열 후보와 욕하면서 싸우는 사이라고 했습니다. 김만배가 '윤석열이 봐주는 데도 한계가 있다'라고 말했다고 했습니다. 뭘 봐주고 뭘 봐주지 않았는지 정확히 규명해야 합니다.

일단 부산저축은행을 수사하면서 대장동 일당에게 1,400억 원대 부실 대출을 눈감아 준 것은 '봐준 일'에 속하는 것이 분명합니다. 김만배가 누나를 내세워 윤석열 아버지의 집을 사주었습니다. 이것은 '봐준 일'에 대한 대가임이 분명합니다.

저는 대장동은 법조브로커 김만배 일당이 박영수-윤석열-곽상도 부패검사 카르텔의 비호를 받으며 저지른 범죄로 규정합니다.

이제 윤석열의 출마 목적이 대통령이 되기 위한 것이 아니라 감옥을 피하기 위한 필사의 탈출극, '쇼생크 탈출'이라는 것이 드러났습니다. 자신의 감옥행을 피하기 위해 아무 죄도 없는 이재명에게 죄를 뒤집어씌우고 있습니다.

대장동 일당의 범죄는 부산저축은행 불법 대출로 시작됐습니다. 수사만 제대로 했으면 김만배 일당은 종잣돈을 구하지 못했을 것이고, 대장동 부동산 부패도 당연히 없었을 것입니다. 이 명백한 사실 앞에 저는 대장동의 새로운 몸통으로 부패검사 윤석열의 명단을 올립니다.

그리고 당원과 함께, 국민과 함께 반드시 낙선시켜 감옥에 보내 합당한 처벌을 받게 할 것입니다. 국민이 일어서서 말해야 합니다. 시민들이 뭉쳐서 호소해야 합니다. 역대 최대의 가족 동원 범죄집단의 정치권력 탈취 음모를 저지하고 모조리 법의 심판을 받게 해야 합니다. 그것이 대한민국의 정의와 미래를 구하는 일이라 믿습니다.

우리는 대통령직을 재산축적의 기회로 삼은 이명박, 대통령직을 팽개치고 국정농단을 불러온 박근혜를 잊을 수 없습니다.

윤석열이 세 번째입니다. 우리 아이들의 미래와 민주주의를 위해! 윤석열을 막아야 합니다.

검찰개혁과 부당한 권력에 맞선 외침

노골적인 검찰 공화국 선언,
온몸으로 막아야합니다

2022 02 09

윤석열 후보가 "집권하면 문재인 정권을 수사하겠다"라는 노골적인 속내를 드러냈습니다. 국민들의 정권교체 욕구에 기대어 '보복 선거' 방식을 노골적으로 획책하더니 대통령이 되면 아예 '복수하겠다'라는 마각을 드러낸 것입니다.

'검찰개혁'은 대한민국의 기득권 카르텔을 깨고 진정한 민주공화국으로, 선진국으로 나아가기 위한 국민들의 적폐 청산 요구에서 비롯되었습니다.

이를 위해 검찰총장 자리까지 발탁했건만 국민들의 요구인 검찰개혁을 배반하고 자신들의 기득권 지키기를 위해 피해자 코스프레로 일관해 온 것이 윤석열의 행보였습니다.

그가 행한 조국 가족 수사는 '부정부패 일소의 목적'이 아닌 '검찰개혁에 대한 전면적인 반란'이었다는 것은 이미 법원의 판결에서도 드러났습니다.

그런 그가 이제는 '복수'를 노골적으로 드러낸 것입니다. 제2의 노무현을 만들고 말겠다는 검찰 권력의 그릇된 욕망을 자신의 입으로 선포한 것입니다.

윤석열의 이 말은, 과거 같았으면 독립운동을 했을 거라는 한동훈을 시켜 문재인 정부를 손보겠다는 노골적인 의사를 드러낸 것입니다.

후회해 봐야 소용없는 일이지만, 윤석열을 검찰개혁의 기수로 선택한 민주당의 선택은 착각이었습니다.

도대체 누가 저런 인간을, 도대체 누가 문재인 정부의 개혁을 좌절시키고 임명권자의 등 뒤에 칼을 꽂을 배은망덕한 배신자를 대통령께 추천했습니까?

우리가 맘만 먹으면 대통령 한 명 더 보내는 것은 일도 아니라는 노골적인 검찰 공화국 선언으로 규정합니다.

평생 해본 것도, 할 줄 아는 것도 오로지 수사밖에 없는 검사 출신 후보에게 우리가 무엇을 기대하겠습니까? 그는 자기의 특기인, 없는 죄 만들기와 제 식구 감싸기를 통해 대한민국을 검찰 공화국으로 만들 것입니다.

이제 우리는 절체절명의 상황에 직면하고 있습니다. 모든 것을 내려놓겠다는 자세로 결연한 의지로 이 싸움의 판을 바꿔야 합니다.

두 정치세력의 실력대결을 통해 국민들의 선택을 받아 5년간 대한민국의 운영권을 확보하는 일상적인 선거로 생각해선 안 됩니다.

가족과 본인의 범죄를 지키기 위해 칼을 들고 설칠 망나니를 뽑을 것인지, 국민과 민주 정부를 지키기 위해 망나니의 칼춤을 잠재울 이재명을 뽑을 것인지 선택해야 합니다.

이는 대한민국의 검찰 국가화라는 엄중한 사태를 막아야 한다는 개혁진영의 총단결로만 가능합니다.

저 무서운 '보복을 앞세운 검찰 수사의 칼날', 저 김두관이 맨 앞에서 막아내겠습니다. 국민 여러분도 동참해 주십시오.

검찰개혁과 부당한 권력에 맞선 외침

민주공화국의 깃발을
들어야 합니다

평소 어떤 감정도 드러내지 않는 문 대통령께서 '분노'의 감정을 표현
하셨습니다. 자신이 신임하여 중앙지검장과 검찰총장까지 발탁한 인
물이 자신을 향해 '복수와 정권 수사'를 언급했으니 그럴 만도 합니다.

문 대통령께서는 '검찰을 생각한다'라는 책을 직접 쓰셨습니다. 이 책
에서 문 대통령은 자신이 변호사로 살아오는 과정에서 검찰의 근본 문
제가 무엇인지, 어디부터 고쳐야 하는지, 어떻게 개혁해야 하는지를 누
구보다 잘 아는 전문가임을 밝혔습니다.

최강욱 의원만큼 확실한 목표와 정확한 표현이 부족해서 그렇지 문
대통령을 따라갈 검찰개혁 전문가는 따로 없었습니다.

지금은 이미 시들해졌지만 검찰개혁은 70%가 넘는 국민이 꼭 해야
할 적폐로 인식하고 있었습니다. 검찰개혁 전문가 대통령과 국민들의 소
망은 그렇게 만났습니다.

이미 유행어가 되었지만, 검사는 '잡아서 명성을 얻고 덮어서 돈을 버
는' 우리 사회 최고의 권력자였습니다. 그 자리 있을 때뿐 아니라 검찰
을 떠나서도 전화 몇 통으로 일 년에 수십억을 버는 것은 일도 아니었습
니다. 홍만표 검사가 5년도 되지 않은 기간 동안 벌어들인 재산을 보면
검사들은 현직에서 한껏 권력을 누리다가 옷을 벗으면 삼대가 떵떵거릴
재산을 모을 수 있는 황금자리였습니다.

만시지탄의 한으로 남겠지만 저는 기소청 신설로 기소권 분리까지 갔어야 한다고 주장해왔습니다. 그래야 최소한 덮어서 돈을 버는 범죄는 막을 수 있었습니다.

민주당은 전광석화로 끝내야 할 검찰개혁을 너무 오래 끌었습니다. 언론은 이를 혼란으로 몰고 갔고 '지긋지긋한 검찰개혁'으로 인식하게 만들었습니다. 검·언 카르텔을 몰라서가 아니라 알고도 당한 것입니다.

하지만 저는 지금도 검찰 내부에 개혁 인자가 아예 없다고 생각하지 않습니다. 정치검찰을 걷어내면 거기엔 오로지 국민을 위한 검사들이 있습니다. 우리는 그들의 발탁에 주저했고 정치검찰은 자신들이 만들어 놓은 힘으로 되치기를 한 것입니다.

한명숙 전 총리 사건은 검찰이 맘만 먹으면 어떤 짓이든 할 수 있는, 잠재적 쿠데타 세력임을 반증합니다. 정경심 수사에서 '무소불위'의 검찰을 다시 확인했지만, 민주당은 이 개혁에 성공하지 못했습니다. 그것이 오늘날 '윤석열 후보'로 나타난 것입니다.

그런데도 대통령께서는 윤석열을 '문재인 정부의 검찰총장'이라고 애써 외면하셨습니다. 성정이 어진 분이니 어쩌겠습니까? 그때 많은 이들이 '이거까지는 아닌데'라고 되뇌었지만 이미 늦어버렸습니다.

역사는 어진 대통령의 성정보다 '윤석열의 치밀한 복수'를 더 기억할 것입니다. 무엇보다 그것이 가슴 아픕니다.

이제 언론들은 노골적으로 윤석열 집권을 전제로 여권 인사들에게 '조심하라'라는 신호까지 보냅니다. 누굴 탓하겠습니까?

이제 우리는 선택해야 합니다. 선진국에 진입한 대한민국이, 검찰 공화국으로 다시 내려앉을 것인가? 아니면 선진 민주국가로 갈 것인가?

입이 있는 자는 외치고 손이 있는 자는 흔들며 분노가 있는 자는 거리로 나서야 합니다. '민주공화국'의 대의의 깃발을 들어야 합니다.

윤석열은 대장동 특검을 약속하고
범죄사실이 드러나면 책임져야 합니다

2022 03 06

대장동 사건과 관련해 검찰이 그동안 철저한 수사를 했습니다. 하지만 이재명 후보가 '그분'이라는 주장은 모두 허위사실로 드러나고 있습니다. 이 후보가 대장동 일당에게 그 어떤 대가도 받지 않았다는 것이 드러나고 있습니다.

그런데도 국민의힘 윤석열 후보는 대장동 사건을 왜곡하고 이 후보가 몸통이라는 허위사실을 아직도 퍼트리고 있습니다. 이제 누가 부패하고 무능했는지 분명히 밝힐 때가 됐습니다

윤 후보는 부산저축은행 수사를 하면서 대장동 불법 대출 건만 기소하지 않았고, 범인에게 커피를 타 주면서 대장동의 종잣돈 1,155억 원을 지켜주었습니다.

대장동 일당의 불법 종잣돈을 지켜준 범인이 윤석열 검사입니다. 김만배 일당은 그 대가로 사전 모의를 하고 김만배 누나를 시켜 윤 후보 부친의 집을 사주었습니다. 우연의 우연이라는 윤 후보의 변명은 모두

거짓이었습니다.

반대로, 이재명 후보는 대장동 일당이 모두 챙기려던 이익금을 5,500억 원이나 빼앗아 성남시민들에게 돌려줬습니다. 윤 후보는 대장동 일당에게 이익을 안겨 주었고, 이 후보는 피해를 주었습니다. 범인에게 이익을 준 윤석열 후보와 범인에게 피해를 준 이재명 후보 중 누가 의심받아야 합니까?

대장동 일당은 이 후보 보고는 "12년 동안 찔렀는데 씨알도 안 먹힌다"라고 했고 윤 후보 보고는 "내가 가진 카드면 윤석열은 죽는다"라고 했습니다. 로비가 안 먹힌다고 한 이재명이 몸통입니까? 내가 입 열면 죽는다고 한 윤석열이 몸통입니까?

이재명은 개발이익 환수법을 만들겠다고 했고, 윤 후보가 속한 국민의힘은 개발이익환수법을 기를 쓰고 반대하고 있습니다. 대장동 개발을 할 때나 지금이나 민간에게 수천억 원의 개발이익을 다 몰아주자고 하는 윤석열이 몸통입니까? 대장동 때도 민간이익을 절반 이상 환수했고, 지금도 민간이익을 모두 환수하는 법을 만들자고 하는 이재명이 몸통입니까?

국민 여러분, 투표로 판단해 주십시오. 대장동의 몸통은 누구입니까? 이재명입니까? 윤석열입니까?

지난 마지막 토론에서 이재명 후보는 윤석열 후보에게 대장동 특검을 받으라고 촉구했습니다. 대장동 특검에 대해 무려 여덟 번이나 "동의하십니까?"라고 물었지만 끝내 답이 없었습니다. 특검을 겁내는 자가 범인입니다.

검찰개혁과 부당한 권력에 맞선 외침

대장동은 우리 사회 공정과 정의의 바로미터입니다. 윤석열 후보는 당선 여부와 관계없이 대장동 특검을 즉각 수용하고 대장동과 관련된 혐의가 확인되면 반드시 책임을 지겠다는 것을 국민 앞에 약속해야 합니다. 대선 직후 바로 특검법 처리하고 수많은 국민을 좌절하게 만든 대장동을 투명하게 특검으로 밝히는 것은 당연하고 필요합니다.

국민 여러분, 대장동 일당의 범죄를 봐주고 부친의 집을 팔아 이익을 본 부패검사를 대통령으로 뽑을 수는 없습니다. 선거가 며칠 남지 않았습니다. 공정과 정의가 살아있는 대한민국은 대장동 도우미 윤석열 심판으로 시작될 것입니다.

검찰 공화국이 아닙니다
검찰 독재의 신호탄입니다

2022 03 24

윤석열 인수위가 법무부의 업무보고를 거부했다는 소식이 전해지고 있습니다. 아마도 윤석열 당선인의 법무부 관련 공약에 대한 법무부의 태도를 문제 삼았기 때문일 것입니다.

윤석열 당선인의 법무부 관련 공약은 크게 두 가지입니다. 법무부 장관의 검찰총장에 대한 수사지휘권 삭제와 예산의 독자 편성입니다.

지휘권 삭제의 표면적 이유는 '정치권력'이 '수사업무'에 개입하면 검찰의 독립성이 훼손된다는 것이고 같은 이유로 예산통제도 필요 없다는 것입니다.

정치권력이 수사업무에 개입하지 못하게 하려면 검찰에서 수사 기능을 떼어 버리는 게 가장 확실한 방법이고 예산을 맘대로 편성해서 쓰고 싶으면 기재부 예산실장을 검사로 임명하면 됩니다. 가장 간단한 방법입니다. 검찰 예산은 아예 국회 통제도 받지 않는 것으로 하면 더 좋겠지요. 제가 찬성표를 드리겠습니다. 한번 해보시지요.

최근 윤 당선인이 보여주는 정치 철학을 정의하면 '만사검찰해결설' 같습니다. 검사는 지고지순한 성직자 또는 그보다 한 단계 위에 있는 천사와 같아서 그들에게 모든 것을 자율적으로 맡기면 만사가 해결된다는 매우 독특한 이론처럼 보입니다.

하지만 명백히 말해서 '만사검찰해결설'은 '검찰 독재'라는 말과 같습니다. '검찰 공화국'은 '공화주의'에 대한 모독입니다. 공화주의란 선출된 유한적 권력이 최고의 정당성을 갖는 사회 운영 시스템을 말합니다. 언론에서도 더 이상 '검찰 공화국'이라는 비상식적 단어를 쓰면 안 됩니다.

우리가 추구해야 할 사회는 '공화주의 원리에 입각한 검찰의 운영'이며 그 어떤 나라도 검찰을 공화주의 원리 밖에 두지 않습니다. 윤 당선인의 생각은 세계 역사에 우뚝 솟은 잘못되고 삐뚤어진 생각의 최고봉입니다.

윤 당선인이 진짜 '검찰 독재'가 아닌 '공화주의 원리에 입각한 검찰'을 원한다면 가장 먼저 검찰에서 수사 기능을 떼어내는 일부터 해야 합니다.

언론은 벌써부터 '군기 잡기'라는 단어를 씁니다. 이것 역시도 '검기 잡기'로 고쳐주시길 요청합니다. 앞으로 이뤄질 윤 당선인의 취임 이후는 모두 '검기 잡기'가 판을 칠 것입니다.

일말의 기대 역시
무너지는 현실이 안타깝습니다

2022 04 14

잠시 지난 1년을 복기합니다. 저는 검찰총장 윤석열을 탄핵해야 한다는 확고한 생각이 있었습니다. 나름 목소리 높여 외쳤습니다. 하지만 당시의 상황에서 청와대의 뜻을 거스르는 행동은 민주당의 금기였습니다. 저 역시 그 벽을 넘지 못했습니다. 반복하는 말이지만 반성하고 사과드립니다.

그 결과 윤석열 검찰 정권을 탄생시켰습니다. 지금 민주당 내에서 일고 있는 많은 반성이 바로 지난 1년이었습니다. 박지현 위원장의 우려처럼 지방선거만 생각하면 검찰 정상화 입법에 걱정이 없었던 건 아니지만 어쩔 수 없는 선택이라 생각했습니다.

당이 선택했으면 결과를 내놓아야 합니다. 그 결과를 위해 저도 힘을 보탤 것입니다.

"독립투사를 법무부 장관에 내세우는 걸 보고 제2의 반민특위를 만드는 줄 알았다"라는 어떤 페친의 글을 보고 지금 이 상황이 진보 개혁 진영에 어떻게 받아들여지고 있는지 직감하고 있습니다.

저는 일말의 기대도 있었습니다. 정치 경험이 없는 대통령, 그래서 우리가 가진 기존의 정치문화를 한 번에 바꿀 수도 있겠다. 그 방향이 혁신되기만 한다면 윤석열 정부 5년은 어쩜 우리 정치에 큰 변화의 기회가 될 수도 있겠다. 통합의 정치를 한다니 한번 보자는 생각이었습니다. 한동훈 법무부 장관 지명으로 그게 얼마나 헛된 생각인지 입증되었습니다.

전면 대결로 보복 정치를 하겠다는 당선인 앞에 이런 일말의 기대를 했다는 것 자체가 부끄럽습니다. 그렇다면 전열을 가다듬어야 합니다.

상대가 전쟁을 하겠다면 우리도 모든 수단을 동원해야 합니다. 상대가 어느 정도 선의를 가진 집단일 거라는 기대는 버려야 합니다.

김은혜와 유영하의 부상은 윤석열과 박근혜의 연대를 말합니다. 잡아넣은 사람이 사과를 하고 구속되었던 전직 대통령이 손을 잡았다면 우리도 그렇게 해야 합니다.

민주당을 오늘부터 시대착오적인 검찰 독재와 정치 보복을 막고 국민과 민생을 지키기 위한 총력동원체제로 전환할 것을 제안합니다. 필요한 모든 자원을 동원해야 합니다.

여야가 대립하면 민생이 실종되지 않을까 걱정하는 분들도 계십니다. 하지만 우리 172석이 일치단결한다면 검찰 독재 저지와 민생현안 해결이라는 두 개 전선에서 모두 승리할 수 있다고 확신합니다.

저들이 민생을 팽개치고 검찰 독재로 폭주할 때 우리는 민생과 개혁으로 맞서야 합니다. 검찰개혁, 정치개혁, 민생 개혁을 전면적으로 수행해야 합니다. 그래야 지방선거 승리하고 정국을 돌파할 수 있습니다.

검찰개혁과 부당한 권력에 맞선 외침

차별금지법의 내용을 수정하여 '혐오금지법'으로 변경하고 건전한 보수 세력도 합의할 수 있는 정도로 내용을 바꿔 전면에 배치하는 등 다양한 전술이 있을 수 있습니다. 노인 혐오, 여성 혐오, 장애인 혐오와 당당히 싸우는 민주당을 만들어야 합니다.

더 많은 아이디어와 지도부의 강한 결단력으로 모든 가능성을 열고 상황에 대비합시다.

경찰국 설치는 경찰권 독립과 멀어지는 일입니다

2022 06 24

행안부의 경찰국 설치가 논란이 되고 있습니다. 지난 21일 행정안전부는 '경찰제도개선 자문위원회 권고안'이라면서, 행정안전부에 경찰을 관할하는 경찰국을 신설하고 경찰청장을 직접 지휘하며, 고위직 경찰공무원에 대한 인사권 행사를 위한 후보추천위원회를 두겠다고 명시했습니다. 말 그대로 윤석열 정부가 경찰 조직을 통제하겠다고 천명한 것입니다.

검경수사권 조정은 90년대 이후 거의 모든 대선에서 내놓은 공약이었지만 그 결실을 맺지 못하다가 그나마 문재인 정부에서 어느 정도의 결실을 보았습니다.

검경의 수사권 조정은 과도한 검찰의 권한을 적절하게 분산하여 국가 수사의 공정성과 독립성을 더 확보하고자 하는, 말 그대로 국민을 위한 수사기관 개혁의 일환이었습니다.

이런 개혁의 방향이 채 자리잡기도 전에 윤석열 정부는 독립과 공정이 아닌 통제와 장악으로 경찰을 바라보고 있습니다. 행정안전부 장관을 통해 경찰 조직을 지휘·감독하며 경찰청장과 국가수사본부장을 비롯한 고위직 인사를 제청하고 경찰에 대한 감찰과 징계 요구까지 하겠다고 합니다. 이는 행안부 장관 사무에서 치안 사무를 삭제한 정부조직법을 정면으로 뒤집는 발상입니다.

'만사검통'이라는 신조어가 만들어지고 있는 상황에서 경찰마저 정권의 손아귀에 넣겠다는 이번 발상은 노태우 정부 시절 결단한 경찰의 독립성을 심각하게 훼손하는 것이자 지금까지 여야 모든 정부가 약속한 정신을 깨는 것이기도 합니다.

검경수사권 조정으로 경찰의 권한이 강해지고 지난 정권과 야당 인사들에 대한 수사가 집중적으로 이뤄지고 있는 이때 경찰통제권을 틀어쥐겠다는 것은 아예 '검정보경'검찰정권을 경찰로 보완하겠다의지의 천명이라고밖에 해석할 수 없습니다.

경찰에 대한 내무부 장관의 직할 통제 폐지와 경찰위원회를 통한 문민 통제의 확대는 민주화의 흐름에서 만들어졌고 이는 앞으로도 민주주의를 확고히 해야 하는 대한민국의 올바른 방향입니다.

오죽하면 국민의힘 권은희 의원조차 이는 행안부 장관 탄핵 사유가 될 수 있다고 지적하기도 했습니다.

윤석열 정부의 경찰장악에 대해 저 역시 작은 힘이라도 보태 막아내는 데 앞장서겠습니다.

경찰 시녀를 두고 싶은 검찰 정권

2022 07 26

행안부 경찰국 설치에 관한 내용이 국무회의를 통과하면서 논란이 가라앉기는커녕 반발이 점점 가열되고 있습니다. 이번 총경 모임을 주도한 류삼영 총경에 대한 대기발령은 인사보복 외에 달리 해석할 길이 없고 이상민 장관의 쿠데타 표현은 윤석열 정부의 검찰 제일주의 시각을 그대로 보여주고 있습니다.

물리력을 보유한 군대나 경찰은 모두 민주적으로 통제하는 게 맞습니다. 민주적으로 통제한다는 것의 핵심은 문민 통제를 말합니다. 우리는 일본식 번역의 영향으로 '문민 통제'라고 쓰지만, 실제 영어권에서는 civilian control이라고 표현합니다. 말 그대로 시민에 의한 통제를 말합니다.

30년 전 이런 원칙과 취지에 따라 치안본부를 해체하고 경찰청을 독립청으로 두면서 그 통제를 위해 내무부 안에 경찰위원회를 두었습니다. 경찰이 아닌 민간에서 경찰권을 통제하기 위해 만든 것입니다. 경찰국 설치는 이 통제권을 행안부 장관이 직접 하겠다는 것입니다.

얼핏 보면, 국민의 선택을 받은 대통령이 임명한 장관이 경찰을 통제하는 것은 민주적인 통제로 보일 수도 있습니다. 하지만 과거 그런 제도로 경찰의 인권침해와 고문, 증거 조작이 이뤄졌습니다. 그래서 경찰위원회라는 다소 다른 방식의 통제 제도를 두었던 것입니다.

90년대 중반까지 우리 국민은 경찰서에 들어가면서 매 맞을 것을 걱정했습니다만 이제 그런 경찰은 역사의 뒤안길로 사라졌습니다. 이런 변화는 사회의 민주화와 맞물려 경찰의 정치적 독립과 자체적인 노력에 의한 것입니다.

그런데 이제 와서 다시 경찰을 정권이 직접 통제하겠다는 것은 역사를 뒤로 돌리는 일이자 합법적인 물리적 폭력을 보유한 경찰을 통해 국민을 겁박하겠다는 것 외에 달리 해석이 어렵습니다.

그동안 경찰의 문제가 지속적으로 벌어졌다면 이를 새롭게 통제하는 방식에 대해 국회와 시민사회가 머리를 맞대어야 합니다. 하지만 그런 이유가 될만한 사건이 있었는지 의문입니다.

이번의 경찰국 설치 시도는 행정안전부 장관을 통해 경찰 조직을 지휘·감독하고 경찰청장과 국가수사본부장을 비롯한 고위직 인사를 제청하고 경찰에 대한 감찰과 징계 요구까지 하겠다는 발상이며 이는 행안부 장관 사무에서 치안 사무를 삭제한 정부조직법을 정면으로 뒤집는 발상입니다.

이제 국민들은 '만사검통' 단어를 두려움으로 인식하고 있습니다. 국민의힘 전신인 노태우 정부 시절 결단한 경찰의 독립성을 심각하게 훼손하면서까지 윤석열 정부가 이루려는 것이 무엇인가? 국민은 이렇게 묻고 있습니다.

검찰개혁과 부당한 권력에 맞선 외침

김 두 관

힘 없는 사람들의 대통령

3장

민주개혁, 민주당의 본령

정치와 정당의 개혁을 위한 외침

2020년 총선을 앞두고 이해찬 전 당 대표의 연락을 받았습니다. 부울경에서 출마해달라는 요청이었습니다. 공천에 핵심적인 역할을 했던 최재성 의원과 양정철 전 비서관도 찾아왔습니다. 문 대통령의 사저가 있던 양산, 즉 낙동강 벨트로 가달라는 것이었습니다. 대통령의 측근이나 친문親文 의원 중 어느 누구도 가려 하지 않는 눈치였습니다. 당시 김포에서 재선을 준비하던 저로서는 참으로 난감한 상황이었습니다. 당락當落이 어떻게 될지 모르는 어려운 선거인 이유는 둘째치고, 어려운 시절 품어준 김포를 선뜻 떠나기가 무척 송구스러운 일이었기 때문입니다.

그러나 거듭된 당의 요청을 무시할 수 없었고, 결국 선거 석 달을 앞두고 양산으로 지역구를 옮기고 폭풍같이 선거를 치렀습니다. 유시민 전 장관의 180석 발언으로 인해 선거 막바지에 거센 부산발 역풍이 불어왔습니다. 이 때문에 낙승을 예상했던 기대와는 달리 초박빙 승부로 겨우 이길 수 있었습니다. 우여곡절 끝에 도지사직 사퇴 이후 8년 만에 경남으로 복귀했습니다. 감회가 남달랐던 것은 그동안 정작 경남에서 한 번도 총선에 출마해 승리하지 못했기 때문입니다.

2022년 전당대회에서는 경남도당위원장에 출마했습니다. 오래전 원외에서 맡았던 적이 있던 직함이었지만, 경남을 위해 다시 할 역할을 할 때라고 생각했습니다. 이렇게라도 2012년 도지사를 사퇴했던 일에 대해 조금이나마 저 나름의 책임을 지려 했습니다. 대선 패배 후 치른 지방 선거에서 경남 민주당은 궤멸 되다시피 했습니다. 민주당을 정치적으로 복원하고 당세를 일으켜 세우는 것이 절체절명의 과제였습니다. 당원 모집을 독려해 당의 기초체력을 기르고, 조직을 챙겨 근간을 차근차근 다지고 있습니다. 그래야 기회가 왔을 때, 우리 민주당이 국민들의 선택을 받을 수 있기 때문입니다.

20대 대선이 있었기 때문에, 2021년은 대선 경선 준비로 바쁜 시간을 보냈습니다. 대선 경선에는 여러 번 참여했지만, 저에 대한 국민들과 당원들의 평가는 여전히 냉정했습니다. 양산으로 복귀해 당선되었지만, 경남의 민심도 제게 돌아오지 않았습니다. 경선까지는 무사히 안착했지만, 저조한 지지율로 지역 경선을 계속 치르기는 어려운 상황이었습니다. 결국 전북지역 경선 후 기자회견을 통해 경선 후보를 사퇴하고, 이재명 후보 지지 선언을 했습니다. 명분이 있는 후보에게 힘을 실어주어야 한다고 생각했기 때문입니다.

경선 막바지에 이낙연 후보가 크게 따라잡으면서, 결국 경선 불복 논란까지 이어지게 되었습니다. 사퇴한 후보의 득표를 무효로 처리하는 것에 대한 문제제기였습니다. 이미 당헌·당규에 규정된 대로 경선을 치른 마당에 사후적인 불복 논란은 매우 부적절한 것이었습니다. 과열된 경선 과정에서 나타난 당내의 내홍은 본선에도 영향이 적지 않았습니다. 결국 20대 대선은 0.73% 차이라는 역대 최소 격차로 승부가 결정되었습니다. 그런 근소한 격차 때문에 당내 후폭풍도 계속 이어졌습니다.

그 과정에서 제가 크게 목소리는 냈던 대목 중 하나는 윤호중 비대위원장 건이었습니다. 대선 패배 후 당 지도부가 전원 사퇴하고 비대위를

정치와 정당의 개혁을 위한 외침

전환하면서 원내대표직에 있었던 윤 의원이 또다시 비대위를 꾸려 지방 선거를 지휘한다는 것은 말이 되지 않는 일이었습니다. 비대위 간판 자체의 효용도 없었거니와 명분도 없었기 때문입니다. 전임 지도부가 계파를 이용해 기득권을 유지하는 이런 행태는 없어져야 마땅합니다. 그 전년도 재·보궐 선거 패배 후의 비대위원장도 특정 정파 소속 의원이 맡았는데, 반성 혹은 쇄신과는 거리가 멀었기 때문입니다. 민주당이 이렇게까지 몰락한 온 이유를 우리는 되새겨야 합니다.

우리 민주당은 대의원 중심 체제에서 권리당원 중심의 정당으로 서서히 변화해왔습니다. 온라인 당원제 도입으로 지금 민주당의 당원은 2백만 명이 넘고, 중요한 당내 선거 의사결정에 참여하는 권리당원은 70만 명 가량이 됩니다. 온라인 투표를 위한 기술적인 환경이 변화하면서 당내 선거를 위한 기반 자체가 과거와 크게 변화했습니다. 당원들의 의사가 더 크게 넓게 반영되어야 함에도, 당내 의사결정 구조의 변화는 더뎠습니다. 당원들의 참여는 제한되어왔고, 이에 따라 당심과 크게 괴리되는 의사결정도 여러 차례 이루어졌습니다.

민주당이 대중정당을 표방한다면 일차적으로 당원들에게 문을 더 넓혀야 합니다. 그리고 선출직 선발에 있어 국민들의 목소리에 더 많이 귀기울이는 것이 필요합니다. 지금 현역 의원들은 당내 거의 모든 층위의 의사결정 과정에 참여할 수 있고, 주요 당직도 독점하고 있습니다. 사실상 이러한 현역 기득권을 견제할 정당성이 있는 곳은 당원밖에 없습니다. 각 단위에서 당원 직접 투표를 활성화하고, 주요 의사결정에 전 당원 투표도 활용해야 합니다. 민주당은 더 이상 과거의 이유와 명분에 머물러 있을 수 없습니다. 국민들이 납득할만한 환골탈태가 필요한 시점입니다.

마지막으로 선거제도에 대해 언급하고자 합니다. 사실상 정치개혁의 처음과 끝이 선거제도 개혁이라고 할 수 있습니다. 지난해 8월 포항이라는 험지에서 오래도록 고생해 온 허대만 동지가 타계하면서, 당 안팎에 적지 않은 울림이 있었습니다. 허 동지는 지역주의와 현행 선거구제의 희생양이었습니다. 약관의 나이에 야권에서 포항시의원이 되었지만, 그것이 처음이자 마지막 선출직이었습니다. 무려 8번의 도전이 있었지만, 그는 그 벽을 넘지 못했습니다.

그가 타계한 다음 달인 지난해 9월, 저는 권역별·개방형 비례대표제를 내용으로 하는 선거법 개정안, 이른바 '허대만법'을 발의했습니다. 전국을 6개 권역으로 나누어 비례대표를 선출하되, 기존에 정당이 추천하던 순번의 명부가 아니라 국민들이 순번을 정하는 개방형 명부를 두어 국민들의 선택권을 넓히자는 것이었습니다. 이렇게 해야 비례대표의 정통성과 국민들의 수용성이 더 넓어질 수 있습니다. 그리고 양당이 크게 반대할 것이 없도록 디테일만 조정하면 될 것이었습니다. 그러나 이후 대선거구제나 농어촌선거구제 등 논의의 범위가 확대되면서 양당의 공유가 불가능한 지점으로 공전空轉되고 있습니다. 안타까운 일입니다. 선거법이야말로 한 발의 진전이 중요하기 때문입니다.

마지막으로 이 장에는 각종 현안에 대한 민주당의 책임 있고 과단한 결정을 강조한 대목이 많습니다. 민주당이 180석의 과반저당이었기 때문에 모든 책임은 민주당에 있을 수밖에 없기 때문입니다. 양당의 협치도 중요하지만, 이번 의석의 존재 이유를 증명하지 못한다면, 다시는 국민들이 이런 의석을 주지 않을 것이기 때문입니다. 실로 우리는 22대 총선을 앞두고, 그 평가에 직면해 있습니다. 우리가 정말로 의회를 잘 운영해왔다면 국민들이 다시 그만한 의석을 주시겠지만, 그게 아니라면 우리도 단단히 각오해야 합니다.

18대 0도 각오해야 합니다

대북 전단 살포 금지법을 비롯해 위기로 치닫는 남북관계도 넋 놓고 있을 일이 아니지만, 코로나 국난 극복을 위한 3차 추경은 390만 국민의 생존이 달린 문제입니다. 대통령께서도 국회를 향해 3차 추경안을 이달 안에 반드시 통과시켜 줄 것을 간곡히 부탁했습니다. 고용과 생계 위기에 처한 특수고용노동자와 프리랜서, 영세 자영업자 등 390만 명이 하루하루 고통 속에 추경안 통과를 기다리고 있다는 엄중한 현실을 잊어서는 안 됩니다.

21대 총선에서 국민들은 일은 안하고 발목만 잡는 미래통합당을 심판하고 미래통합당이 몽니를 부리더라도 할 일은 하라고 177석을 주었습니다. 우리가 또다시 발목잡기에 굴복해 할 일을 못 한다면 이는 준엄한 총선 민심을 배신하는 것과 다를 바 없습니다.

더 참는다면 이제 국민들이 용서하지 않을 것입니다. 미래통합당이 이번 주에 원 구성 협상에 복귀하지 않는다면 단독으로 본회의를 열어 상임위 구성을 마무리하고 산적한 현안을 처리해야 합니다. 발목 잡는 미래통합당과 협치를 이유로 백척간두에 선 남북관계와 민생을 외면할 수 없습니다.

상임위원장 18개를 모두 갖는 것이 부담일 수 있습니다. 개혁에 속도를 낼 수 있지만 정책 실패에 대한 책임도 오롯이 져야 하기 때문입니다. 하지만 당 지도부는 걱정할 필요 없다는 말씀을 드리고 싶습니다. 국민

163   정치와 정당의 개혁을 위한 외침

이 선택한 177명 의원의 역량과 의지를 믿고 꿋꿋하게 앞으로만 가면 됩니다. 상임위원장을 야당이 맡고 있다고 정책 실패 책임을 야당이 지는 것도 아닙니다.

협치도 중요하지만, 코로나 국난을 극복하고 민생을 챙기고 일하는 국회를 만들겠다는 국민과의 약속이 더 중요합니다. 이번 주까지 원 구성 협상에 불응한다면 18대0도 불사해야 합니다.

집권 여당입니다
논쟁할 때가 아니라 행동할 때입니다

2021 01 25

경제와 방역과 민주주의, 모두 성공해야 합니다.

하루 일 천명 이상 코로나 확진자가 발생하여 긴장했지만, 정부와 국민의 단합된 힘으로 다시 3~400명대로 안정을 찾아가고 있습니다. 그리고 코로나 백신은 다음 달부터 접종을 시작합니다. 치료제도 곧 만날 수 있을 것입니다.

이제 코로나19와의 기나긴 전쟁을 끝낼 때가 오고 있습니다. 물론 우리가 승전할 것입니다. 코로나19가 우리를 얼마나 더 괴롭힐지 모르지만 머잖아 독감처럼 취급받을 때가 옵니다.

손실보상과 2차 전국민재난지원금은 코로나19와의 전쟁 종식을 위한 것입니다. 코로나와의 전쟁 종식을 위한 준비는 우리 정부 여당이 반드시 준비해야 할 일입니다.

손실보상제와 관련하여 기재부와 총리, 민주당 지도부에서 계속된 엇박자가 나오고 있습니다. 언론은 '손실보상제와 관련한 주도권' '재난 지원•이익공유 놓고 3각 견제' 등의 제목으로 당정을 조롱하고 있습니다. 여기에 경기도지사까지 가담해 국정 운영이 산으로 갈 지경입니다.

정세균 총리는 기재부 1차관을 향해 "이 나라가 기재부의 나라냐"라고 목소리를 높였는데, 이낙연 대표는 "곳간지기를 구박한다고 해결되는 게 아니다"라고 기재부를 감싸고 있습니다. 입법을 주도하는 여당 대표와 내각 서열 일인자와의 메시지 불일치는 재정 당국의 방침 설정에 혼선을 줄 수 있습니다. 급기야 경제부총리가 관련 회의에 불참하면서 불만을 우회적으로 표현한 것이 아니냐는 해석까지 나오고 있습니다.

국민들은 정부 여당이 전국민재난지원금을 언제, 어떻게 지급할 계획인지, 어떤 형태로든 소상공인 손실보상안이 마련될지 궁금해하고 있습니다. 정부 여당은 이 질문에 빠르게 대답할 필요가 있습니다. 의사결정은 긴밀한 당·정·청 협의를 통해 조율되고, 시행방안까지 마련한 후 대외적으로 공표되어야 합니다. 총리나 당 대표는 책임 있는 자리에 있는 분들입니다. 언론이나 메시지를 통한 단발성 의사 표현을 할 주체가 아닙니다.

지난 총선을 통해 국민들께서는 180석에 가까운 의석을 여당에 몰아주셨습니다. 지난 지방선거에서는 무려 14개 시도지사 자리를 여당에 주셨습니다. 국민들은 오는 보궐선거와 대선에서 국정 운영에 대해 냉정하게 청구서를 내밀 것입니다. 지금은 논쟁할 때가 아니라 행동으로 보여줄 때입니다. 혼연일체로 코로나19 위기를 극복해내고 있는 지금, 국민들께 문재인 대통령을 중심으로 정부 여당이 속 시원하게 방역과 민생을 해결하는 모습을 보여주어야 합니다.

국민이 원하는 것을
다해야 합니다

2021 03 12

민주당이 공직자 투기 및 부패 방지 5법 추진 방침을 확고히 했습니다. 이번 LH 투기 사태로 촉발된 5법은 이해충돌방지법, 공직자윤리법, 공공주택특별법, 한국토지주택공사법, 부동산거래법입니다. 김태년 대표 직무대행은 "공직자들의 투기는 부동산정책의 공정성, 신뢰를 훼손하는 반사회적 범죄 행위"라고 지적하며 공직자 투기·부패 방지 5법을 최우선 입법과제로 추진하겠다고 밝혔습니다. 저도 신정훈 의원이 대표 발의한 부동산백지신탁법은 이미 공동 발의한 바 있습니다.

이 가운데서도 핵심적인 취지는 이해충돌방지법에서 가장 잘 나타난다고 생각됩니다. 이해충돌방지법은 공직자가 지위를 남용해 사익을 추구하는 일을 막는 법으로, 당초 김영란법의 핵심 조항 중 하나였습니다. 그러나 이해충돌방지법은 2013년 첫 발의 후 번번이 임기 만료 폐기 되었고, 지난해 6월 권익위 안이 제출되었지만, 논의 없이 계류되고 있습니다. 공직자뿐만 아니라 국회의원도 대상에 포함돼 '제 목에 방울 달기'

가 가능하겠냐는 우려가 있었는데, 이번 사태를 기회로 반드시 입법을 완성시켜야 합니다.

부당이득 환수나, 처벌범위를 넓히는 부분도 관련 법안으로 마련되어야 합니다. 당이 마련 중인 공공주택법 개정안은 업부 관련싱이 없더라도 미공개 정보를 부정하게 이용한 종사자와, 제3자인 외부인까지 처벌범위를 확대하고, 부당이익을 최대 5배까지 환수하고, 가중처벌도 가능하도록 하는 내용을 담았습니다. 그리고 공직윤리법과 토지주택공사법을 개정해 LH 직원들은 정기적으로 부동산 거래조사를 하고, 재산등록 공개를 추진하도록 하는 내용도 추진 중입니다.

그러나 이것만으로는 부족합니다. 정부 자체 조사 결과에 대해서도 국민들의 의심과 분노의 목소리가 큽니다. 자고 일어나면 공무원과 공직자들의 농지 소유 문제까지 문제가 연달아 벌어지고 있어, 불을 끄기는커녕 계속 번지는 모양새입니다. 만약 신뢰의 문제가 걸려있다면 박영선 서울시장 후보가 제안한 특검을 검토할만하다고 생각합니다. 국민들이 공정하다고 생각하는 모든 수단을 민주당이 받아들일 필요가 있습니다.

이번 사안에 대해 국민들의 분노가 얼마나 큰지 잘 알고 있습니다. 눈치를 보거나 미적거려서는 안 됩니다. 이번 일을 공직 전반의 기강을 다시 세우는 계기로 만들어, 다시는 공직을 이용한 투기가 발붙이지 못하도록 해야 합니다.

정치와 정당의 개혁을 위한 외침

비례대표도
국민이 직접 뽑아야 합니다

지난 총선에서 우리는 위성정당이라는 초유의 반칙을 경험한 바 있습니다. 좋은 취지로 시작한 연동형 비례제를 비례대표 전문 위성정당들이 출현하게 되어 누더기 선거법이 되고 말았습니다.

방향은 옳으나 디테일이 부족했습니다.

정당설립요건처럼 5개 시도 이상의 지역구에 반드시 지역구 후보를 공천하는 정당에만 비례대표 공천을 허용하는 방향으로 바꿔야 합니다. 정당이 비례대표만으로 무임승차하지 않고 국민의 공론을 수렴하는 정당으로서의 책무와 역할을 분명히 부여해야 합니다.

지금 국회의원은 일반종다수 소선거구제, 즉 지역구와 '폐쇄형 정당명부식' 비례대표제로 구성합니다. 지역구의석 253, 비례대표 의석 47입니다.

비례대표제를 개혁해야 합니다.

지금은 정당이 당선 순위를 정하고 정당의 득표율에 따라 의석을 가져갑니다. '폐쇄형 정당명부제'입니다. 그러다 보니 매번 비례대표 국회의원이나 지방의회 의원들의 공천을 둘러싸고 구설수가 끊이지 않았습니다. 비례대표 공천을 당권의 전리품으로 여기는 것이 공공연한 사실입니다. 비밀주의에 입각하여 공천작업이 이루어지고 공천이 이벤트 성격이 강조되다 보니 정작 공직자로서 중요한 공직 수행 능력과 공직윤리

3장 민주개혁, 민주당의 본령   168

등 반드시 거쳐야 할 검증작업이 부실하게 진행되고 말았습니다.

비례대표 국회의원도 국민이 뽑아야 합니다. 개방형 정당명부제로 개혁해야 합니다.

정당이 비례대표를 공천하고 유권자는 정당과 지지하는 후보를 선택합니다. 당선은 정당투표로 정당이 확보한 의석 안에서 후보가 유권자로부터 득표하는 순서대로 합니다. 비례대표의원도 국민이 직접 투표로 뽑는 것입니다. 이렇게 되면 비례대표제가 갖는 제도의 정당성이 충분히 확보됩니다. 유럽의 많은 나라들이 개방형 정당명부제를 선택하고 있어서 낯선 제도가 아닙니다.

권역 단위 또는 전국단위로 하여도 무방합니다. 개방형 정당명부제를 시행하면 비례대표제가 전국 또는 권역 단위의 정치지도자를 양성하는 통로가 될 것입니다.

국회의원 소환제가 정치혐오를 부릅니다

2021 08 05

어제 YTN 토론회에서 이재명, 이낙연 두 후보께서 국회의원 소환제를 공약했습니다. 아무리 대통령 자리가 좋고, 꿀을 찾는 나비마냥 표만 된다면 아무 말이나 내뱉고 보는 게 정치라지만, 해야 할 말과 해서는 안 될 말이 있는 법입니다.

극단적으로 '지방의원 다 없애겠다'라고 공약하면 비난보다 박수를 더 많이 받을 수 있습니다. 하지만 누구도 이렇게 공약할 수는 없습니다.

지난 대선에서 안철수 후보는 국회의원을 100명 줄이겠다고 했습니다. 처음엔 박수를 받았습니다. 하지만 시간이 지나면서 '그냥 아이디어 수준' 정도라고 말을 돌렸습니다. 왜 그랬을까요?

저는 이재명, 이낙연 후보께 공개 질의합니다.

첫째, 국회의원 소환제, 현재 시행하는 나라가 있나요?

이재명 후보는 '다른 나라가 안 한다고 우리가 하지 말라는 법이 있느냐? 우리도 선도적으로 할 수 있다'고 하셨습니다. 그렇다면 국회의원을 어떤 기준으로 소환을 할 것인지 그 기준을 명확히 밝혀주시기를 바랍니다.

출석률로 할건지, 법안에 찬성했다고 할건지, 막말했다고 할건지. 다른 나라가 안 하는 것을 우리가 선도적으로 하더라도 선출된 사람을 소환하려면 명백한 기준이 있어야 할 것 아닙니까?

아울러 어제 이재명 후보께서는 '정치인은 유권자의 대리인'이라는 요지로 말씀하셨습니다. 다시 묻습니다. 대리인입니까? 대표자입니까?

만약 공화주의 국가에서 선출된 사람을 대표자가 아닌 대리인이라 생각하신다면 민주주의의 기초 공부부터 다시 하시길 권해 드립니다. 인기에는 도움이 되겠지만 지도자의 철학치고는 너무 빈약합니다.

둘째, 시도지사, 시장・군수, 지방의원은 소환할 수 있습니다. 이걸 가지고 형평성에 안 맞는다며 국회의원 소환제를 하자는 건데요, 지금까지 지방의원이 소환된 적이 있나요?

유럽에서 지방의원 소환제를 하는 것은, 우리와는 전혀 다르게 지방

정부가 내각제 형태인 경우가 많아 지방의원들에게 집행권이 있기 때문입니다.

우리는 지방의원, 국회의원 모두 표결권만 있지, 집행권이 아예 없습니다. 집행권도 없는 소환제는 '그래 너 속 시원하다'라고 박수는 받을지 몰라도 실제로는 불가능한 '신기루'일 뿐입니다.

최근 김종천 과천시장에 대한 소환 발의가 있었습니다만 투표율 미달로 개표조차 못 했습니다. 김종천 시장의 소환 발의는 '민주당이 추진하고 있는 주택공급을 막지 못했다'라는 것이 이유였습니다. 이 소환 발의는 정당했다고 생각하십니까?

셋째, 아마 국민들께 국회의원을 200명으로 줄이겠다 약속하면 더 큰 박수를 받을 수 있을 것입니다. 표가 된다고 철부지 평론가도 아니고 명색이 대권후보라는 사람들이 이런 공약을 말이 된다고 보고 내놓은 것인지 모르겠습니다.

국민소환제는 정치혐오를 해결하는 묘약 같지만, 더 많은 정치혐오를 부르는 선동이자 마약입니다. 국민들의 막연한 정치혐오를 부추겨 묻지 마 매표부터 하자는 것이 아니라면, 책임 있는 정치가의 자리를 박차고 깃털처럼 가벼운 정치꾼의 길로 들어서기로 한 게 아니라면, 두 분 다 속히 제자리로 돌아오시기를 바랍니다.

임기제를 기반으로 하는 모든 선출직 선거를 '정기탄핵'이라 표현하는 학자도 있습니다. 4년에 한 번 재신임이나 탄핵을 받는다는 것을 강조하는 비유입니다.

만약 국회의원 소환제를 두게 된다면 그 기준을 잡는 것도 거의 불가

정치와 정당의 개혁을 위한 외침

능하겠지만, 우리처럼 중앙정치에 과도하게 관심이 높은 나라에서는 특정 정책을 앞장서서 주장하는 국회의원에게 4년 내내 탄핵 발의가 진행되는 진풍경이 벌어질 것입니다. 당당하게 차별금지법을 찬성하는 국회의원들은 4년간 지겹도록 소환 발의를 받고 지쳐 쓰러지고 말 것입니다.

이재명, 이낙연 두 후보께 말씀드립니다. 국민소환제 공약을 철회하지 않으셔도 됩니다. 그게 박수를 받고 표를 얻는 데 도움이 될 테니 그걸 계속 밀고 가셔도 됩니다. 하지만 대한민국 정치가 한 걸음 더 앞으로 가야 한다는 생각이 조금이라도 있다면 제발 이런 수준에서, 인기만을 탐하는 초등생 안철수식 사고에서 벗어나시길 진심으로 충고드립니다.

대한민국
민주주의 거목의 뜻을
함께합니다

남해에서 지키던 김대중

1992년 대통령 선거, 경남 남해에도 김대중의 벽보가 붙었습니다. 하지만 김대중의 벽보 옆에는 '빨갱이'라는 낙서가 되기 일쑤였습니다. 벽보를 찢고 도망가는 일도 다반사였습니다.

남해의 젊은이들이 모여 '김대중의 벽보를 지키자' 했습니다. 밤새 섬을 돌며 김대중의 벽보를 지켰습니다. 그날 제가 지킨 김대중의 벽보는 대한민국의 민주주의였고 대한민국의 지방자치였습니다.

김대중 대통령께서 가신 지 벌써 12주년입니다. 그해 노무현 대통령이 돌아가시고 대성통곡을 하시던 모습이 아직도 떠오릅니다. 워낙 좋지 않은 몸이셨는데 노무현 대통령을 앞세우신 자신을 슬퍼하셨고 '담벼락에 욕이라도 하라'며 '행동하지 않는 양심은 악의 편'이라 불호령을 치셨습니다.

대한민국 지방자치를 복원시키기 위해 13일을 단식하셨던 의인 김대중.

저는 오늘 아들의 확진으로 방역 당국의 검사와 조치를 대기 중입니다. 오히려 더 차분하게 김대중 대통령의 생전 삶을 돌아보게 됩니다.

모진 군부독재의 암살 협박에도 굴하지 않았던 기개. 민주주의를 위해 자신의 생명쯤은 초개와 같이 버릴 자세를 평생 간직하셨던 그 의지. 다시 한번 고개를 숙입니다.

김대중 대통령의 퇴임 즈음, 한 기자가 양심고백을 했습니다. 김대중 대통령이 해외에 갈 때마다 비꼬는 기사, 비난하는 기사를 주로 썼던 그 기자는 '세계 어느 나라를 가도 김대중을 향한 존경의 자세는 실로 놀라웠다'라고 고백합니다.

대한민국보다 오히려 정치선진국에서 더 깊은 존경을 받은 대한민국 대통령 김대중.

오늘날, 대한민국이 IT 선진국으로 세계에 당당히 설 수 있었던 것 역시 김대중 대통령의 혜안에 기댄 바 큽니다. 그는 그 세대가 볼 수 없었던 미래산업의 가능성을 보았고 거기에 집중투자 했습니다.

미국도 망설이던 Information Highway를 전 세계 최초로 전국망으로 깔았습니다. 미래를 내다보는 눈이 없었다면 불가능한 일입니다.

만일 그가 그런 결정을 하지 못했다면, 오늘 우리는 일본을 사실상 추월한 대한민국을 만나지 못했을 것입니다

님의 서거 12주기를 맞아 다시 한번 그의 뜻을 마음속 깊이 되새깁니다.

민주당이 상정하고
당론투표를 해야 합니다

2021 09 01

윤호중 원내대표께서 부동산 투기 의혹이 제기된 국민의힘 윤희숙 의원의 사직안과 관련해 야당이 요구하면 처리하되 당론이 아니라 의원

개개인의 자유투표에 맡기겠다는 입장을 밝혔습니다.

일단 처리하겠다는 것은 긍정적으로 평가합니다. 하지만 '야당이 상정하면'이라는 전제조건을 단 것은 문제입니다. 야당이 상정하지 않으면 처리하지 않겠다는 말인지요?

또한 당론이 아닌 자유투표에 맡기겠다는 것도 문제입니다. 만일 부결되면 민주당이 동료의원 감싸기의 주범으로 누명을 쓰게 됩니다. 이럴 경우 후폭풍과 국민적 분노는 감당하기 힘들 것입니다.

거듭 말씀드리지만, 민주당이 먼저 사퇴안을 상정하고 당론투표를 해서 윤희숙 의원을 사퇴시켜야 합니다. 설사 우리 당에 일부 출혈이 있더라도 우리 민주당이 먼저 부동산 투기를 뿌리 뽑고 문제를 해결하겠다는 의지를 보여줘야 합니다. 부동산 투기혐의자가 오히려 큰소리를 치고 '시대의 죽비'로까지 미화하는 뒤틀린 투기 천국을 뒤엎어야 합니다. 그러지 못한다면 부동산 문제에 관한 한 여당이나 야당이나 오십보백보라는 국민적 비판을 계속 감수해야 할 것입니다.

우리 당 경선 후보 전원과 야당 유력주자들도 동의한 대선후보 부동산 공개검증도 당장 시작해야 합니다. 기재부와 KDI 전수조사도 선제적으로 치고 나가야 합니다. 부동산 투기꾼과 공직자의 연결고리를 파악하고 내부정보를 이용해서 부동산 투기를 해왔던 범죄 행위를 근절할 절호의 기회입니다. 당 지도부가 또다시 내로남불을 자처해서 대선을 망치는 누를 범하지 말아야 합니다.

경선 후보를 사퇴합니다

이제 길고 긴 여행을 마칠 때가 된 것 같습니다.

저는 오늘부로 경선 후보를 사퇴합니다.

36살 남해군수 때부터 꿈꾸었던, 지방이 잘 사는 나라를 목놓아 외쳤지만, 국민 여러분의 많은 지지를 얻어내지 못했습니다. 지방분권 동지들의 목소리도 온전히 담아내지 못했습니다.

모두 제가 부족한 탓입니다.

제가 우리 당 대선후보가 될 가능성이 없다는 것을 잘 알면서도 경선 현장마다 찾아와서 격려해 주신 지지자 여러분께 죄송하고 면목이 없습니다.

끝까지 완주하자는 분도 계셨고 다음 주 부울경 경선까지는 마치자는 분도 계셨습니다. 하지만 저는 사퇴를 결심했습니다. 저의 완주보다 백배 천배 더 중요한 것이 정권 재창출이기 때문입니다. 오로지 그것 하나 때문에 사퇴합니다.

정권을 되찾기 위한 야권의 공세는 날로 강해지고 있습니다. 앞으로 대장동을 훨씬 뛰어넘는 상상을 초월한 가짜뉴스가 지속적으로 나올 것입니다.

그런데 하나로 뭉쳐야 할 우리의 원팀은 갈수록 갈라지고 있습니다. 이대로 갈등과 분열이 심화되면 정권 재창출이 불가능할 수도 있습니다.

우리의 전략은 첫째는 단결, 둘째는 원팀입니다. 힘을 합쳐도 이기기 쉽지 않습니다. 그런데 분열이 심화되고 있습니다. 이래서는 절대 이길 수 없습니다. 우리 당의 단결과 승리를 위해 이재명 후보가 과반 이상의 득표로 결선 없이 후보를 확정짓는 것이 가장 중요합니다.

이재명 후보는 대한민국의 미래를 개척할 유능한 지도자입니다. 현실적으로 야권의 도전을 이겨낼 유일한 후보입니다. 저의 평생 꿈이자 노무현 대통령의 염원인 지방분권과 균형발전을 가장 잘 실천할 후보이기도 합니다. 이제 저의 자치분권 꿈을 이재명 후보에게 넘깁니다. 비록 패자의 공약이지만 잘 이어주시길 부탁드립니다.

당원 여러분, 국민 여러분, 이재명 후보에게 힘을 주십시오. 과반 이상 압도적 지지를 보내 주십시오. 하나 된 민주당을 만들고 4기 민주 정부를 튼튼히 세워주십시오. 저도 작은 힘이나마 보태겠습니다.

지금까지 함께 뛰었던 동지 여러분, 감사합니다. 그리고 죄송합니다. 베풀어 주신 은혜, 갚을 수 있을지 모르지만 잊지 않겠습니다.

부울경과 제주 동지 여러분, 경선을 마치지 못해 너무 죄송합니다. 여러분과 일일이 상의하지 않고 결심을 하게 돼서 뭐라 드릴 말씀이 없습니다.

저의 완주보다 민주당의 승리가 더 중요하다는 판단으로 내린 결정입니다. 이런 저의 마음을 헤아려 너그럽게 용서해 주시기를 부탁드립니다. 고마웠습니다. 잊지 않겠습니다.

이재명 후보의 승리를 기원합니다.

감사합니다.

지도부에 요청드립니다

2021 10 11

어제 경선이 마무리되었습니다. 승리를 축하하고 패자를 격려하는 민주당의 잔치가 되어야 할 축제의 자리가 이상하게 변질되고 있습니다.

저 역시도 3차 선거인단 결과를 해석할 능력이 없습니다. 지금까지 민주당 권리당원의 표심은 여론조사 결과와 크게 다른 적이 없었습니다. 3차 선거인단 모집과정에서 오로지 이낙연 후보 측만 모았다면 모를까 이런 결과가 나왔다는 것 자체가 매우 혼란스러운 일입니다.

만약 3차 선거인단의 표심이 '대장동'에 영향을 받은 것이라면 서울 권리당원 결과도 비슷한 변화를 보이는 게 상식입니다. 권리당원 선거 결과는 다른 지역의 결과와 큰 차이를 보이지 않는데 유독 선거인단 결과만 이런 큰 변화를 보였다는 것이 매우 복잡한 상황을 만들고 있습니다.

무엇보다 우려스러운 일은 경선 결과에 대한 이의제기입니다. 경선 도중 사퇴한 당사자로서 이 문제가 이의제기의 핵심으로 등장하고 있어 좌불안석이라는 표현이 더 어울리는 마음입니다.

하지만 마음이 불편하다고 하여 원칙이 훼손되는 것은 아닙니다. 민주당은 이미 특별당규에서 사퇴한 후보의 득표는 무효로 처리하기로 합의된 룰을 가지고 있었습니다. 경선을 마치고 나서 그 룰 자체를 문제 삼고자 하는 일은 오로지 민주당의 분란을 낳는 일입니다.

경선 결과를 사법부로 가져가려 한다는 소식도 들립니다. 정치의 사

정치와 정당의 개혁을 위한 외침

법화는 정치가 공멸하는 길입니다. 신출된 권력들이 모든 사안을 고소 고발로 처리하면서 생긴 문제가 얼마나 큰데 민주주의의 근간인 정당 내부의 문제를 사법부로 가져간단 말입니까.

우리가 지금까지 만들어온 민주당이 법원의 도움을 받아야 문제를 해결하는 그런 수준의 정당이었습니까?

당원 여러분께 호소드립니다. 지금 3차 선거인단의 결과를 딱 부러지 게 설명할 수 있는 사람은 아무도 없습니다. 하지만 그 결과를 인정하고 우리가 정한 룰대로 계산했을 때 이재명 후보가 최종 승자로 정해졌다 는 사실을 부정할 수는 없습니다.

이 원칙 하나를 잊지 말아야 합니다. 이 원칙을 훼손하려는 어떤 세 력도 민주당의 역사에 큰 죄를 짓게 될 것입니다.

우리보다 훨씬 복잡한 제도로 대선을 치르는 미국에서도 앨 고어 후 보는 본인의 억울함보다 미국의 민주주의를 위해 '승복 연설'을 했습니 다.

트럼프 대통령은 끝까지 승복 연설을 거부했습니다. 어떤 길이 민주 당의 길인지 모두 함께 생각해 봐야 합니다.

이낙연 후보의 대승적 결단을 기대합니다. 혼란이 길어지면 길어질 수록 우리 당의 대선 경쟁력은 하루하루 떨어질 것이기 때문입니다.

지도부에 요청합니다. 이 선거 결과 이의제기에 대해 신속한 절차를 진행해 주십시오. 그것이 민주당의 승리를 보장하는 가장 중요한 일입 니다.

'필요한 일을 하는' 이재명 후보의 행정 철학을 응원합니다

2021 10 26

이재명 후보가 경기도지사직을 수행한 마지막 날, 일산대교 무료 통행이 담긴 마지막 전자 결재를 처리했습니다. 이날 결재로 한강 28개 다리 중 유일하게 통행료를 내는 일산대교는 27일 낮 12시부터 공익 처분 효력이 발생해 무료 통행이 이뤄지게 됩니다. 한강 최 서편의 마지막 다리가 드디어 시민들의 품으로 돌아왔습니다. 드라마 정도전을 통해 유명해진 '불위야비불능야不爲也非不能也, 하지 않는 것이지 할 수 없는 것이 아니다'라는 〈맹자〉의 문구가 생각났습니다.

공익 처분은 민간투자법 제47조에 따라 사회기반시설의 효율적 운영 등 공익을 위해 지방자치단체가 민자 사업자의 관리·운영권을 취소한 뒤 상응하는 보상을 해주는 것을 말합니다. 물론 일산대교 측과 국민연금공단에서 소송으로 대응할 가능성이 있지만, 이재명 지사는 시민들에게 더 나은 방향으로 행정 권한을 발동하기로 결정한 것입니다.

신도시 건설에 따라 일산과 김포의 인구는 계속해서 늘었고 일산대교의 통행량도 마찬가지입니다. 통행료 징수는 시민들의 재정적 부담은 물론 교통 지체에도 영향을 주었습니다. 하나밖에 없는 다리이기 때문에 다른 길을 선택할 여지도 없었습니다. 저도 지난 20대 국회 지역구가 김포였기 때문에 이 문제를 심각하게 생각했지만, 입법부보다는 정부와 자치단체의 행정적 결단이 필요한 사안이라 속을 태우고 있었습니다.

저 역시 경남도지사 취임 직후 창원터널 '통행무료화'를 단행했던 경험이 있었기에, 이 후보의 이번 결단에 남다른 공감을 하게 됩니다.

일산대교는 민자 사업으로 건설되어 30년간 민간 업체가 돈을 벌고 난 다음에 경기도에 기부채납 하는 조건이었습니다. 물론 이것은 오래전 한나라당 시절 도로나 교량, 터널 같은 국가 기간시설에 민간투자가 급격히 확대되던 시절에 있었던 일입니다. 시민들은 같은 공공재를 이용하면서도 과도한 비용을 지불할 수밖에 없었고, 때로는 지자체가 세금을 통해 막대한 손실을 메꿔주어야 했습니다.

저는 이번 국정감사에서도 국가 기간사업에 민자투자를 우선 고려하는 방식은 재고가 필요하다고 지적했습니다. 당장 부산만 해도 예비타당성 통과가 어려우니 급하게 유료도로를 건설하게 됩니다. 지금까지 시민들 호주머니에서 나간 돈이 3조 원에 이릅니다. 이명박, 박근혜 정권이 만든 폐해를 바로잡는 일은 아직 끝나지 않았습니다. 민생을 위해 다음 정권에서도 잘못 끼워진 단추를 바로잡는 개혁은 계속해 나가야 합니다.

저는 일산대교에 대한 공익 처분이 이재명 후보의 행정 철학을 보여주는 중요한 결단이라고 봅니다. 논란을 피해가지 않고 당당한 행정으로 국가를 이끌겠다는 것이 이 후보의 철학이고 국민들과 함께 이 결정을 응원합니다.

기왕에 이 문제가 결정되었으니 고가 통행료의 상징이 된 거가대교 문제도 민주당의 관점으로 적절한 시점에 어떻게 무료화할 것인지 다시 한번 살피는 계기가 되었으면 합니다.

백의종군의 자세로
국민들과 함께합니다

저부터 공동선대위원장에서 사퇴하겠습니다

2021 11 20

이재명 후보께서 최근 선대위 난맥상과 관련해 자신의 생각을 정리한 글을 페북에서 읽었습니다. 공동선대위원장의 한 사람으로서 착잡하다는 말 외에 달리 드릴 말씀이 없습니다.

후보가 말한 선대위 대개조에 동의합니다. '날렵한 선대위, 일하는 선대위'를 위해 우선 저부터 먼저 선언합니다. 저는 공동선대위원장에서 사퇴하겠습니다. 그리고 경선 후보인 저를 배려해서 맡겨주신 후보자 직속 균형발전위원회 공동위원장도 사퇴하겠습니다.

제가 평소 직함을 탐하는 성격도 아니고 제가 잘할 수 있는 것이 결국 부울경을 누비며 바닥을 다지는 것인데 굳이 선대위에서 빠진다고 달라지는 것은 없습니다. 백의종군의 자세로 국민 속에 들어가겠습니다.

동료 의원들께도 제안드립니다. 여의도에 있지 말고 사무실에 나오지 말고 회의가 필요하면 온라인으로 하고 모두 자기 동네로 내려갑시다. 우리에게 유리한 언론은 없습니다. 의원 한 명 한 명이 모두 이재명의 메시지를 전파하는 언론이 됩시다.

저부터 지역구로 내려가겠습니다. 저와 함께하고 있는 지방의원들부터 모아서 '대선 승리 아이디어와 자기활동 계획 발표회'를 열겠습니다. 저도 그런 현장의 활동 계획에 맞게 철저하게 바닥부터 뛰겠습니다.

부울경 어디라도 가서 민주당의 잘못을 사과하고 이재명 정부는 다를 것이라고 설득하겠습니다. 또 자치분권을 지지하는 전국의 많은 동지를 찾아가, 강남 기득권이 다시 집권하면 서울공화국이 지방을 삼켜버릴 것이라고 지방이 잘사는 나라를 위해 이재명이 필요하다고 설득하겠습니다.

후보가 요구한 민주당의 변화에도 앞장서겠습니다. 민주당의 잘못을 사과하고 국민 앞에 용서를 빌겠습니다. 정권교체 요구로 나타나고 있는 국민들의 분노를 풀 수 있다면 뭐라도 하겠습니다.

사과와 반성 없이는 결코 이길 수 없습니다. 후보가 사과했습니다. 이제 더 큰 책임이 있는 당 소속 의원의 사과와 반성이 필요합니다. 큰 권한을 줬는데 개혁을 제대로 못 했다, 부동산 정말 할 말 없다, 민주당이 개혁에서 멀어졌다, 이제 이재명과 함께 개혁의 민주당을 새로 세우겠다, 지선과 총선에 젊은 층이 절반 이상 유입될 수 있도록 공천개혁, 정치개혁을 하겠다, 이렇게 약속해야 합니다. 사과와 반성, 헌신적 실천 만이 이재명 정부를 만들 수 있다고 믿습니다.

사면으로 보는 대통령의 고뇌

2021 12 24

모두 공감하시겠지만 문재인 정부는 '촛불 정부'라 불려 왔습니다. 박근혜 대통령의 국정농단에 대한 시민들의 분노가 촛불로 이어졌고, 촛불이 문재인 정부를 탄생시켰기 때문일 것입니다.

정치와 정당의 개혁을 위한 외침

지난 5년간 우리 사회는 국정농단 사건에서 비롯된 사회적, 정치적 교훈을 충분히 얻었습니다. 대통령의 행동 기준이 무엇이며 대통령의 측근이 발호하면 어떤 결과를 얻게 되는지 충분히 배웠습니다.

　이제 우리 사회에서 박근혜 대통령과 같은 국정농단과 불법 뇌물, 정경유착은 더 이상 생겨나지 않을 것입니다. 이런 변화가 곧 역사의 발전이고 사회의 진보이며 정치의 선진화라고 생각합니다.

　문재인 대통령께서 박근혜 전 대통령을 사면한 것은 이런 교훈이 충분히 달성된 데다 건강까지 악화된 전직 대통령을 계속 감옥에 둘 수 없다는 고민의 발로라고 생각합니다.

　이명박 전 대통령을 사면에서 제외한 것은 정치적 사건과 경제적 범죄를 구분하고 두 번 다시 대통령이 국가권력을 이용해 개인의 이익을 취하는 행위만은 반드시 막겠다는 확고한 의지를 보인 것이라 해석됩니다.

　제 마음속 한 편에도 남아 있던 한명숙 총리에 대한 사면은 '부패범죄에 대한 사면 제외'라는 대통령의 약속 위반이라 생각하지 않습니다. 많은 분들이 공감하시는 것처럼 한명숙 총리에 대한 위증교사의 의심은 이미 여러 정황에서 드러나고 있습니다. 검찰의 추악한 과거가 이로 인해 또다시 드러나기도 했습니다.

　하지만 이러한 추악한 범죄의 입증이 현실적으로 어려워진 사정을 감안하여 통치권 차원에서 큰 결단을 내린 것이라 생각하고 존중합니다.

　이석기 전 의원에 대한 가석방 역시 같은 맥락으로 이해합니다. 비록 늦은 감이 없는 것은 아니지만 과거 통진당과 같은 정당 운영이 우리 사회에서 용인될 수 없다는 사법부의 결정을 최대한 존중하면서도 우리 사회에서 유독 첨예한 대립을 보이는 '정치사상의 자유'라는 인류 보편적 기준을 받아들이는 결정을 내린 것으로 이해합니다. 이제 우리 대한민국은 그런 인류 보편의 기준을 마냥 무시할 수만은 없는 정치선진국이기 때문입니다.

일부에서 박 전 대통령의 사면에 대해 '국정농단 부패범죄'에 대한 봐주기로만 이해하는 측면이 있는 것 같습니다. 하지만 촛불 정부를 마치기 전에 촛불 정부가 출범했던 과정을 정리하려는 대통령의 고뇌를 한 번 더 이해해 주셨으면 좋겠습니다.

이번 사면 조치는 내년에 탄생할 새 정부가 분열의 과거를 역사 속에 묻고 끝내고 화해와 통합의 미래를 거침없이 전진하라는 깊은 의미를 담았다고 평가합니다.

그런 의미에서 저 개인적으로는 대통령의 이번 사면 결정은 존중의 수준이 아니라 박수를 보내드리고 싶습니다. 그 깊은 고뇌에 존경의 인사를 드립니다.

손을 맞잡고 힘을 합쳐야 이길 수 있습니다

2021 12 26

제가 가장 먼저 주창했던 열린민주당과의 통합이 드디어 가시적인 성과를 냈습니다. 오늘 양당 대표가 통합에 합의했습니다.

정치와 정당의 개혁을 위한 외침

열린민주당은 2020년 총선 과정에서 위성정당 문제를 어떻게 풀까 하는 혼란스러운 과정에서 생겨난 아픈 여섯 번째 손가락입니다.

총선 당시 미래통합당은 더 다양한 국회의원 진입로를 열고자 했던 민주당의 노력을 미래한국당이라는 꼼수로 대처했고 예상치 못한 상황에 대응하기 위해 여러 가지 방안이 나오면서 실타래가 꼬이고 하면서 생겨난 정당입니다.

하지만 열린민주당은 오히려 개혁적 성향에서 민주당을 이끌었고 지지자, 당원과 호흡하는 과정에서 오히려 모범을 보이기도 했습니다. 그래서 일부에서는 두 당의 통합에 우려의 목소리가 있기도 합니다. 열린민주당의 선명한 개혁노선이 흔들리는 것 아니냐 하는 생각 때문일 것입니다.

저도 그 점에서는 생각이 비슷합니다만 지금의 시기는 손을 잡고 힘을 합치는 것이 무엇보다 중요합니다.

이재명 후보께서 한 말처럼 열린민주당은 '깨인 소수의 단일한 대오'로 지난 1년 6개월간 우리 정치에서 그 소임을 다 해주었습니다. 시원시원함과 명확함, 그리고 치열함이 돋보이는 일당백의 의원들도 이제 명실상부한 더불어민주당의 식구가 되었습니다.

오늘의 통합은 더불어민주당에 큰 시너로 작용하게 될 것입니다. 흡수냐 통합이냐의 문제는 우리에게 중요하지 않습니다. 다르면 연대하고 같으면 통합한다는 정치의 대명제 앞에 그런 것은 아무것도 아닙니다. 오히려 함께 손을 맞잡고 힘을 합치는 그 자체가 우리에게는 훨씬 더 소중한 가치입니다.

열린민주당의 소중한 가치는 더불어민주당에서 더 빛나게 성취될 것이라 믿습니다. 저도 그 역할에 앞장서겠습니다.

통합논의를 진행하느라 고생하신 송영길, 최강욱 두 분의 노력에 박수를 보냅니다.

딸에게 도움이 되었으면 하는 선거

2022 03 08

투표가 하루 남았습니다. 차 안에서 이동 중에 잠시 딸에 관한 생각이 들었습니다.

우리 딸 아이가 초등학교에 막 입학했을 때 남해군수가 되었습니다. 철없는 아이들이 군수실에 오고 싶다고 떼를 썼지만, 저의 입장은 단호했습니다. 아이를 그렇게 키우면 안 된다 싶었습니다.

요즘엔 '그때 군수실에도 좀 데려오고 했으면 어땠을까?' 하는 후회가 들기도 합니다. 아빠와 딸의 관계가 어색하기 때문입니다.

밖에서 정치를 하는 아빠와 딸은 친해지기 어렵습니다. 저는 저대로 바쁘고 딸은 바쁜 아빠를 바라만 봐야 하는 관계가 됩니다.

선거 때마다 제 명함을 돌리곤 하지만 직장인이 된 뒤에는 그조차 어렵습니다. 그저 집에서 격려하는 눈빛 정도가 제가 받을 수 있는 유일한 응원이었습니다.

선거 막바지에 닿은 오늘, 갑자기 딸에 대해 미안해졌습니다. 아빠가

정치와 정당의 개혁을 위한 외침

30년 넘게 정치를 해왔는데, 그 정치 과정에서 약자의 편에 서서 나름 노력해 왔는데 결국은 딸에게조차 부끄러운 현실을 보여주고 있습니다.

대한민국의 상장기업 여성 노동자 평균임금은 남성 노동자보다 35.9%나 적습니다. 여성의 경제활동 참가율은 불과 60%로 다른 선진국과 비교하면 턱없이 부족합니다.

이런 상황에서 '성인지예산'이 뭔지도 모르면서 그걸 없애서 무기를 사겠다는 야당 후보는 가족여성부도 폐지하겠다 합니다. 기가 막힌 일이지만 이 일에 분노하는 여성은 힘을 모으지 못합니다.

세상의 절반은 여성입니다. 남성과 여성은 종속도 지배도 아닌 함께 걸어가는 동반자여야 합니다. 여성에게 과도하게 불리한 사회를 만들어 놓고 함께 걸어가는 동반자라는 수식어를 붙이는 것은 명백한 문제입니다.

그나마 지금껏 약자인 여성, 노동자, 농민, 도시 서민의 입장을 대변한다고 정치를 해 왔는데 고작 여기까지 밖에 오지 못한 것이 못내 부끄럽습니다.

임금 격차, 유리천장, 경력단절은 모두 사회시스템의 문제입니다. 단순한 개인의 문제가 아닙니다. 이런 사회시스템은 결국 정치를 통해 고쳐야 합니다.

N번방 방지법을 통신 자유를 침해한다며 반대하는 후보로는 이런 현실을 고치기 어렵습니다. 비인간적인 성 착취 동영상을 근절하고 미성년을 포함한 여성들을 보호할 생각 없는 후보가 이런 세상을 만든다는 것은 불가능에 가깝습니다.

저는 우리 딸이 여성 혐오가 없는 사회에서 살았으면 좋겠습니다. 여성의 특별한 권리를 말하는 게 아닙니다. 남성과 똑같은 대우를 받을 권리를 사회적으로 보장하자는 것입니다.

돈만 주면 여성들이 아이를 낳을 것이란 착각도 벗어나야 합니다. 그런 정책으로는 인구절벽의 문제도 지방소멸의 문제도 해결할 수 없습니다. 여성이 동등한 한 인간으로 대우받는 사회가 되는 것이 우선입니다.

성차별을 선거운동으로 활용하는 윤석열 후보로는 이런 사회를 꿈꾸기 어렵습니다. 아이 돌봄 때문에 직장을 그만두고, 같은 일을 하면서도 임금이 차이가 나는 사회를 외면하는 방식으로는 남녀 간의 불필요한 갈등만 부추기게 됩니다.

지금 우리의 시대정신은 격차와 차별을 없애는 것입니다. 아무렇지도 않게 구둣발을 올리는 후보로는 이런 시대정신을 해결할 수 없습니다. 여성과 약자 보호는 뒤로하고 갈라치기로 표를 얻으려는 후보로는 불가능한 일입니다.

오늘은 세계 여성의 날입니다. 그 여성에는 저의 딸도 여러분의 딸도 들어갑니다. 눈에 넣어도 아프지 않을 손녀들도 그 여성입니다.

여성의 인권, 여성의 평등권을 찾기 위해 많은 이들이 피를 흘렸습니다. 오늘 우리가 피를 흘리지는 못한다 하더라도 여성을 생각하는 내일의 투표가 되었으면 좋겠습니다.

정치와 정당의 개혁을 위한 외침

이재명 비대위원장으로
지방선거를 치러야 합니다

대선 패배의 원인과 민주당이 가야 할 길

2022 03 11

사상 최고 득표율, 정권교체 태풍 속에서도 선전! 좋은 말씀들입니다. 우리 모두 격려와 위로를 받아야 합니다. 너무 고생하셨습니다. 하지만 그렇다고 졌다는 사실이, 심판받았다는 엄연한 현실이 바뀌는 것은 아닙니다. 정권 재창출에 실패했으니 원인이 있을 것입니다. 그 원인을 찾아서 제대로 청산하지 못한다면 앞으로도 기다리는 것은 패배밖에 없을 것입니다.

2017년 3월 10일 헌법재판소는 박근혜 대통령은 탄핵했습니다. 정확히 5년 후인 2022년 3월 10일, 우리는 윤석열 대통령을 마주했습니다. 도대체 왜 국민에게 탄핵당한 세력에게 단 5년 만에 다시 정권을 내주게 되었습니까?

첫째, 촛불연대를 거부하고 독식했습니다.

문재인 정부는 촛불혁명으로 탄생했습니다. 시민들이 한겨울 발을 동동 구르며 '나라다운 나라'를 외치면서 만든 정권입니다. 당시 민주당은 여당을 설득해서 탄핵을 가결 시켰습니다. 그런데 그때 자기 당 대통령을 탄핵하는데 찬성표를 누른 사람들은 지금 어디에 있습니까? 그들이 알아서 떠난 겁니까? 우리가 버린 것입니까? 저는 후자에 가깝다고 생각합니다.

문재인 정부는 촛불의 요구였던 탄핵연대, 촛불연대를 외면했습니다. 민주당이 잘해서 정권을 차지한 것처럼 행동했습니다. 그렇게 어렵게 탄핵에 찬성하고 강을 건너온 사람들을 모두 팽개쳤습니다. 그래 놓고 대선 한 달 전 들고나온 정치개혁과 통합정부로 어떻게 국민들을 설득시킬 수 있었겠습니까?

둘째, 인사 실패를 거듭했고 오만했습니다.

개혁은 우리만이 할 수 있다는 오만이 민주당을 지배했습니다. 끼리끼리 나눠 먹는 전리품 정치에 회전문 인사를 거듭했고, 전문성이 부족한 사람을 내 편이라는 이유로 자리에 앉혔습니다. 그렇게 5년간 인사를 했고 그래서 우리는 무너졌습니다.

이번 선거는 부동산 심판선거였습니다. 그런데 책임을 져야 할 사람들이 염치없이 단체장 선거에 나간다며 표밭을 누볐고 당에선 이런 인사들에게 아무 제지도 하지 않았습니다. 이런 오만과 무감각의 민주당을 국민들이 외면하지 않는다면 그것이 이상한 일일 것입니다.

셋째, 윤석열을 추천한 사람은 누구입니까?

인사 실패의 끝판왕은 윤석열 당선인입니다. 이 정부가 키운 당사자가 4년 만에 칼을 품고 덤볐습니다. 도대체 윤석열이 검찰개혁을 할 적임자라 판단한 사람은 누구이며 대통령에게 천거한 책임자는 누구입니까? 누구 하나 미안하다는 사람이 없습니다.

검찰권을 쥐고 흔들며 대통령이라는 목적지를 향해 정치를 하는 검찰총장을 정치적으로 탄핵하는 것이 당연했습니다. 제가 탄핵을 외쳤을 때 청와대와 민주당이 막았습니다. 왜 막았습니까? 정말 통탄할 일입니다. 그때 국회 정문에 드러누워서라도 끝까지 탄핵을 외쳤어야 했는데 중간에 철회한 제가 천추의 죄인입니다. 제가 잘못했습니다.

4. 검찰개혁 실패로 검찰 대통령을 만들었습니다.

검찰개혁은 정권 초기 1년 안에 끝내야 할 숙제였습니다. 그런데 무능과 오만이 겹쳐 시기도 놓쳤습니다. 조국을 쳐서 검찰개혁을 막겠다는 윤석열의 음모에 말려들었습니다. 결국 검찰을 국민 위의 검찰, 권력의 하수인으로 만들겠다는 윤석열에게 정권을 넘겨주고 말았습니다. 앞으로 5년, 검찰의 나라 대한민국에서 어떤 일이 벌어질지 상상조차 하기 어렵습니다.

조국 문제는 민주당을 내로남불 대표정당으로 만들었습니다. 정서적으로 감정적으로 아니라고 하더라도 국민이 그렇다고 하면 그런 겁니다. 국민을 이길 방법은 없는데도 끝까지 아니라고 하고, 심지어 지금도 문 대통령이 정경심 교수를 사면해야 한다고 하는 분들이 계십니다. 이런 진영논리와 내 편 감싸기가 국민과 민주당을 더욱 멀어지게 했습니다.

5. 인적 청산 없는 민주당을 국민은 믿지 않습니다.

이재명에게 표를 준 48%가 순수한 지지자일까요? 아닙니다. 정의당을 찍고 싶었는데, 투표하지 않으려 했는데, 적어도 윤석열은 막아야겠기에 투표한 분들은 보이지 않습니까? 그렇다면 모든 처방은 엉터리 처방이 될 것입니다.

48% 뒤에 숨을 생각을 버려야 합니다. 민주당이 가장 먼저 할 일은 읍참마속입니다. 조국 사태 책임자, 윤석열 추천인, 부동산 실패 책임자들을 과감하게 정리해야 합니다. 읍참마속 없는 개혁 약속은 공염불이

고 지방선거 참패를 예비하는 지름길입니다.

인적 청산의 시작은 노영민, 김현미, 김수현, 부동산 책임자의 출당으로 시작해야 합니다. 개인적인 감정은 없습니다. 지방선거를 위해서라도 패전의 책임을 추상같이 물어야 합니다. 그런 정도의 조치가 아니면 민주당이 반성한다는 신호를 국민께 보여드릴 방법이 없습니다.

6. 이재명 비대위원장이 필요합니다.

지금은 평시가 아닙니다. 정권교체에 이어 검찰의 칼날이 민주당을 덮칠 것입니다. 그리고 6월 지방선거마저 패배한다면 다음 총선, 다음 대선도 장담하지 못할 것입니다. 특히 주민들의 삶과 직결되는 지방선거는 대선 못지않게 중요합니다.

잠정적으로 구성된 윤호중 원내대표 중심의 비대위로는 검찰의 칼날도, 지방선거의 승리도 보장하기 힘듭니다. 대통령 취임 후 불과 20일 만에 선거를 치러야 합니다. 승리해야 하고, 적어도 참패는 막아야 합니다.

방금 선거를 끝낸 이재명 후보께 드릴 말씀은 아니지만, 저는 이재명 후보께서 비대위원장을 맡아 민주당을 혁신하고 지방선거를 지휘해야 한다고 생각합니다. 지금 우리 당은 지방선거를 이끌 든든한 선장이 필요합니다. 윤호중 비대위원장으로 대비하는 것은 더 나빠진 조건에서 선거를 준비하는 동지들에 대한 도리가 아닌 것 같습니다. 당에서 이재명 후보를 비대위원장으로 추대해야 합니다. 이재명 비대위원장만이 위기의 당을 추스르고, 지방선거를 승리로 이끌 수 있을 것입니다.

7. 윤석열 선거운동을 한 당원을 제명해야 합니다.

　　　　　　　　　　정치와 정당의 개혁을 위한 외침

경선 기간 중에는 어느 정도의 격렬한 대립은 불가피합니다. 하지만, 당의 대선후보가 확정되었는데도 권리당원 자격으로 우리 당의 대선 후보를 지속적이고 악의적으로 비방한 당원들 문제는 도저히 묵과할 수 없습니다.

지금 민주당 당원 게시판은 그야말로 난장판입니다. 타당 후보를 공개적으로 지지하는 이들이 어떻게 민주당의 당원일 수 있습니까? 바로 출당시키고 두 번 다시 민주당의 언저리에 근접하지 못하게 막아야 합니다.

당의 기강을 세워야 전열이고 뭐고 정비할 수 있습니다. 민주당 환골탈태의 시작은 윤석열 후보를 지지한 세력들을 샅샅이 찾아내서 모두 출당시키는 일입니다.

우리는 졌습니다. 탓하는 소리는 많습니다. 하지만 민주당의 공식적 입장은 우리 모두의 책임이어야 합니다. 무엇보다 제 책임도 무겁습니다. 당원 여러분께 죄송하다는 말씀 다시 드립니다. 하지만 누군가는 새길을 내는 논의를 시작해야겠기에 이렇게 먼저 글을 올립니다. 모두가 자신의 책임이라는 생각을 가지고 민주당의 미래를 위해 다시 머리를 맞대 봤으면 합니다.

당 쇄신의 첫째 신호는
윤호중 비대위원장 사퇴입니다

수없이 반복하는 말입니다.

민주당은 이번 대선에 패배했습니다. 정치란 선거의 연속이며 선거의 승패는 모든 정당의 숙명입니다. 건강한 정당은 승패를 통해 자신의 위치와 정책을 교정하는 것이 기본입니다.

하지만 이번 패배는 5년 전 국민들께서 촛불로 민주당에 되돌려 주신 민주주의를 탄핵 세력에게 다시 빼앗기는 충격적인 패배입니다. 때문에 우리는 현재를 반추하고 반성하며 혁신해야 합니다. 반성하지 않는 정당에게 국민의 지지는 없습니다.

우리 민주당은 대통령의 정책 보좌에 실패했습니다. 여당이었기 때문에 대통령의 정책 방향을 수정하는 데 주저했습니다. 민심의 이반이 확실한 몇 가지 사안에서도 용기를 내지 못했습니다. 저 역시도 그런 반성 위에 서 있으며 많은 분들이 이런 반성에 공감합니다.

지금은 우리 당이 반성하고 있고 혁신하겠다는 신호를 국민들께 보여줘야 합니다. 그 반성의 첫 번째가 대선 패배의 책임을 물어야 합니다. 대선 패배에 책임을 지고 당 지도부가 총사퇴하기로 했으면 윤호중 원내대표도 당연히 사퇴해야 합니다.

정당에게 있어 선거는 전쟁과 같습니다. 그 전쟁에서 이적행위를 한 사람은 모두 징치懲治하는 것이 순리입니다. 윤석열 지지를 표명했던 당

197   정치와 정당의 개혁을 위한 외침

원들을 모두 발본색원하고 두 번 다시 민주당 언저리에 근접도 못 하게 만들어야 손상된 당원들의 마음을 달랠 수 있습니다. 이것도 못 하면서 비대위를 해봐야 결국은 '도로민주당'이라는 비난을 면치 못할 것입니다.

정책 실패의 책임을 묻는 일도 절대 뒤로 물릴 수 없는 신호입니다. 당원들 모두가 생각하는 확실한 책임자를 정치적으로 징벌하지 않고 갈 수는 없습니다. 안타깝지만 달리 길이 없습니다.

당장 지역주민의 삶에 지대한 영향을 끼칠 지방선거가 3개월도 남지 않았습니다. 대선 못지않게 중요한 선거가 지방선거입니다. 지방선거가 반드시 불리한 것은 아니라는 신호도 나오고 있습니다. 우선 대선 결과에 대한 불만을 가진 국민들이 더 많다는 것이 첫 번째고 민주당을 심판한 선거 이후의 조사에서 민주당 지지율이 더 높게 나오는 것도 주목할 만한 일입니다.

우리가 확실한 자세 교정과 반성을 하고 새로운 정책과 검증된 인물을 내세운다면 꼭 불리한 선거만은 아닙니다.

1,600만 지지를 확보한 이재명 고문을 지키겠다는 입당하는 10만 신규당원을 봅시다. 이 열기에 찬물을 끼얹을 것인가? 아니면 이 열기를 살려 지방선거에서 다시 결집해야 하는가를 생각하면 답은 자명합니다.

민주당을 사랑하고 이재명을 지지했던 모든 사람들이 민주당의 쇄신을 외쳐야 합니다. 민주당 쇄신의 서명에 동참해 주십시오. 지금 우리의 실망과 분노를 에너지로 새로운 민주당으로 거듭날 수 있게 도와주십시오.

초선의원 여러분께서
당 쇄신의 초석을 놓아주십시오

오늘 80명에 이르는 더불어민주당 초선의원 모임 '더민초' 회원들이 만난다고 들었습니다. 감히 부탁 말씀을 드리고 싶습니다.

대선 패배를 둘러싼 두 가지 시각이 있습니다. 서로 조심을 해서 밖으로 드러나지 않을 뿐, 후보가 패인이라는 쪽과 민주당의 정책 실패가 패인이라는 쪽입니다.

하지만 이들은 말로는 반성과 성찰을 이야기하면서도 사실상 민주당의 개혁 실패와 문재인 정부의 정책 실패를 인정하지 않고 있습니다. 대선 패배의 두 번째 큰 책임이 있는 윤호중 원내대표를 비대위원장으로 내세우고, 부동산 정책 실패를 불러온 인사에게 경고 한마디 하지 않고, 상대 후보를 지지하는 해당 행위를 한 당원을 그대로 두는 것이 명백한 증거입니다.

문재인 정부와 민주당의 정책 실패 책임이 크다고 보는 쪽은 민주당이 대선 패배에 대해 철저하게 반성하고 더 쇄신하고 혁신해야 한다고 주장합니다. 저도 같은 입장입니다. 최소한 대선 패배에 대한 평가도 반성도 인적 청산도 없이, 패배의 책임자를 내세워 당 쇄신을 말하는 것은 국민 기만입니다. 당 쇄신의 출발은 윤호중 비대위원장 사퇴가 되어야 합니다.

그리고 아직 문재인 정부가 끝나지 않았습니다. 172석이 갑자기 줄어

정치와 정당의 개혁을 위한 외침

든 것도 아닙니다. 심판의 회초리를 들었던 국민이 지켜보고 있습니다. 누구를 내세워 무엇을 하는지 냉정한 시선을 거두지 않고 있습니다. 지금이라도 비대위원회를 새로 구성하고, 당 쇄신과 개혁 입법에 최선을 다해야 합니다. 검찰개혁, 언론개혁, 공영방송 지배구조 개선, 공공기관 추가 이전, 지방소멸 대응, 양극화 해소를 위해 국민에게 약속한 정치개혁 입법을 즉각 추진해야 합니다.

초선의원 여러분께서 중심을 잡아 주십시오. 오늘 모임에서 대선 패배를 냉정하게 인정하고 민주당의 가치를 바로 세우고, 앞으로 5년간의 야당으로서 대선에서 약속한 개혁과 민생을 위해 어떤 지도체제가 필요할지 현명한 결론을 내려 주시기 바랍니다.

책임을 져야 할 사람이 책임을 지지 않고 있는 모습을 더 이상 계속되지 않도록 해주십시오. 해당 행위를 한 당원들의 출당으로 당의 기강을 바로 세우는 조치도 뒤따라야 합니다. 지방선거 승리를 위해 초선들이 뼈를 깎는 쇄신으로 새로운 희망을 위한 초석을 놓고 있다는 것을 국민께 보여주시길 바랍니다. 더민초 회원들의 입장이 쇄신의 시금석이 되기를 바랍니다.

다소 놀라운 '개딸'이라는 단어

2022 03 25

저는 '개딸'이라는 단어가 들어간 신문 기사 제목을 보고 사실 깜짝 놀랐습니다. 신문에 이런 단어를 써도 되는가 하는 놀라움이 첫 번째였고 그럼에도 기사의 느낌은 긍정적이었으니까.

알고 보니 이게 저 같은 세대의 귀에만 낯설지 이미 오래전 드라마에서 유행했던 단어라는 사실을 알게 되었습니다. 이 사실을 알고 나서도 저로서는 이 '개딸'이라는 단어가 좀 서먹합니다. 세대가 다름을 확실히 느낍니다.

그럼에도 이 '개딸'들의 시위하는 모습은 정겹기 그지없습니다. 제가 그 나이에 외쳤던 구호는 주로"타도', '퇴진', '박살'과 같은 좀 섬뜩한 단어들이었습니다.

나중에 군수라는 행정을 하면서 저런 단어가 상징적이긴 하더라도 매우 불편한 단어라는 사실을 새삼 깨닫기도 했지요.

저는 요 며칠 신규당원 중심의 집회를 보면서 민주당의 희망을 발견합니다. 아마 제 딸 또래이거나 조금 더 젊은 당원들이 주축이 되어 '희망을 노래하는 연대의 축제'를 여는 것이라 생각합니다.

누구를 원망하거나 누구를 죽이자는 목소리가 아니라 '민주당은 할 수 있다'는 응원의 메시지는 지금까지 받아본 문자폭탄, 팩스 폭탄보다 10배, 100배는 더 강렬했고 신선했습니다. 그래서 더 박수를 보냅니다.

과거 시절, 투쟁은 목숨을 거는 일이었습니다. 실제로 잡혀가기도 했고 진압과정에서 다치는 일은 부지기수였습니다. 하지만 최근 보여주는 '개딸'들의 투쟁은 차라리 축제라는 것이 더 어울립니다.

이런 모습을 보고 있으니 참 부끄럽습니다. 저 역시도 이런 신규당원들의 움직임에 힘을 보태고자 합니다. 정말 새롭게 느끼는 집회형식과

정치와 정당의 개혁을 위한 외침

내용의 변화입니다.

하지만 용어는 좀 바꿀 필요가 있습니다. 사실 우리가 걱정하는 주류 언론들은 저 '개딸'이라는 용어를 비하하려는 의도로 선택했다고 봅니다. 그리고 이런 이미지 덧씌우기는 언제든 더 강화될 것입니다. 그런 이미지에 걸맞은 돌발행동 하나가 나오면 모든 것을 실제 그렇게 만들 위험이 있습니다. 모든 것을 소통을 통해 해결하는 지혜를 발휘하여 집회의 이름을 새롭게 집단지성과 창의로 바꿔 봅시다. 그것이 이런 신선한 물결에도 어울린다고 생각합니다.

변화하지 않으면 죽는다는, 민주당이 해야 할 일을 가장 잘 보여주는 젊은 당원들의 목소리!! 저도 함께하겠습니다.

이재명 고문을 다시 호출합니다

2022　05　03

이제 시간이 없습니다. 겨우 28일 남았습니다. 결심해야 합니다. 3가지 길이 있습니다. 역대 대통령 선거에 진 후보들처럼 외국으로 피신하거나, 위험하지만 성남에서 정치개혁 배신자 안철수를 철수시키기 위해 과감한 승부수를 던지거나, 조금 덜 위험한 인천 계양을 선택하고 국회에 들어와 개혁과 혁신을 주도하거나.

그런데 너무 이상합니다. 아무도 말을 하지 않습니다. 이번 선거와 다음 대선의 향방을 가르는 핵심적인 전략적 판단을 해야 하는데 너무 조용합니다. 커뮤니티에서 네티즌들만 계양 나와라, 아니다 성남이다, 하면서 간간이 댓글만 달 뿐, 정작 정치를 책임지고 있는 민주당 국회의원들은 대부분 침묵입니다.

이유는 대략 짐작이 갑니다. 마음은 굴뚝같지만 먼저 말을 꺼내기 쉽지 않은 쪽도 있고, 이재명의 등장을 원치 않는 쪽도 있기 때문 아니겠습니까?

민주당은 이번 대선에 패배했습니다. 5년 전 국민들께서 촛불로 민주당에 되돌려 주신 민주주의를 탄핵 세력에게 다시 빼앗기는 충격적인 패배를 당했습니다. 다시 질 수 없습니다. 이기려면 패인을 분석하고 반성하고 당을 완전히 바꿔야 합니다. 완전히 바꾸지 않고는 5년 뒤, 아니 10년 뒤도 집권은 없습니다.

당의 소중한 자산을 활용해야 합니다. 낡은 기득권과 온정주의를 깨고 있는 26세 박지현 공동비대위원장이 있습니다. 정말 안쓰러울 정도로 고군분투하고 있지만 아직은 힘겨운 모습입니다.

이재명이 반드시 국회로 와야 합니다. 무엇보다 지방선거가 위험합니다. 이대로 가다간 호남 제주 세종 말고 모두 위험하다고 합니다. 이 고문이 보궐에 나와 자신의 승리는 물론, 경기, 인천, 서울에서 이기고, 전국 지방선거의 승리도 이끌어야 합니다.

오늘 검찰개혁 입법이 거의 마무리됩니다. 이제 이재명 고문의 보궐선거 출마 문제를 조속히 논의해야 합니다. 쉬쉬하지 말고 눈치 보지 말고 자기 의견을 당당히 밝혀야 합니다. 이 문제를 이 고문의 결심에만 맡겨 두는 것은 자칫하면 새로운 분열의 불씨가 될 수도 있습니다.

　　　　　　　　　　　　　정치와 정당의 개혁을 위한 외침

이 고문도 이제는 정확히 본인의 의중을 밝혀야 합니다. 이제 그럴 때도 됐습니다. 더 이상 이 고문의 본심이 뭔지를 놓고 시간을 낭비하기엔 상황이 너무 엄중합니다.

비대위도 책임이 막중합니다. 이 고문의 보궐선거 문제를 수요일 비대위에서 공식 의제로 채택해서 논의를 주시기를 바랍니다.

영남 민주당, 정체성 그리고 야성을 되찾겠습니다

2022 06 29

어제 경남도의회에서 〈민주당 영남 정치 복원 어떻게 할 것인가〉라는 주제로 토론회를 열었습니다. 토론을 통해 대선 및 지선 평가는 물론 민주당 혁신 과제와 지역에서의 정당 운용 등 다양한 차원의 문제가 제기되었습니다. 고견을 주신 발제자들과 토론자들께 다시 한번 감사드립니다.

이번 토론회는 저뿐 아니라 김정호·민홍철·박재호·이상헌·전재수·최인호 의원 등 부울경 의원 전체가 공동 주최했습니다. 많은 지역위원장께서 함께해 자리해주신 것은 이 문제가 우리의 문제요 곧 영남 민주당 존립의 문제이면서 힘들게 일궈온 영남 민주 진보세력이 기반을 상실해가고 있는 위기 상황이기 때문입니다.

무엇보다 제 책임이 큽니다. 다른 어떤 변명도 할 수 없을 만큼 저 스스로가 역할을 다하지 못했습니다. 반성합니다.

이런 마음가짐으로 조강특위 위원도 맡게 되었습니다. 막중한 책임감으로 영남지역에서 당 조직을 재건하고, 신뢰할 수 있는 정당으로 거듭나게 하는 데 최선을 다하겠습니다.

새 인물을 발굴하고 구태에 빠지지 않게 당을 쇄신하는데 미력이나 보탤 것입니다. 지역민들에게 민주당이 깊이 뿌리내리기 위한 노력은 물론, 당 전체의 방향 제시에도 적극적으로 발언하고 행동하겠습니다.

침묵하는 중도로는 이 위기를 극복할 수 없다는 생각도 듭니다. 영남이 처한 위기뿐만 아니라 현재 민주당이 안고 있는 문제에 대해 현장의 목소리를 전하는 역할에 앞장서겠습니다.

민주당의 앞날은 무엇입니까? 현재의 낡은 생각으로는 위기를 극복할 수 없습니다. 단언컨대 민주당의 위기 극복은 더 많은 생각이 풍성하게 논의되는 것에서 시작될 것입니다.

이제 다시 시작입니다. 이상헌 의원님 말씀처럼 우리 상황은 상전벽해가 되었습니다. 백지에 그림을 그리듯, 다 내려놓고 생각할 필요가 있습니다. 작은 기득권에 연연하지 않고 대의에 복무하는 정치가 되도록, 영남 민주당의 아성을 되찾겠습니다. 동지들께서도 함께 힘을 모아주시길 기대합니다.

전당대회 경선룰 결정을 환영합니다

민주당의 8.28 전당대회 경선룰이 사실상 확정되었습니다. 결정을 존중하고 환영합니다.

모든 결정이 모든 구성원을 만족시키기는 어렵다 해도 시대와 상황이 요구하는 변화를 담아내는 것도 비대위의 책임인 만큼 이번 결정은 당의 안정성과 변화를 동시에 담아내는 결정입니다.

대통령 선거와 지방선거의 연이은 패배로 당의 위기감이 높아지고 국민과 당원의 질책이 높아지고 있던 상황에서 자칫 룰을 정하는 절차부터 내홍에 빠질 수 있었던 상황을 수습하는 결단입니다.

당 대표와 최고위원 분리선출을 통한 단일성 지도체제를 유지하여 당 대표에게 강력한 권한과 그에 상응하는 정치적 책임을 부여한 것은 지금까지의 경험으로 볼 때 잘한 일입니다.

또한 당 대표 예비경선에서 중앙위원회 70%, 국민여론 30%로 결정하여 국민의 여론을 반영하기로 한 것도 현명한 결정입니다.

특히 최고위원 경선 권역별 투표제는 취지의 타당성에도 불구하고 많은 문제가 있었습니다. 비대위가 스스로 철회한 것은 잘한 결정입니다.

윤석열 정부의 국정 운영이 출발부터 엉망입니다. 특히 경제가 문제입니다.

6월 소비자물가는 6%가 올라 외환위기 이후 최고치를 기록했고 외식 물가는 8%나 올랐습니다. 상반기 무역적자는 103억 달러에 달했습니다. 우크라이나전쟁과 대러시아제재로 에너지와 식량, 원자재가격 상승이 원인이라고 하지만 문제는 윤석열 정부가 제대로 된 대책을 내놓지 못하고 있다는 것입니다.

윤석열 정부가 국정 운영에 실패하면 그 피해는 고스란히 국민의 고통으로 전가됩니다. 국민은 윤석열 정부를 위태위태하게 보고 있습니다. 이러한 때 민주당이 신속히 당을 정비하고 리더십을 세워 정부를 제대로 견제해야 합니다. 민주당이 수권정당으로 환골탈태해야 합니다.

경선 룰과 관련되어 과도한 논쟁에서 벗어나야 합니다. 기존의 룰을 깨는 것만이 혁신도 아니고 오로지 과거를 고집하는 것만이 안정성을 담보하는 것도 아닙니다. 우리 당 구성원들의 현명한 판단을 촉구합니다.

아울러 이번 전당대회 절차를 통해 우리 당의 패배 원인이 잘 분석되고 그 바탕 위에서 새로운 지도부의 전략이 도출되어야 총선을 승리로 이끌 수 있습니다.

저를 포함한 우리 당 모두가 민주당 재건이라는 큰 명제 아래 단합된 힘을 발휘합시다.

정치와 정당의 개혁을 위한 외침

허대만 정신,
그 큰 뜻과
함께합니다

허대만 동지!
당신의 뜻을 잇겠습니다

2022 08 22

허대만 동지가 병마를 끝내 이기지 못하고 다시는 돌아오지 못할 먼 곳으로 떠났습니다.

안타깝습니다. 허대만 동지는 26살 전국 최연소 포항시의원이 되었지만, 그 이후 출마한 국회의원선거와 포항시장 선거에서 모두 낙선했습니다. 경북이라는 정치환경에서 그의 도전은 무모한 것처럼 보이기도 했지만, 그는 지역감정의 벽을 허물기 위해 끝없이 도전했습니다.

그의 진정성은 그가 다른 선배들의 만장일치 의견으로 경북도당위원장을 여러 차례 맡은 것만으로도 충분히 검증됩니다.

그와 저는 최연소 군수와 시의원이라는 타이틀을 공유했기에 마음도 더 잘 통했습니다. 그는 경북에서 저는 경남에서 각자의 위치는 달랐지만, 동토의 땅 영남의 지역주의를 극복하기 위해 어깨 걸고 싸웠습니다.

저의 정치 여정에 그는 언제나 함께했습니다. 저 역시 그의 정치 여정에 함께 했습니다. 그래서 오늘 저의 날개 하나를 잃은 것처럼 억장이 무너집니다.

아이들이 아직은 아버지의 보살핌이 필요한 나이일 텐데, 넷이나 되는 자식을 두고 어찌 눈을 감았는지, 눈앞이 흐려집니다.

그는 언제나 의연하고 당당한 삶을 살았습니다. 아마 마지막 순간까

정치와 정당의 개혁을 위한 외침

지도 그의 의연함은 여전했을 것입니다.

얼마 전 상태가 너무 좋지 않다는 연락을 받고 찾아봤을 때도 얼굴에 희망이 남아 있다고 생각했는데….

허대만 동지가 걸어온 길은 우리 동지들이 더 잘 알 것입니다. 그래서 제가 그의 뜻을 잇겠다는 말이 무엇을 뜻하는지도 잘 아실거라 생각합니다.

국회의원도, 시장도 아니었지만, 포항의 예산 문제를 풀기 위해 저를 찾아오고 또 장관들을 만나고 했던 모습이 선합니다. 오죽했으면 다른 당인 포항시장조차도 포항시 예산확보에 기울인 노력에 사의를 표할 정도였으니까요.

그가 평생을 포항 사랑, 민주당 사랑, 그리고 지역주의 혁파와 대한민국의 민주주의를 위해 살았던 것은 우리 모두의 가슴에 남아 있을 것입니다.

고개 숙여 허대만 동지의 명복을 빕니다.

허 동지. 여기 일은 남은 자들에게 남기고 편히 가소서.

그대를 아는 모든 이들이 그대의 뜻을 이을 것입니다.

허대만 법, 어제 발의했습니다

2022 09 02

어제 국회에서 허대만 동지가 남긴 뜻을 잇고자 하는 의미 있는 토론회가 있었습니다. 저야말로 허대만 동지와 오랜 인연이 있었고 또 그가 겪어온 지역주의의 벽을 함께 느꼈던 관계로 제가 이 토론회를 준비하는 것이 도리였습니다만 오히려 저보다 더 팔을 걷어붙인 분이 안민석 의원이었습니다. 깊이 감사드립니다.

우리는 우리나라 선거제도가 상당한 문제를 안고 있다는 사실을 알고 있습니다. 알고 있다는 것과 그것을 고치기 위해 노력하는 것은 전혀 별개의 문제입니다. 허대만 동지의 죽음은 그런 우리들에게 큰 울림과 반성을 주었습니다.

어느 신문 사설에서는 '민주당이 앞장서 허대만법을 만들라'는 주문까지 있었습니다. 맞습니다. 우리 모두가 알고 있었던 일을 우리는 잊고 있었던 겁니다.

지난 2020년 총선에서 현 국민의힘 전신인 미래통합당은 영남에서 63%의 득표율로 89%의 의석을 차지했습니다. 선거로 63%의 지지를 얻었으면 의석도 그래야 합니다. 그런데 90%에 가까운 의석을 차지합니다.

이와 반대로 민주당은 37%의 지지를 얻었지만, 의석은 11%에 그쳤습니다. 이런 심각한 왜곡을 고쳐야 합니다. 그게 허대만의 유지입니다.

포항에서는, 국민의힘이 과메기를 공천해도 당선된다는 자조 섞인 농담이 있습니다. 허대만 동지는 과메기와 싸워도 이길 수 없었다는 말입니다. 이런 세월을 30년 보낸 허대만 동지를 생각하면 마음이 아려옵니다. 어쩌면 저 역시도 비슷한 지역주의 안에서 오히려 익숙해졌는지도 모르겠습니다.

정치와 정당의 개혁을 위한 외침

핵심은 어떻게 해야 선거에 반영된 국민의 마음을 제도로 현실화시키는가에 달려 있습니다. 노무현 대통령께서는 선거제도 개편을 위해서라면 '악마와도 손을 잡겠다'라고 하셨습니다. 우리도 그런 마음으로 허대만 동지를 생각해야 합니다.

문제는 모든 나라에 완벽하게 적용되는 민주적인 선거제도는 없다는 점입니다. 우리가 부러워하는 독일의 정당명부식 비례대표제도도 모든 문제를 다 해결할 수 있는 것은 아닙니다. 중요한 것은 현재의 정치적 상황에 부응하는 선거제도를 찾아야 한다는 것이고 현재 우리나라 정치 구조의 특성상 독일식이나 덴마크식 제도는 한 번쯤 깊이 생각해야 할 대상이기도 합니다.

우선 정치권이 합의하고 국회가 추진할 수 있는 합의점을 찾아야 합니다. 그런 점에서 제가 발의한 내용의 핵심은 적어도 어느 지역에서 특정 정당이 싹쓸이는 할 수 없도록 해야 한다는 것에 초점을 맞췄습니다. 한 정당이 싹쓸이를 못 하면 당연히 다른 당도 당선권에 들어간다는 뜻이 됩니다. 그래서 제가 발의한 법안을 굳이 표현하자면 '권역별 개방형 비례대표제'라고 할 수 있습니다.

제가 발의한 이 개정안에 우리나라의 모든 선거제도 문제를 한 번에 해결할 방안이 있지는 않습니다. 다만 우리나라의 가장 시급한 문제인 지역주의를 어느 정도는 해소할 수 있는 현실 안입니다. 이번 발의는 허대만 동지를 생각하는 많은 분들의 동의가 있었기에 가능했습니다. 허대만 동지는 떠나면서도 우리에게 큰 가르침을 주었습니다.

이런 제도가 현실적 힘을 얻기 위해서는 더 많은 국회의원과 동지들의 지지가 필요합니다. 2년 전에도 새로운 비례대표 제도를 도입했지만, 결과적으로 개혁안을 내놓고도 그 개혁안을 뒤집는 위성정당을 창당하는 우를 범했습니다. 선거제도 개혁이 이렇게 어렵습니다.

'허대만법'이라는 별칭으로 불리는 개정안에 많은 관심을 부탁드립니다. 선거제도 개혁에는 힘이 필요합니다. 여러분들이 그 힘을 모아 주시기 바랍니다. 저도 허대만 동지의 뜻을 이루는데 게을리하지 않겠습니다.

예산전쟁에서 반드시 승리하겠습니다

2022　10　26

국회는 국정감사가 끝나자 곧바로 예산전쟁에 돌입합니다.

국정감사 기간 중에 윤석열 정권은 야당 당사 압수수색이라는 전대미문의 폭거를 단행했습니다.

검찰이 정권이고 검찰이 국정을 운영하는 것 같습니다.

북풍몰이, 야당 수사를 제외하면 윤석열 정권이 무얼 하고 있는지 모르겠습니다.

검찰의 민주당 이재명 대표에 대한 수사는 대선자금 수사로까지 무한대로 확장되고 있습니다. 대선은 민주당만 치른 것이 아닙니다.

야당의 대선자금을 수사한다면 대통령과 여당에 대한 대선자금 수사도 같은 선상에 두고 동일한 강도로 해야 합니다. 그래야 공정합니다.

민주당에 대한 정치 탄압이 극심한 이때에 국회 예산결산위원회 소위원회 위원이 되었습니다.

내년도 예산안의 각목을 확정하는 최일선에 서게 된 것입니다.

정국을 생각하면 무거운 마음이지만 그럴수록 각오를 다지겠습니다.

예결위원으로서 예산심의에 3가지를 꼭 관철하고자 합니다.

첫째, 경제위기와 민생위기에 적극 대처하는 예산으로

둘째, 균형발전과 지방소멸에 적극 대처하는 예산으로

셋째, 정권 보위와 폭주에 적극 대처하는 예산으로 만들겠습니다.

윤석열 정부 출범 이후 한국경제는 고물가, 고환율, 고금리, 무역적자로 갈수록 복합위기로 빠져들고 있습니다. 여기에 김진태 강원도지사의 레고랜드 디폴트 선언은 금융위기에 기름을 부었습니다. 잘해도 힘든 판에 정부 여당을 보면 탄식이 절로 나옵니다. 민주당이 경제와 민생위기 대처에 필요한 예산이 되도록 적극 역할을 하겠습니다.

윤석열 정부는 부자 감세 기조를 강행하면서 복지, 일자리 등 민생예산은 축소하고 있습니다. 연간 4조 원 이상 부자 감세 예산을 국민들이 메꾸어야 합니다. 거꾸로 해야 합니다. 경제와 민생을 살리는 방향으로 예산을 심의하겠습니다.

지방 소멸 위기는 현실입니다. 균형발전을 위한 투자를 하지 않으면 지방소멸을 막을 방법이 없습니다. 소멸 위기 지역을 위한 예산에 적극 나서겠습니다. 그리고 부산 울산 경남을 대표하는 예결위원으로서 지역 현안 사업과 발전을 위한 예산을 확보하는 데 최선을 다하겠습니다.

마지막으로 정권을 보위하기 위한 예산은 적극 삭감하겠습니다. 특히 검찰 수사예산이 문제입니다. 법률개정을 통해 검찰의 직접 수사 범위는 줄였는데 정부는 시행령을 통해 검찰 수사권을 부활시켰습니다. 이는 반드시 바로잡아야 합니다. 편법이 통하지 않는다는 것을 보여주겠습니다. 견제와 감시가 제 기능을 발휘하기 위해서는 여러 수사 주체의 수사 예산이 공정하게 배분될 필요가 있습니다.

국회는 예산을 심의하고 의결하는 권능을 갖습니다. 민주당은 국회 다수당으로 이번 예산안에 책임을 진다는 각오로 임해야 할 것입니다. 우원식 위원장님과 박정 간사님, 그리고 여러 민주당 예결위원들과 함께 예산 전쟁에서 반드시 승리하겠습니다.

국정조사와 특검이 필요합니다

2022 11 02

민주당이 이 참사에 진정으로 애도하는 최선의 길은 모든 상임위를 가동해 진상을 철저히 파헤치고 국정조사와 특검을 추진하는 것입니다.

지금 경찰이 용산서를 감찰하고 있습니다. 책임을 용산경찰서에 씌우려고 합니다. 세월호 때 해경 경정 1명만 처벌하고 끝난 것이 생각납니다. 세월호처럼 하지 못하도록 미리 쐐기를 박아야 합니다.

우선 감찰이 아니라 수사로 전환해야 합니다. 경찰이 죽였는데 경찰이 경찰을, 수사도 아니고 감찰한다? 말이 안 됩니다. 진상이 밝혀질 수 있을까요? 이거부터 막아야 합니다. 검찰이 맡아서 한다고요? 정권의 충복인 대검이 진실을 밝힐 리가 없습니다. 경찰은 피의자고, 검찰은 충복이라 수사가 아니라 은폐를 할 겁니다. 진실이 아니라 거짓을 내놓을 것입니다.

오늘부터 민주당은 상임위를 총가동해야 합니다. 행안위부터 다시 열어야 합니다. 신고를 받고도 출동하지 않은 이유, 당시 경력배치현황을 파악해, 경찰이 국민 생명보다 더 신경 써서 지키려고 했던 것이 무엇인지 확인해야 합니다. 112 신고는 더 문제입니다. 112 신고에도 아무런 조치도 하지 못한 것은 이해할 수도, 용서할 수도 없습니다. 112 신고 녹음 파일을 직접 들어보고 신고 당시 상황을 파악해야 합니다.

왜 3시간 41분 전부터 압사 우려 신고를 했는데 출동하지 않았습니까? 신고를 받고 어딘가로 연락했을 겁니다. 그것도 안 하지는 않았겠죠? 하지만 출동할 경찰이 없었던 겁니다. 경찰은 왜 출동하지 않았을까요? 어디 있었을까요? 모조리 밝혀야 합니다.

경찰청장, 행안부 장관, 국무총리에게 언제 보고되었는지, 112 신고 녹취를 대통령에게 보고한 시점이 왜 참사 발생 3일이나 지나서였는지, 그리고 그것이 사실인지, 밝혀야 합니다. 참사가 아니라 사고라고, 희생자가 아니라 사망자라고, 근조를 쓰지 말라고, 치밀하게 책임을 면하고 사건을 축소하려 한 컨트롤 타워가 어디인지 밝혀야 합니다.

다른 상임위도 총가동해 국가가 어떻게 망가져 있는지 낱낱이 밝혀야 합니다. 복지위도 열어야 합니다. 응급의료 환자 이송을 메뉴얼대로 하지 않았습니다. 주로 중증 환자는 먼 병원, 경증 환자는 가까운 병원으로 보냈습니다. 시스템 고장이 심각합니다.

정치 보복은 정적만 잡는 것이 아닙니다. 이렇게 사회시스템을 고장 냅니다. 탈원전했던 공무원을 치는 것을 보면서, 검사가 추는 칼춤을 보면서 공무원들이 무슨 생각을 할까요? 아무것도 하지 않는 것이 살아남는 거다, 이런 생각이 퍼집니다. 이것이 복지부동을 불렀습니다.

정치 보복은 복지부동을 부릅니다. 이번 참사가 그 증거입니다. 정적을 제거하고 전 정권에 복수하기 위한 정치 보복이 검찰로 구성된 검찰 정권이 6개월 만에 우리 사회를 어떻게 망가뜨렸는지 낱낱이 밝혀야 합니다. 민주당이 이 일을 하지 않으면 국민들은 계속 불안과 공포에 떨어야 하고, 또 어떤 대형참사가 더 벌어질지 모릅니다. 저도 노력하겠습니다. 억울한 영령들이 편안히 영면할 수 있도록 진상규명과 책임자 처벌에 혼신의 노력을 다하겠습니다.

대통령과 국회의장이 던진 중·대선거구제의 노림수

2023 01 05

중·대선거구제를 둘러싼 논의가 한창입니다. 그런데 본말이 전도됐습니다. 반성이 없고, 국민이 빠졌고, 방향이 잘못됐고, 시대에 뒤떨어진 중·대선거구제부터 논의되는 것도 문제입니다.

첫째, 국민의힘과 민주당은 2020년 위성정당 사태에 대한 사과와 반성부터 해야 합니다. 두 정당은 2020년 총선을 앞두고 거대양당 독식 구조를 깬다면서 반대로 위성정당을 만들어 오히려 거대양당 독식 구조를 더욱 강화하는 대국민 사기극을 연출했습니다.

국민들은 잊지 않고 있습니다. 국민들은 선거구제 논의가 2020년 위성정당에 대한 처절한 반성 없이 진행된다면 또다시 양당의 기득권을 강화하는 방향으로 결말이 날 것이라는 강한 의심을 가지고 있습니다. 선거구제를 논의하기 이전에 두 당 모두 진정한 사과와 반성, 그리고 이번에는 위성정당을 절대 만들지 못하도록 법제화하겠다는 약속부터 선행되어야 합니다.

둘째, 선거구제는 국민적 동의 없이 논의하면 안 됩니다. 정치개혁과 정당개혁은 공천에 목을 맬 수밖에 없는 국회의원을 위한 것이 아니라, 거대양당 독식 구조와 혐오에 기반한 적대 정치의 피해를 온몸으로 감수해 온 국민을 위한 것입니다.

대한민국 정치사를 통해 국회의원이 자기 살을 도려내는 개혁에 앞장섰던 일은 눈을 씻고 봐도 찾을 수 없습니다. 선거구제 개혁 논의는 시민사회나 민간 전문가 위원회에 맡기거나 최소한 국회 정개특위에 국민 참여를 보장해 국민이 정치개혁의 방향을 결정해야 합니다.

셋째, 선거구제 개편은 제도보다 방향이 중요합니다. 무엇보다 현 정치구조에 대한 철저한 반성의 토대 위에 지역주의 해소, 생산적 협치, 다양성 확대, 청년 정치 강화, 국가 미래 아젠다 구현이라는 방향부터 정립해야 합니다.

'영남 국힘, 호남 민주'로 고착화 된 지역주의를 없애는 일은 아직도 가장 중요한 정치개혁 과제입니다. 폭력적인 팬덤을 등에 업고 상대를 혐오하고 저주하는 일상적 정쟁을, 상대를 인정하고 설득하는 생산적 협치로 바꾸어야 합니다. 다양성의 시대에 맞게 양당 체제를 극복하고 소수정당도 국민이 지지하는 비율만큼 의석을 보장받는 비례성 강화의 원칙을 세워야 합니다. 기득권만 지키려는 늙고 낡은 정치를 젊고 참신한 정치로 바꾸기 위해 청년 정치를 강화해야 합니다. 기후 위기, 차별금지, 성평등을 비롯한 다양한 국가 미래 의제를 국회가 다룰 수 있는 토대를 만들어야 합니다.

넷째, 대통령과 국회의장이 던진 중대선거구제는 결코 대안이 될 수 없습니다. 중대선거구제는 인지도가 높은 기득권자가 절대적으로 유리하고 진보정당이나 청년 정치인은 절대적으로 불리한 제도입니다. 기득권을 가진 정치인, 인지도가 높은 정치인들이 5선, 10선 계속해서 국회의원을 하겠다는 것이 본질입니다. 정치 비용, 선거 비용이 대폭 늘어나기 때문에 정치부패 가능성도 증가할 것입니다.

정치사적으로 중대선거구제는 박정희 유신체제와 전두환 5공화국의 유산입니다. 당시 민주당은 한 번도 다수당이 된 적이 없습니다. 일본 자민당이 전후 50년 동안 장기 집권을 한 효자 중의 효자가 중대선거구제였다는 것을 잊지 않아야 합니다. 중•대선거구제는 국민의힘이 수도권에서도 안정적으로 과반을 확보해서 다수당이 되고 장기 집권의 길을 열기 위해, 윤석열 대통령과 한동훈 검찰이 던진 민주당 분열의 떡값입니다.

본말이 전도되긴 했지만, 대통령과 국회의장이 논의의 물고를 터고

정치와 정당의 개혁을 위한 외침

공론화의 길을 열었다는 점에서는 좋은 평가를 받아야 할 것입니다. 이제 국민의 뜻을 반영할 수 있는 정치개혁 특위 운영을 통해 개혁의 방향부터 정하고, 방향에 맞게 선거구제와 비례대표제를 어떻게 연계할 것인지, 또 당 지도부가 좌지우지하는 공천권을 어떻게 하면 국민에게 돌려줄 것인지, 이런 것들도 함께 논의하는 계기가 되었으면 합니다.

질서 있는 이재명 퇴진론?
단연코 반대합니다

2023 03 15

모두를 놀라게 했던 체포동의안 표결과 전형수 전 비서실장의 사망 이후, 민주당 안에서 이재명 대표에 대한 '질서 있는 퇴진론'이 얘기되고 있습니다. 이 대표 체제를 가을까지 유지한 다음 퇴진시키고 비대위를 구성해 총선을 치르겠다는 것이 '질서 있는 퇴진론'입니다.

'검사 아들'에게 말로 괴롭힘당하곤 자살을 시도했던 학생의 이야기가 알려졌을 때, 사람들은 그 '검사 아들'과 그 아버지에게 분노했습니다. 그런데 '검사'에게 말로 괴롭힘당하곤 '극단적 선택'을 한 사람들의 이야기가 알려지면, 사람들은 그 '검사'와 그의 '보스'에게 분노하는 게 아니라 다른 이들에게 책임을 묻습니다. 참 이상한 일입니다.

역사학자 전우용 선생의 말씀입니다. 이 이상한 일이 민주당에서 그 대로 재현되고 있습니다. 체포동의안 표결을 보십시오. 우리끼리 투표해 놓고 우리끼리 놀라서 이런저런 분석을 내놓고 이게 해법이다, 아니다 저게 해법이다, 하고 있습니다. 전혀 정상으로 보이지 않습니다.

이재명 대표에 대한 검찰의 수사는 이미 도를 넘어도 한참 넘었습니다. 수사가 아니라 사법살인이고 재집권을 위한 정적 제거용 칼춤일 뿐입니다. 민주당 의원이라면 잘못된 수사에 맞서야지, 잘못된 수사를 핑계로 대표의 퇴진을 논하는 것이 말이 된다고 생각하십니까?

저는 이재명 대표의 퇴진에 반대합니다. 퇴진을 거론하는 것은 결국 윤석열 검사 정권의 탄압에 동조하는 것과 다름없는 행위입니다. 이재명 대표에게 덮어씌우려는 혐의 대부분은 자치단체장의 정책적 판단에 관한 것입니다. 정책적 판단에 대해 사법적 잣대를 들이밀면 정치가 설 땅이 없습니다.

지금 크게 논란이 일고 있는 '일제 강제노역 보상안'도 업무상 배임입니다. 일본 전범 기업이 배상해야 할 돈을 국내 기업이 모금을 해서 배상을 하면 우리 기업들에게 손해를 끼치는 것 아닙니까? 당장 윤석열 대통령도 업무상 배임으로 처벌받아야 합니다.

질서 있는 퇴진론은 민주당 안에서 대대손손 기득권을 누리겠다는 정치인들의 야합이고 담합이라고 규정합니다. 당이 어디로 가든 자기 공천만 보장받으면 그만이라는 것입니다. 당원도 없고 국민도 없는 염치 없는 태도입니다. 민주당 안에서 어떻게 이런 반민주적인 발상이 나올 수 있는지 저는 도저히 이해할 수 없습니다.

정치와 정당의 개혁을 위한 외침

우리는 이러한 구태가 당을 어떤 위기로 몰아넣었는지 역사적 경험으로 알고 있습니다. 2012년 한명숙 체제에서 치른 총선을 보십시오. 이명박 정권 말기였지만 99% 현역 의원을 재공천해서 총선에서 대패했습니다. 이런 기득권 대야합을 우리 당원들이 또다시 지켜봐야 하겠습니까?

민주당 국회의원은 당원과 국민 77.77%가 지지하여 선출한 당 대표를 지킬 책임이 있습니다. 새로 선출될 원내대표는 이재명 대표를 중심으로 당의 기득권을 혁파하고 민생입법에 총력을 기울여 총선에서 승리할 수 있는 발판을 마련할 사람이 되어야 합니다. 결코 말도 안되는 '질서 있는 퇴진론'을 들먹이며 정치적 야합에 앞장서는 사람이 되어서는 안 됩니다.

개혁을 위해
동지들과 함께합니다

힘 있는 단결로 침탈을 막고,
확실한 개혁으로 승리하겠습니다

2023 04 17

의원님, 안녕하십니까? 김두관 의원입니다.

제가 원내대표에 출마하기로 했다는 보고를 올립니다.

대통령의 연이은 실정으로 국격이 나락으로 떨어지고, 민생과 평화가 위협받고 경제가 끝이 없이 추락해도, 이 무도한 검사 정권은 임기 내내 정적 제거와 야당 탄압을 계속할 기세입니다. 정권의 침탈에 맞설 힘 있는 원내대표, 민생 개혁으로 총선에서 승리할 원내대표가 필요합니다. 감히 제가 그 일을 한 번 해보겠습니다.

국민들은 촛불혁명으로 우리에게 정권을 맡겼고, 20대 총선에서 무려 180석이라는 의석을 몰아주었습니다. 하지만 국민이 원하는 개혁은 미진했고, 부동산은 폭등했으며, 내로남불에서 빠져나오지 못해 촛불혁명 5년 만에, 다시 무능력한 극우 검사 정권을 불러들였습니다.

그런데 더 큰 문제가 있습니다. 우리가 잘못해서 역사의 반동을 불러왔지만, 누구 하나 책임지는 사람이 없다는 것입니다. 왜 졌는지, 무엇 때문에 실패한 것인지 되물어야 합니다. 우리는 정답을 잘 알고 있습니다. 고통스럽지만 우리 스스로 변화하고 혁신하려 몸부림친다면 국민은 민주당에 나라의 미래를 맡길 희망을 발견할 것이라 믿습니다.

지금 당은 정치적 내전을 치르고 있습니다. 당 대표와 민주당에 대한 침탈은 오늘도 계속되고 있고, 앞으로 4년간 더 심해질 것입니다. 확실한 단결로 민주주의와 민주당과 이재명 대표를 지키겠습니다.

이재명 대표는 우리 당원들이 압도적인 지지로 선출한 당 대표입니다. 사법리스크에도 불구하고 여야를 통틀어 가장 높은 지지를 받고 있습니다. 저는 중요한 계기마다 이재명 대표를 지지하고 지원해왔습니다. 이재명 대표가 우리 민주당의 희망이고 민주당과 민주주의를 지킬 최전선에 서 있기 때문입니다.

민주당은 지금 단합과 단결을 자랑하고 있습니다. 그런데 과연 그렇습니까? 1차 체포동의안을 처리할 때도 단일대오를 자신했습니다. 하지만 결과는 다 알고 계시는 것과 같습니다. 이런 전철을 되풀이할 수 없습니다. 믿을 수 있는 지도부, 예측 가능한 원내 지도부를 구성해 힘 있는 단일대오를 만들어야 합니다.

누가 민주주의와 민주당과 이재명 대표를 지킬 수 있습니까? 대선 승리를 위해 이재명 지지를 선언하고 사퇴한 제가, 윤석열과 박진, 이상민의 탄핵을 앞장서서 주장했던 제가 가장 확실하게 정권과 싸우고 당 대표를 지킬 사람이라고 감히 자신합니다. 윤석열 정권과 여당의 침탈에는 '확실한 전쟁'으로 맞서겠습니다. 하지만 탄압에 맞서느라 늦춰진 민생은 '통 크고 과감한 협치'로 살리겠습니다.

저는 친명과 비명이라는 말이 민주당에서 사라지게 하겠습니다. 개혁의 방법을 놓고 치열하게 경쟁하는 개혁정당을 만들겠습니다. 당내에서 치열하게 토론하고, 결과를 가지고 여당과 협상하고, 개혁 입법을 통과시켜 민생을 챙기는 민주당, 이것이 국민이 원하는 민주당입니다.

어중간하고 믿을 수 없는 원내대표를 앞세운 '갈등 봉합당'이 아니라,

정치와 정당의 개혁을 위한 외침

믿을 수 있는 김두관을 앞세운 '이재명 개혁당'을 만들어야 합니다. 그래야 이재명 대통령 후보가 국민과 당원에게 약속한 정치개혁, 정당개혁, 민생 개혁을 힘있게 추진할 수 있습니다. 확실하게 승리할 김두관의 개혁을 선택해 주십시오. 거침없는 개혁으로 민심을 얻고 총선에서 반드시 승리하겠습니다.

윤석열 정권의 실정만 이어진다면 총선은 문제없다는 분들도 계신 것 같습니다. 하지만 저들의 실정에 기대는 정치로는 절대 승리할 수 없습니다. 우리가 잘해서 확실히 점수를 따야 합니다. 선 굵은 원내 운영, 성과를 내는 민생으로 국정의 주도권을 가져오겠습니다.

그리고 영남에서 선전 없이 총선 승리는 없습니다. 10여 년 전 야권 최초로 경남도지사에 당선되었고, 지난 총선에서 과감히 험지 양산으로 가서 승리한 김두관을 원내대표로 만들어, 영남 선전을 위한 지렛대를 만들어 주십시오.

힘 있는 단결로 이재명 대표를 지키겠습니다. 힘 있는 개혁으로 민생을 챙기겠습니다. 영남에 교두보를 만들고 총선을 이기겠습니다. 지방도 함께 사는 균형발전의 길을 열겠습니다. 단결로 막아내고 개혁으로 승리할 김두관, 의원님의 선택을 기다리겠습니다. 감사합니다.

2023년 4월 17일
김두관 배상

환부를 도려내고 쇄신해야 합니다

2023 04 19

민주당에 이런 큰 위기가 없었습니다. 어쩌면 우리 당 광역치단체장들의 성비위 사건 때보다 더 심각할 수 있습니다. 보수는 부패로 망하고 진보는 분열로 망한다 했는데, 어쩌다 진보라는 민주당이 먼저 부패로 망하게 생겼습니다. 국민께 어떻게 설명해야 하는지 얼굴을 들 수가 없습니다.

숨기고 감추면 분열과 패배가 자명합니다. 송영길 전 대표는 속히 귀국해야 합니다. 국민과 당원 앞에 진실 그대로 밝혀야 합니다.

자체 조사를 생략하고 검찰 수사에 맡기겠다고 한 것은 큰 잘못입니다. 외부 인사가 과반수 포함된 당 조사위를 즉각 구성하고, 철저한 조사를 해야 합니다. 그래야 억울한 사람이 생기지 않습니다. 그 전에 먼저 송영길 전 대표, 윤관석, 이성만 의원은 과거 사례와 같이 일단 탈당 조치해야 합니다.

높은 지지율에 취해, 동료가 동료에게 주는 차비 밥값 정돈인데 뭘 그러나 생각하는 흐름이 있는 거 같습니다. 지금 이런 생각은 금물입니다. 우리 모두 여의도와 동료의원만 보지 말고 국민의 분노를 정면으로 봐야 합니다.

당이 새로 태어나야 합니다. 더불어민주당 창당 이래 최악의 부패사건을 정과 의리라는 이유로 그냥 넘어갈 순 없습니다.

대의원제 폐지도 이번 기회에 결단해야 합니다. 대의원제는 법에 규정한 제도이지만 민주당은 백만 권리당원이 있고 온라인 투표가 정착되었습니다. 이런 상황에서 대의원 밥값, 교통비에 소요되는 비용을 빌미로 돈 봉투 사건이 일어났다면 구당적 차원에서 폐지 등 과감한 결단을 해야 합니다.

돈 봉투를 돌린 범죄를 탄압이라 한다면, 정치의 근본을 흔드는 부패 선거를 기획 수사라 한다면, 민주당은 영원히 버림받을 것입니다. 당은 지금 방패를 들 때가 아닙니다. 썩은 환부를 도려낼 서슬푸른 메스를 들어야 합니다.

도려낸 환부에 새살을 돋게 하는 방법은 읍참마속의 심정으로 쇄신과 개혁을 하는 수밖에 없습니다. 눈물을 머금고 우리의 허물을 두 배 세배 더 강하게 처벌해야 합니다. 그것이 쇄신과 개혁의 시작입니다. 국민과 당원과 지지자를 믿고 가야 합니다.

이번 사건으로 민주당이 국민과 당원의 정치의식을 따라가지 못하고 있다는 것이 잘 드러났습니다. 윤석열 정권의 탄압에 맞서느라 미뤄둔 당의 쇄신을 본격적으로 시작할 때가 되었습니다.

걱정할 때가 아니라 쇄신할 때입니다. 부패와 구태, 내로남불과 내 편 감싸기가 당을 망치고 있습니다. 새로 시작해야 합니다. 부패의 썩은 냄새를 씻고 강하게 당당하게 쇄신을 시작해야 합니다.

감히 저 김두관이 앞장서겠습니다. 김두관이 당을 쇄신하고 멀어진 국민과 당원들께 바싹 다가서겠습니다. 당을 바로 세우고 민생을 챙기겠습니다.

4장
균형과 분권이 나라를 살린다
자치분권과 균형발전을 위한 외침

21대 국회를 시작하며 처음으로 추진했던 법안이 행정수도 특별법안의 재추진이었습니다. 특별법을 성안시켜놓고도 당과 보조를 맞추다 보니, 결국 법을 제출하지 못했습니다. 당시 김태년 원내대표의 추진 의지가 있었지만, 위헌성에 대한 우려 때문에 당정 간의 명확한 합의가 이루어지지 못했고, 결국 국회 이전 추진으로 방향이 선회되었습니다. 세종의 사당 설치와 관련된 국회법 통과가 성과라면 성과지만, 여러 가지 아쉬움이 남습니다.

행정수도 설치 법안이 헌재에서 위헌 판결을 받았던 근거는 이른바 관습헌법 때문이었는데, 이에 대해서는 2004년 판결 당시 헌법학계에서도 비판이 컸습니다. 그리고 시간이 흐른 지금은 세종시가 완성단계에 접어들어 사실상 행정수도 기능을 수행하는 변화된 환경에서, 이제는 헌재가 다른 판단을 내릴 가능성도 있었기 때문입니다. 저는 당정 간의 협의도 중요하지만, 국회가 입법을 통해 행정부를 견인하는 역할도 필요하다고 생각합니다.

지방자치법 전부개정안도 마찬가지입니다. 문재인 정부는 균형발전과 자치분권에 대한 훌륭한 비전과 의지가 있었지만, 그것을 추진하는 데 있어서는 과감하지 못했다고 생각합니다. 전부개정된 지방자치법 제1조 목적조항에 주민 참여 명시, 재정 분권의 진전, 주민조례발안제 도입

등 의미 있는 부분이 있었지만, 지방자치의 획기적 진전을 위한 법적 발판을 마련하지는 못했습니다. 당시 논의되던 안이 미흡하다고 생각했기에, 저는 별도로 지방자치법 전부개정안을 마련해 발의했습니다.

제가 초점을 둔 중요 부분은 첫째, 조례 제정권의 근본적인 강화입니다. 주민의 권리제한이나 의무 부과에 관한 단서 조항을 없애고, 조례 제정 범위도 '법령의 범위 안에서'를 '법령에 위반되지 않는 한'으로 고쳤습니다. 그리고 읍면동 수준의 주민 자치를 위해, 읍면동장 주민 직선의 근거를 마련했습니다. 주민투표법도 일정 수 이상의 주민이 청구할 때 반드시 단체장이 투표에 부치도록 강행규정을 넣었습니다. 마지막으로 지방자치단체를 '지방정부'라 병기해 부를 수 있도록 근거를 마련했습니다. 이러한 조문 하나하나가 약간의 논란의 여지도 있다는 것을 알고 있습니다. 그러나 적시에 제도적 뒷받침이 되지 못하면 자치분권은 동력을 얻기 어렵습니다.

자치분권과 균형발전은 수레의 양쪽 바퀴와 같습니다. 혹자는 분권을 강조하면 오히려 균형발전이 저하된다는 논리를 펴기도 합니다. 일정 부분 그런 우려가 있는 것이 사실이지만, 이는 제도의 속도 조절을 통해 얼마든지 통제가 가능합니다. 결국 '균형발전이 가능한 자치분권'이 핵심이기 때문입니다. 주민들의 주체적 의사결정과 역량 강화가 지역의 성장과 발전으로 이어질 수 있도록 하는 것이 정치의 역할이기 때문입니다. 그렇기 때문에 '돈' 중심의 단순한 '균형발전' 논리는 매우 위험합니다. 이는 오히려 장기적인 안목에서 균형발전을 가로막을 수도 있습니다.

제가 균형발전을 위해 처음으로 문제 삼았던 부분이 바로 예비타당성조사 제도의 개편이었습니다. 현행 주요 국책사업은 반드시 기획재정부의 예비타당성조사를 거치도록 되어 있습니다. 그러나 평가에 있어 중요한 항목인 '경제성' 부분은 지방의 주요 사업이 추진되는 데 있어 가장 큰 걸림돌이 되고 있습니다. 인구와 인프라가 많은 수도권은 경제성이 높게 나오고, 빈약한 지방은 경제성이 매우 저조하게 나타납니다. 이른바 수도권과 지방의 부익부 빈익빈을 조장하는 제도가 아닐 수 없습니다.

아울러 예비타당성제도는 기획재정부가 국가재정을 이중으로 통제하는 방식으로 활용됩니다. 예비타당성조사는 전체적인 맥락에서 그 사업의 비중과 역할을 가장 잘 아는 부처가 수행하는 것이 타당합니다. 예비타당성 권한을 각 부처로 돌려주어도 어차피 기재부는 국가재정에 대한 최종 통제 기능을 수행할 수 있습니다. KDI로 거의 일원화 되어 있는 수행기관도 다양화할 필요가 있습니다. 예비타당성은 이미 20년이 넘은 제도입니다. 재정 통제 장치가 국가균형발전을 가로막아온 역설을 우리는 인정해야 합니다. 국가 균형발전을 위해서는 새로운 제도로 옷을 갈아입을 필요가 있습니다.

과거 노무현 정부는 행정수도 이전을 필두로 혁신도시, 공공기관 이전을 통해 국가 균형발전 로드맵을 만들었습니다. 좌절된 부분도 있지만 상당 부분은 성과를 거두었습니다. 실제로 혁신도시가 만들어진 시기 동안만 수도권의 인구 비중이 늘지 않았다는 연구 결과도 있습니다. 그러나 그 이후 다시 가속화된 수도권 집중 현상은 전혀 개선되지 않았고, 2019년에는 수도권 인구가 우리나라 전체 인구의 절반을 넘어섰습니다. 특단의 대책이 아니면 지방은 소멸에 접어들 수밖에 없습니다.

대선 경선 기간 동안 저는 5극3특체제, 일명 메가시티 체제를 강력히 주장했습니다. 전국을 5개 권역의 메가시티와 3개의 특별자치도로 초광역화하여 재편하자는 주장입니다. 이제 개별 도시 수준의 지방분권은 불가능하다고 판단됩니다. 수도권에 빨려 들어가지 않도록 지방에 강력한 거점을 만들고, 경제와 산업을 권역별로 재편해야 합니다. 이를 위해서는 광역철도 등 지역 중심 교통망 구축이 필요하고, 국가 전략적으로 산업의 재배분도 필요합니다. 이미 전 세계는 메가시티 단위의 경쟁이 강화되고 있습니다. 저는 이것이 우리나라가 처한 환경에서 중요한 변곡점이라고 생각합니다.

우선, 제가 있는 부울경 지역의 메가시티 완성을 위해 목소리를 높였습니다. 이미 경남도지사 시절 동남권 특별연합을 주장한 바 있었습니다. 부울경 광역전철의 필요성을 공약하고, 2개 노선을 제4차 철도망 계획에 반영시켰습니다. 총리실에서 논의가 공전되던 가덕도 신공항 문제를 가장 먼저 의제화하여, 특별법이 통과되는 데 힘썼습니다. 김경수 지사는 임기 말 부울경특별연합을 성사시켜 메가시티로 가는 주춧돌을 놓았습니다. 그러나 정권이 바뀌고, 부울경의 단체장이 바뀌면서 특별연합은 폐기되었습니다. 정말 안타까운 일입니다. 국민의힘이 주장하던 행정통합은 공염불에 지나지 않았고, 특별연합을 폐기하기 위한 명분이었다는 것이 증명되었습니다.

자치분권과 균형발전을 위해서는 사실 대통령의 강력한 의지가 필요합니다. 통치역량을 총투입하지 않고서는 자연스럽게 수도권으로 집중되는 원심력을 막을 수 없기 때문입니다. 어쩌면 우리는 이미 골든 타임을 지났는지도 모릅니다. 그러나 민주당의 당 강령과 당헌의 목적 조항이 못 박고 있듯, 균형발전과 자치분권은 우리 민주당이 그리는 대한민

자치분권과 균형발전을 위한 외침

국의 모습이자 목표입니다. 그렇기 때문에 이 부분은 민주당의 존재 이유의 일면이기도 합니다.

행정수도 이전,
다시 추진해야 합니다

김태년 원내대표께서 대표연설을 통해 "국가균형발전을 위해 행정수도를 완성해야 한다"고 밝혔습니다. 적극 찬성합니다. 행정수도 완성은 노무현 대통령의 대선공약이자 꿈인 균형발전과 지역혁신을 위한 민족사적 필수과업이기 때문입니다. 서울공화국 청산만이 대한민국의 유일한 살길이기 때문입니다.

수도 이전은 사람과 산업, 자본을 모두 빨아당기는 수도권의 흡입력을 막기 위한 최후의 수단입니다. 수도권의 부동산 문제도 행정수도 이전을 통한 균형발전이 원천적 해결책이고 코로나 시대에 국민의 생명을 지키기 위한 유일한 해결책도 지방분산과 균형발전밖에 없습니다.

부동산, 교통, 교육, 양극화 등 한국 사회의 핵심 문제들은 모두 수도권 집중과 관련이 있습니다. 그럼에도 국가의 자산이 고루 배분되지 못하고, 수도권에만 쏠리는 현상이 해가 갈수록 심해지고 있습니다. 그사이 지방소멸은 바로 눈앞에 닥쳤습니다. 극약처방이 아니면 안 됩니다.

중앙부처도 모두 세종으로 이전해야 합니다. 국회도 내려가야 하고 청와대까지 이전해야 합니다. 서울에 몰린 우수한 대학도 지방으로 분산시켜야 합니다. 그래야 나라가 살고 국민이 살고 양극화 극복의 문이 열립니다.

안타깝게도 신행정수도의 건설을 위한 특별조치법은 2004년 위헌

237   자치분권과 균형발전을 위한 외침

으로 판결이 났습니다. 그러나 이 판결은 듣도 보도 못한 관습헌법을 억지로 갖다 붙이는 등 판결의 논리와 내용 면에서 많은 비판을 받았습니다.

김종인 대표는 행정수도 이전이 위헌이라며 일고의 가치도 없는 듯 말하지만, 저는 같은 취지의 법안을 다시 제출할 필요가 있다고 봅니다. 법률에 대한 헌법적 평가는 시대를 반영하는 법입니다. 조속히 헌법재판소의 평가를 다시 받아야 합니다.

그만큼 균형발전이 중요한 과제이고, 시급한 문제이기 때문입니다. 균형발전과 지방분권은 대한민국의 지속 가능한 발전과 다음 세대를 위한 생존과제라고 단언합니다.

행정수도 특별법안을 제출합니다. 다시 17년 만입니다

2020 07 22

저는 오늘 행정수도 이전 특별법을 다시 제출하려고 합니다. 이 방안 말고 서울 집중이 불러온 주택, 교통, 환경 등 산적한 난제를 해결할 방법이 없기 때문입니다.

부동산 문제는 이미 한두 가지의 방법으로는 해결할 수 없는 지경에 이르렀습니다. 수도권 밀집으로 인한 미세먼지와 감염병 확산은 국민 생명을 위협하고 있습니다. 교통체증으로 인한 천문학적 손실을 더 이상 방치할 수도 없습니다.

2004년 헌법재판소가 관습헌법이라는 상식 밖의 규범을 내세워 위헌 판결을 내렸지만, 무려 16년의 세월이 흘렀고 수도권 집중으로 인한 국민석 고통이 임계점을 넘어서고 있어 법안 제출을 더 이상 미룰 수 없습니다.

행정수도 이전은 균형발전과 지방분권 국가를 꿈꾸었던 노무현 대통령의 염원이었고, 수도권 서민이 살 수 있는 유일한 해법입니다. 당초 구상대로 서울을 경제 수도로, 세종을 행정수도로 만들어 수도권 집중을 완화해야 합니다.

행정수도 이전 범위는 청와대를 비롯한 국회, 대법원, 헌재까지도 포함해야 합니다. 그래야 실효성이 있습니다.

미래통합당에서는 '이미 결정이 난 사항'이라면서, 헌법적 가치가 시대적 변화를 반영한다는 기본적인 사실을 외면하고 있습니다. 사회변화에 따라 위헌 여부가 달라진 사례는 이미 많이 있습니다. 헌재가 또다시 위헌으로 판결하지는 않을 것이라 확신합니다. 미래통합당도 고통받는 국민의 편에서 행정수도 이전 논의에 적극 동참해 주실 것을 요청드립니다.

대통령께서 지역 주도형 뉴딜을 추진하겠다고 하고, 김태년 원내대표께서 행정수도 완성을 천명했습니다. 균형발전과 지방분권이 온갖 사회문제를 해결하고 공정한 대한민국을 만들 열쇠로 등장하고 있습니다. 행정수도 이전이 코로나 경제위기를 돌파하는 획기적인 투자사업이 될 수도 있습니다.

자치분권과 균형발전을 위한 외침

행정수도와 경제 수도를 나누는 정책으로 균형발전을 성공시킨 나라는 많습니다. 이들도 우리와 비슷한 고민을 해결하기 위해 정치권이 결단했습니다. 우리도 이제 결단해야 할 때가 되었습니다.

17년 만에 다시 행정수도 이전 특별법을 제출하면서 국민 여러분의 응원과 동료의원들의 성원을 기대합니다.

행정수도이전특별법,
당과 보조를 맞추기로 했습니다

2020 07 22

오늘 아침 김태년 원내대표께서 제게 행정수도건설특별법을 당을 중심으로 미래통합당과 합의하여 국회 차원에서 만들고 싶다는 말씀을 하셨습니다. 저는 김 대표의 뜻에 충분히 공감한다고 답했습니다.

어제 김현정의 뉴스쇼에서 밝힌 대로 오늘 행정수도건설특별법을 대표발의할 예정이었고 법안도 준비했지만, 김 대표의 뜻에 충분히 공감하며 제가 만든 법안은 국회 의안과가 아닌, 곧 만들어질 당내 TF에 제출하고자 합니다.

행정수도 이전을 위한 법안은 제가 행정자치부 장관 시절 정부안으로 제출했던 법입니다. 관습헌법을 이유로 한 행정수도 이전 실패는 자치분권을 꿈꾸던 제게 충격이기도 했지만, 노 대통령님께는 좌절의 시발점이었습니다. 그때 노무현 대통령님의 의지대로 행정수도 이전이 이뤄졌다면 지금쯤 서울 집중에 따른 많은 문제를 해소할 수 있었을 것입니다. 그 점이 참 아쉽습니다. 노 대통령님의 뜻을 반드시 이루겠다는 두 사람의 의지는 일치합니다. 이것은 노무현의 꿈을 위해서가 아니라 우리가 처한 고통의 현실을 바꿔내기 위한 최선의 방안이기 때문입니다.

제 법안이 당내에서 더 좋은 법안이 되어 만장일치로 국회에서 통과되기를 희망합니다. 이 일을 위해서라면 저는 당이 원하는 모든 일을 할 각오가 되어있습니다.

시민 통제와 자치분권에 맞는 개혁을 해야 합니다

2020 08 02

20대 국회에서 지지부진하던 권력기관 개혁이 21대 국회가 열리며 속도를 내고 있습니다. 하지만 권력기관 개혁은 속도도 중요하지만, 방향과 내용도 중요합니다. 이런 의미에서 7월 30일 당·정·청 협의로 확정된 권력기관 개혁안은 시민 통제와 견제와 균형이라는 방향으로 보완할 부분이 많습니다.

경찰이나 검찰처럼 국민의 인신을 구속할 수 있는 권력기관은 시민 통제를 촘촘히 하고 권력기관끼리 서로 견제와 균형을 맞추도록 해야 인권침해를 막고 기본권을 보장할 수 있습니다

7월 30일 당·정·청은 검사의 1차 직접 수사 개시범위를 부패, 경제,

공직자, 선거, 방위사업, 대형참사 등 6개 분야로 한정했고, 국가정보원은 대외안보정보원으로 명칭을 바꾸면서 역할과 책임을 분명히 했습니다. 국정원이 가지고 있던 국내 정보와 대공 수사권을 경찰로 이관, 경찰이 국가정보기관의 위상을 갖도록 하는 내용도 포함되어 있습니다.

그런데 경찰은 수사권을 강화하고 국정원의 국내 정보와 대공 수사권을 넘겨받으면서도 자치경찰을 국가경찰과 분리하지 않도록 했습니다. 이것은 권력의 시민 통제와 자치경찰제 공약 취지에도 맞지 않습니다.

국가경찰과 수사경찰, 자치경찰이 각각 경찰청장, 국가수사본부장, 시도자치경찰위원회의 지휘·감독을 받는다고 합니다만, 모두 경찰청이라는 단일조직 소속으로 경찰청장의 지휘·감독을 받는 구조라는 점에서 통제되지 않는 '공룡경찰'이 탄생할 우려가 큽니다. 게다가 경찰청장의 개방직화 없이 2년 임기를 보장할 경우 검찰보다 더 세고 강한 '경찰판 윤석열'이 나올 우려도 있습니다.

이 안은 2019년 2월 14일 발표한 조국 민정수석의 개혁안보다 후퇴한 것입니다. 애초 검경 수사권 조정은 수사는 경찰이, 기소는 검찰이 맡아 검찰의 정치개입과 비대해진 검찰 권력을 통제하는 데 목적이 있었습니다. 수사권 조정으로 12만의 준군사조직인 경찰 권한이 강화되더라도 국가경찰과 자치경찰을 분리시키면 견제와 균형이 가능하다고 보고 그리하기로 했던 것입니다.

자치경찰을 분리하지 않기로 한 것은 연방제 수준으로 자치분권을 강화하겠다는 문재인 대통령의 의지에도 맞지 않습니다. 자치경찰제는 단순히 경찰 인력을 국가와 지방으로 분리하는 문제만은 아닙니다. 시민의 치안 문제는 지방자치제도의 틀 안에서 자치경찰에 맡겨 시민 가까이에서 더 나은 치안 서비스를 제공하고 국가경찰은 강력 사건과 정부를 전담하도록 개혁하자는 취지였습니다.

시민 통제와 견제 원리에 맞게 경찰개혁을 해야 합니다. 우선 국가경찰과 자치경찰 조직을 완전히 분리해야 합니다. 경찰의 비대화를 막고 국가경찰과 자치경찰이 협력을 통해 국민에게 필요한 치안 서비스를 제공하도록 해야 합니다. 경찰청장이 사실상 자치경찰까지 지휘하게 되면 자치경찰의 본래 역할은 축소될 수밖에 없습니다.

또 경찰대학을 폐지하고 간부 양성경로를 다양화해야 합니다. 경찰 주요 간부를 모두 경찰대학 출신으로 채운다면 기수 문화가 강화되고 경찰 내부에 갈등 요인으로 작용할 수 있습니다. 이미 검찰에서 충분히 확인했던 일입니다. 경찰대학은 학부 과정을 완전 폐지하고 전문적인 경찰 재교육 기관으로 전환해야 합니다. 경찰에 지원하려는 많은 젊은이들에게 문호를 확대하고 진입 경로를 다양화해서, 국민을 위한 경찰로 거듭나도록 해야 합니다.

시민 통제의 원칙에 따라 경찰청장 개방직화도 검토할 때입니다. 시도경찰청장의 개방직화나 선출직화는 추후 과제로 남겨두더라도 경찰청장은 개방직으로 하는 것이 필요합니다. 문재인 정부에서 '시민통제'를 벗어난 권력기관은 대한민국에 존재할 수 없다는 새로운 표준을 만들어야 합니다.

자치분권과 균형발전을 위한 외침

지방분권 중심의
지방자치법 개정안을 제출했습니다

2020 08 31

지난 20대 국회 마지막에 정부 입법의 형태로 지방자치법 전부개정안이 올라왔다가 폐기되었습니다. 이번 21대 국회에 올라온 안 역시 그 당시보다 특례시 문제를 조금 변경했을 뿐 거의 비슷한 안입니다.

저는 이번 정부안 역시 우리나라의 미래를 담보할 자치제도의 본질적 문제를 해결하는데 부족한 점이 있다는 판단으로 보완된 개정안을 발의하려 합니다.

우리나라는 서구 선진국에 비해 자치보다는 통치의 역사가 훨씬 깁니다. 특히 현대사에서는 군부독재의 통치를 거치면서 우리 사회에서 '자치'에 대한 생각은 쉽게 정착되지 않고 있습니다.

그런데 우리나라의 미래와 사회변화의 패턴을 생각할수록 자치의 중요성을 제도적으로 보장하는 것이 매우 중요합니다.

우리는 일상적으로 중앙정부가 결정하면 지방정부는 이를 집행하는 팔다리의 역할만 하면 된다는 사고로 굳어져 있는 사회입니다. 국가 사무를 처리하는 데 이런 방식도 필요하지만, 이제는 자율성의 시대가 도래하고 있고 그 자율성이 사회의 창의를 높인다는 사실도 우리가 경험하고 있는 엄연한 현실입니다.

과거 매타작으로 학생을 관리하던 시대와 요즘의 자율적 학교의 모습을 비교해 보십시오. 격세지감입니다만 아이들의 창의력은 과거에 비해 놀라울 정도입니다. 우리에게는 격세지감이 느껴지는 그런 모습이, 서구 사회의 기준으로 보면 끔찍한 타율의 모습이기도 합니다. 우리는 더 자율과 창의의 사회로 가야 합니다.

김대중 대통령께서 지방자치를 부활시킨 이유는 관권선거 차단이었고 두 번째가 자치를 경험한 사회만이 민주주의로 나아갈 수 있다는 신념 때문이었습니다. 왜 자치가 되면 관권선거가 차단될까요?

중앙정부가 아무리 관권선거를 획책해도 손발이 되는 지방정부가 각자의 영역에서 책임과 권한을 갖고 움직이면 중앙정부가 쉽게 통제할 수 없다는 믿음 때문이었습니다. 또한 '자치'를 경험하지 못한 국민들에게 민주주의는 구호로 작동하지, 현실로 작동하지 못한다는 역사의 교훈 때문입니다.

노무현 대통령의 '지방자치실무연구소'도 문재인 대통령의 자치분권국가에 대한 약속도 이러한 김대중의 정신과 크게 다르지 않습니다.

이제 입법부가 나서야 할 때입니다. 대한민국이 자율과 창의의 국가로 나아가기 위해 제가 제출한 개정안의 몇 가지 내용은 다음과 같습니다.

첫째, 조례제정권을 크게 강화하였습니다. 주민의 권리 제한이나 의무 부과에 관한 단서조항을 없애고, 조례제정의 범위를 '법령의 범위 안에서'를 '법령에 위반되지 않는 한'으로 고쳤습니다. 자율성을 위한 과감한 위임이 필요합니다.

둘째, 읍면동 단위의 자치를 이야기할 때가 되었다고 봅니다. 말 그대로 풀뿌리의 중요성입니다. 우리나라의 기초자치단체는 인구가 수만에

자치분권과 균형발전을 위한 외침

서 수십만에 이르러, 자치의 효용성을 느끼기가 매우 어렵습니다. 당연히 이런 구조를 가지고 '풀뿌리 민주주의'를 말하기 어렵습니다. 행정서비스의 최일선을 담당하는 읍면동장을 주민과 자치단체의 정치적 선택에 따라 주민의 손으로 뽑을 수 있도록 법적으로 열어두려고 합니다.

셋째, 주민투표법을 아울러 개정했습니다. 그간 주민투표의 청구권자가 단체장으로 규정되어 있어, 주민들이 문제를 제기하는 주체가 되지 못하는 문제가 있었습니다. 저는 지방자치법 해당 조항에 3항을 신설해 '일정 수 이상의 주민'이 청구할 때 반드시 단체장이 투표에 부치도록 강행규정을 넣었습니다.

넷째, '지방자치단체'를 '지방정부'라 병기하여 부를 수 있도록 근거를 마련했습니다. 분권의 핵심은 지방정부가 집행부를 구성하여 실질적인 단위 정부의 역할을 수행하는 것입니다. 이를 위해 지방정부의 집행부 구성을 명확히 하는 조항도 넣었습니다. 코로나19에 대한 대응을 통해 경험했듯이, 지방정부가 주민의 삶에 미치는 영향은 점점 커지고 있습니다. 그리고 그것이 바람직합니다. 지방정부라는 말은 이제 법적 용어로 규율될 필요가 있다고 봅니다.

자치분권은 반드시 문재인 정부의 성과가 되어야 합니다. 현재 올라와 있는 전부개정안은 자치분권에 관한 내용이 많이 미흡한 것이 사실입니다. 민주당 당헌은 '지방분권국가를 지향한다'는 선언이 명확합니다. 2년이 채 남지 않았습니다. 적어도 지방자치를 경험한 우리들이 앞서서 법 개정을 주도할 필요가 있다고 생각합니다. 그것이 국민들과 주민들이 저희에게 기대하는 바이며, 동시에 문재인 정부의 개혁에 이바지하는 바라고 생각합니다. 뜻을 모아 주시길 부탁드리며 끝까지 읽어 주셔서 감사합니다.

균형발전 가로막는 예비타당성조사 폐지 법률안을 발의합니다

2020 09 02

수도권은 차고 넘쳐서, 지방은 아무것도 없어서 양쪽 다 죽을 지경입니다. 부동산값 폭등도 코로나 확산도 결국 수도권 집중의 산물이며, 해결의 열쇠는 균형발전입니다. 균형발전을 위해선 수도권보다 지방에 SOC 사업을 더 많이 지원해야 합니다. 그런데 이걸 막고 수도권 집중을 만드는 제도가 있으니, 예비타당성조사, 이른바 예비타당성제도입니다. 수도권 집중으로 균형발전을 가로막는 예비타당성조사는 폐지되어야 합니다.

지난 6월 기준으로 수도권 인구가 절반을 넘었습니다. 좋은 대학, 좋은 직장, 그리고 좋은 SOC 시설이 넘치기 때문입니다. SOC 시설이 몰리는 것은 예타 때문입니다. 예타는 비용 대비 편익이 높은 사업에 점수를 많이 줍니다. 1천억 원짜리 도로를 만든다고 했을 때, 수도권은 1일 20만 명이 이용하지만 지방은 2만 명도 이용하기 쉽지 않습니다. 그러니 매번 이 평가는 수도권 집중의 결과를 낳고 지방은 매번 탈락입니다.

정부가 지난번 예비타당성 면제를 추진한 것도 이런 문제를 잘 알았기 때문입니다. 하지만 예비타당성 면제와 같은 임기응변식 처방이 아니라 제도 자체를 폐지해야 합니다. 지방은 기본적인 SOC가 없어 소멸을 걱정하고, 수도권은 과밀과 집중으로 부동산, 교통, 환경, 감염병 등 온갖 문제가 끊이지 않는, 이 오래된 악순환의 고리를 끊어야 합니다. 확실한 방안은 과감한 폐지입니다.

기재부가 틀어쥐고 있는 국책사업의 결정권도 사업 주무부처에 넘겨주어야 합니다. 재정과 예산을 담당하는 기재부가 예비타당성을 무기로 국책사업을 결정하면서 '공정과 균형'이라는 국정 핵심 가치를 훼손해 왔습니다. 일본, 미국, 영국 모두 사업 주무부처가 SOC 사업을 평가하고 결정합니다. 우리도 기재부로 일원화된 평가 주체를 사업 주무부처로 바꾸고, 기재부 산하 KDI가 평가를 독점하는 폐단도 없애야 합니다. 특히 국가균형발전사업으로 국무회의에서 의결한 사업은 균형발전위원회가 타당성조사를 하도록 해야 합니다.

저는 이번에 이런 내용을 담은 법률 개정안을 발의합니다. 국가 균형발전을 위해 예비타당성제도를 개혁해야 한다는 목소리는 높았습니다. 그러나 예산을 쥐고 있는 기재부의 위세에 눌려 이런 주장을 공개적으로 하기는 쉽지 않았습니다. 문제가 심각하다는 것을 알면서도 지역구에 한 푼의 예산이라도 더 가져가야 하는 국회의원들이 기재부의 눈치를 보지 않을 수 없었기 때문입니다.

'일등 수도권과 이등 지방'으로 분단된 나라를 미래세대에게 물려줄 수 없습니다. 부끄럽지 않은 정치인이 되려면 결단해야 합니다. 망국적 수도권 과밀화를 더 이상 방치할 수 없습니다. 제가 고양이 목에 방울을 달겠습니다. 예비타당성제도를 기재부의 독점적 권한으로 두는 한 우리 당이 추진하는 행정수도 완성과 국토 다극화 개발도 없습니다. 모든 지역이 골고루 발전하는 대한민국을 위해 예비타당성제도 폐지에 힘을 모아 주시기 바랍니다. 고심 끝에 내놓은 법률 개정안이 통과될 수 있도록 국민 여러분의 많은 관심을 부탁드립니다.

국가재정이 아니라 나라의 미래가 빨간불입니다

2020 09 08

예비타당성제도가 어떻게 지역 발전을 가로막아왔고, 사회자본의 수도권 집중에 기여했는지는 앞서 글에서 언급한 대로입니다. 기사에서 지적한 것처럼, 민주당에서는 최근 몇 년간 예비타당성제도의 이러한 심각성을 인식하고 있었고, 제도 개편을 시도해 온 것도 사실입니다.

그러나 이런 부분을 코로나 시기 국가 재정과 바로 연결시키는 것은 이해하기 어렵습니다. 제가 제출한 법안은 예비타당성 금액을 단순히 올리는 것과는 다릅니다. 예비타당성 프로세스를 바꾸는 것이고, 더 크게는 기재부에 중첩된 재정 결정권을 다시 되돌리는 것입니다. 어차피 기재부는 최종 예산 심사 권한을 가지고 있기 때문입니다.

정치는 사회를 위한 가치의 권위적 배분을 수행합니다. 어느 지역에 어떤 철도와 도로 등 SOC를 넣을 것인지에 대해서는, 기존 상태에 대

자치분권과 균형발전을 위한 외침

한 현상적인 평가로만 결정할 수는 없습니다. 그렇다면 예비타당성은 매우 근시안적인 제도일 뿐입니다. 국책사업은 수십 년 미래를 보고 추진해야 합니다. 예비타당성은 사전타당성을 검증하는데 그쳐야 합니다. 타당성 평가는 해당 부처가 가장 잘 수행할 수 있습니다. 예산과 사업에 대한 최종 검증은 당연히 기재부의 문턱을 거치게 됩니다.

또 하나 지적하고 싶은 부분은 기존의 일원화된 예비타당성조사가 매우 '객관적이고 공정할 것'이라는 믿음입니다. 예비타당성은 KDI 공공투자센터가 주관하는데, 사실상 기재부의 의사결정에서 자유롭지 못합니다. 기재부의 산하기관으로 독립적인 의사결정 기관이 아니기 때문입니다. 예비타당성조사 기관도 다양화해야 합니다.

덧붙여, 여러 차례 지적된 것처럼, 기재부의 기존 예비타당성조사 제도에도 사후적 검증 장치가 없었습니다. 실제로, 예비 타당성을 통과한 후에 사업이 진행되면서 예상과 달리 크게 사업성이 악화된 사례도 여럿입니다. 기재부는 결정만 하고 누구도 책임을 지지 않았습니다. 이 부분에 대한 손실은 고스란히 국가의 부담으로 돌아왔습니다.

균형발전 등 장기적 국책사업은 책임 있는 주체인 정치 영역에서 결정할 필요가 있습니다. 사전타당성조사는 사전적 검증에 그쳐야 합니다. 그리고 그것은 서구 여러 나라처럼 부처에서 맡는 것이 합리적입니다. 기자님 지적처럼, 국가재정은 코로나로 인해 일시적 빨간불이 들어온 게 맞습니다. 그러나 국토의 균형을 이루지 못한다면 나라의 미래가 빨간불입니다.

모피아 공화국이 진짜 해답일까요?

2020 09 10

한국경제 안현실 논설위원이 기재부가 담당하고 있는 예비타당성조사를 국회의원들이 손대려고 한다며 과도한 기재부 편들기에 나섰습니다. 국회의원은 예산 전문성이 부족하며, 기재부의 예타가 폐지되면 '개인·집단·지역·계층의 이익 챙기기는 상상을 초월할 정도'라고도 했습니다. 중앙정부 통제론에 국회무능론, 지방정부 욕심론까지 잘 버무려 주셨는데, 과거와 하나도 다르지 않은 주장에 실망을 금할 수 없습니다.

안현실 위원의 주장을 따라가다 보면, '기재부 관료가 나라 전체를 통제하는 것이 가장 좋은 나라'라는 결론과 마주합니다. 정말 그럴까요? 저는 그렇게 생각하지 않습니다. 저는 오히려 언론이 더 무책임하게 나라의 운영에 대해 사실을 왜곡하고 자기 언론사의 이익과 정치적 편향을 위해 비틀기, 부풀리기를 서슴지 않았다고 생각합니다. 요즘 언론에 대해 국민들이 평가하는 것이 그렇습니다.

'지방정부 무능론'은 중앙언론이 교묘하게 20년 동안 퍼트린 것입니다. 사람이든 제도든 제대로 성장시키려면 권한을 주고 경험할 기회를 보장해야 합니다. 우리의 지방자치가 그런 과정이 있었는지 겸허히 돌아봐야 합니다. 자율적 기회의 보장 없이 무능부터 타박하는 것은 여전히 중앙집권의 색안경으로밖에 해석하기 어렵습니다.

국회의원을 세금이나 축내는 무능과 욕심의 존재로 만든 것도 언론

자치분권과 균형발전을 위한 외침

의 공헌이 가장 큽니다. 정치도 사람의 일이라 문제 있는 사람이 있을 수밖에 없고, 그런 문제가 발생하면 법을 통해 처벌하고 제도를 통해 보완하는 것이 인류가 선택한 방법입니다. 혹여 다른 방법을 아십니까? 이렇게 국회의원들이 표 욕심 때문에 무조건 예산을 가져간다는 식의 표현은 '관료들이 정해 주는 대로 그냥 찍소리 말고 받는 것이 제일 좋다'는 말과 같습니다. 정말 그렇습니까?

제가 반복적으로 주장하지만, 현재의 예타 제도는 반드시 불균형을 수반합니다. 돈을 쥐고 있다는 이유로 사실상 모든 부처가 기재부의 눈치를 살피고 있는 상황에서 예타 평가 권한까지 독점적으로 갖게 되니 결정의 왜곡을 피할 길이 없습니다.

그런 이유로 김대중, 노무현 정부에서는 기재부를 분리시켰던 것입니다. 기획예산처와 재정부를 분리하여 예산과 관리를 나누었습니다. 하지만 경제기획원이라는 공룡 습성이 남아 있는 관료사회는 이러한 변화를 제대로 받아들이지 못했습니다. 모든 권한을 한 곳에 집중시키고 거기만 통제하는 과거제도로 돌아갔고 부처 위의 부처가 되어버렸습니다. 어떻게 기재부 관료만 국익을 위해 충성하고 다른 부처 관료들은 예산 빼먹는데 눈이 멀었다고 할 수 있겠습니까?

대통령 임기 5년에 예타 2년, 본타 1년, 예산 배정에 1년이 걸립니다. 이런 제도로 세월만 보내고 삽도 못 떠보고 넘어가는 사업이 대부분입니다. 모든 사업, 특히나 많은 예산이 투입되는 사업은 반드시 타당성을 검토해야 합니다. 하지만 부처에서 하는 본 타당성 조사로도 충분한 사업이 많습니다.

현재의 예타는 기준도 문제지만 그 과정의 공정성도 의심받고 있습니다. 민주주의 기초 원리로 선출된 정부가 관료들의 눈치를 살피고, 국민의 뜻을 충실히 받들지 못하고 있습니다.

정치권과 언론이 모두 수도권 부동산 문제를 걱정합니다. 그런데 진짜 걱정인지, 걱정하는 척하며 정부의 정책을 비꼬는 것인지는 잘 모르겠습니다. 진짜 걱정한다면 수도권 인구를 분산해야 하고, 균형발전을 실현하기 위해 부익부를 강화하는 예타를 반드시 폐지해야 합니다. 지금 획기적인 방향 전환을 하지 않으면 부동산을 잡기도 균형발전을 하기도 어려울 뿐만 아니라 장기적으로 수도권 시민들을 아파트 한 채의 노예로 만들게 될 것입니다.

지방자치법 개정,
협력과 연대의 힘이 필요합니다

2020 09 17

지방자치법 개정안과 관련하여, 저는 정부가 제안한 내용보다 조금 더 변화가 필요한 부분을 개정한 내용으로 법안을 제시했고 그 내용을 설명드린 바 있습니다.

이 내용이 병합되어 정부안과 저의 안이 하나로 정리되어 현재 심사가 진행되고 있습니다. 불만이 없는 것은 아니지만 신속한 통과가 필요하니 그나마 제가 제시한 문제들이 검토되고 있는 점은 나름 다행이라

자치분권과 균형발전을 위한 외침

생각합니다.

그럼에도 제가 제안한 개정안에 대한 행안부의 검토의견을 보면 자치분권 정책을 대하는 행안부의 입장에 대해 실망스러운 것이 사실입니다.

저 역시 행자부 장관을 했기 때문에 대체적인 분위기도 알고 그 부처가 어떤 분위기가 강한지 자연스럽게 알고 있습니다. 그래서 더 진행이 더딘 게 아닌가 걱정되기도 합니다.

행안부 장관께 묻고 싶습니다. 문재인 대통령은 "획기적인 자치분권 추진과 주민 참여의 실질화"를 핵심 국정과제로 못박았습니다. 자치분권국가는 노무현 대통령의 오랜 염원이자 균형발전을 위해 노력해 온 많은 사람들의 소망같은 것입니다. 그럼에도 행안부의 태도는 여전히 소극적입니다. 저는 그 점이 참 아쉽고 서운합니다. 저에게는 조직 기득권과 관료 이기주의로밖에 해석되지 않습니다.

풀뿌리라는 말은 아래로부터 시작한다는 말입니다. 우리는 행정과 정치 영역에서 너무 보수적입니다. 아직도 국가와 국민의 관계를 통치의 주체와 대상으로 보는 관점의 습관과 인습이 남아 있습니다. 이제는 이런 과거의 관행을 벗고 중앙에서 지방, 풀뿌리로 뻗어가야 우리가 부러워하는 진정한 선진국으로 갈 수 있습니다. 이제 우리나라 민주주의도 대선이나 총선같은 이슈적 담론 수준의 투표 관념을 넘어설 필요가 있습니다. 정치의 체감성을 높이기 위해서는 지방정부의 조례제정권과 자치조직권을 대폭 확대하고, 주민투표를 실질화하여 명실상부하게 '지방정부'로 기능하게 할 필요가 있습니다.

특히 읍면동 수준의 행정책임자 선출 방식을 다양화하여 정치의 효용감을 높이고, 조례제정권의 단서조항을 삭제하여 주민의 자기 결정권을 폭넓게 보장해야 합니다. 주민이 요건을 갖춰 문제를 제기하는 안건은 단체장의 재량이 아니라 의무적으로 투표에 부칠 수 있어야 합니다. 제가 제안한 내용은 위 사항에 덧붙여 지방자치단체를 '지방정부'로 부를 수 있게 하자는 것이 전부입니다.

저는 문재인 정부가 자치분권에 의미 있는 족적을 남긴 정부로 기억되기를 소망합니다. 이유는 하나입니다. 이제 우리도 그런 사회를 운영할 때가 되었습니다. 이를 위해 지방 재정의 힘을 튼튼히 하는 것, 사무이양, 모두 중요합니다. 그렇기 때문에 자치분권의 핵심적인 내용들이 빠져서는 안 됩니다.

대한민국은 아직도 일사불란한 사회운영과 위에서 아래로의 통치가 더 중요하게 느껴지는 사회입니다. 중앙이 기준과 방침을 정하면 지방은 따라만 가면 된다는 방식으로는 새로운 자율과 창의의 사회를 대응할 수 없습니다. 어느 당보다 민주당은 이런 고정적인 관념을 깨고 새로운 시대변화에 앞장서야 합니다. 그 첫 번째 시도인 이번 지방자치법 전부개정안에 선배 동료 의원님들의 더 많은 관심을 촉구드립니다.

자치분권과 균형발전을 위한 외침

부울경 행정통합으로
동남권특별자치도를 시작합시다

2020 09 23

여러분도 잘 아시겠지만 원래 지금의 부산, 울산, 경남은 하나의 행정 구였습니다. 부산이 먼저, 울산이 나중에 독립적인 광역시로 떨어져 나가면서 지금은 '부울경'이라는 단어로 불리고 있습니다. 부울경의 산업이 발전하고 인구가 증가하면서 나타난 현상입니다.

저는 도지사 재임시부터 동남권특별자치도 설치를 제안하면서 부산, 울산, 경남의 행정통합을 제안한 바 있습니다. 지금도 여전히 필요하고 그 당시보다 필요성이 훨씬 커졌다고 생각합니다.

이유는 두 가지입니다. 주력산업의 쇠퇴와 인구의 감소 때문입니다. 2000년대 초반만 해도 조선, 자동차, 기계, 석유화학 등을 주력으로 호황을 구가하던 시기였습니다. 부산은 누구나 아는 대한민국 제2의 도시였고 울산은 20년째 GRDP 1위를 놓치지 않았으며 조선산업의 메카인 거제에서는 '강아지도 1만 원짜리를 물고 다닌다'는 우스갯소리가 있을 정도로 잘나가던 시절이었습니다.

그러나 이제는 상황이 바뀌었습니다. 인구는 정체되었거나 감소하고 있고 주력산업도 녹록하지 못한 미래를 말해줍니다. 기업들과 노동자들이 최선을 다해 기업경쟁력을 살려보려 피눈물 나는 노력을 하고 있지만 한계가 있을 수밖에 없습니다. 그런 노력이 빛을 보려면 행정통합이 필수적입니다.

4장 균형과 분권이 나라를 살린다   256

부울경 행정통합을 통해서 규모의 경제를 달성하고 중복투자가 가져오는 부작용을 제거하며 각자가 가진 자원의 활용을 극대화해야 합니다. 안타깝게도 부울경의 산업구조는 전통 주력 제조업에서 한발도 나아가고 있지 못한 것이 현실이고 R&D에 기반한 첨단산업은 눈에 띄지 않습니다. 이런 상태로 제2의 도약을 꿈꾸는 것은 희망 사항에 머무를 수밖에 없습니다.

첨단산업을 일으킬 수 있는 기초를 마련하는 것이 우선입니다. 기계장치산업은 중앙정부의 지원과 인력 투입으로 발전이 가능했지만 연구인력이 많이 필요한 첨단산업은 그런 패턴이 작동되지 않습니다. 연구인력 수급을 위해 기업들은 수도권을 벗어날 수 없습니다.

그동안 자주 듣던 부울경 메가시티는 바로 이러한 통합의 필요성을 모두가 공감하기 때문에 만든 신조어였지만 대중교통 환승 시스템조차 완성하지 못하는 실정입니다. 대중교통도 통합 못하면서 수도권과 같은 경쟁력을 기대하는 것은 우물에서 숭늉 찾는 격입니다. 이것이 현실입니다.

이런 현실을 타개하기 위한 첫 작업으로 오늘 오후 2시 부산시의회에서 광역전철 어떻게 놓을까를 주제로 토론회를 개최합니다. 광역철도망은 부울경 통합의 실핏줄로 작용할 것이기 때문에 부울경 통합의 기초를 만든다는 마음으로 준비했습니다.

국가적으로는 균형발전체제를 정착시켜야 합니다. 전국에 5개 정도의 서울을 만든다는 각오가 없으면 이런 고민은 부울경 만의 문제로 끝나지 않습니다. 획기적으로 중앙정부와의 협력을 기초로 광역과 기초 자치정부가 지역 발전의 책임을 지도록 해야 합니다. 그런 이유로 지방자치법을 개정하는 데 앞장서고 예비타당성 폐지법을 발의한 것입니다.

지금부터 행정통합으로 부울경의 반전 드라마를 써야 합니다. 커지면 나누고 작아지면 합치는 유연성의 발휘야말로 우리 부울경의 현명한 미래입니다. 부울경의 시도민들이 적극적으로 논의에 불을 지펴야 합니다. 통합된 동남권특별자치도를 기대합니다.

예비타당성제도 재검토에
국회가 앞장서야 합니다

2020 11 05

어제 우리 당 최고위에서 염태영 최고위원께서 '예타 제도'에 대한 전면적인 재검토와 대안을 만들어야 한다는 주장을 한 데 이어, 예결특위에서도 정세균 총리께서 "지역균형발전을 통한 국가 경쟁력을 어떻게 높일 것이냐는 중요한 과제에 대해 심각하게 생각해야 할 시점"이라며 "과거에 만든 제도를 변화 없이 가져가는 게 최선인지, 작년부터 수도권 인구가 집중된 상황에 대한 치유책도 있는지 정부가 당연히 검토해야 한다"라며 국회 차원에서 여야가 지혜를 모아 줄 것을 요청하셨습니다. 그렇습니다. 이 문제는 이제 국회가 주체적으로 풀어야 할 문제입니다.

예타 제도의 전면적 개혁을 주요 내용으로 제가 지난 9월에 발의한 국가재정법 일부개정안의안번호 제2103520호에 대해 이제 본격적인 논의가 필요한 상황입니다. 오는 11일과 16일, 기획재정위원회 법안소위에서 이 법안에 대한 본격적인 심사가 진행될 예정입니다. 저는 이번만큼은, 그저 '예타 대상 금액의 증액'이나 '점수 배점 조정' 차원을 벗어나, 새로운 시스템에 대한 고민이 필요하다고 생각합니다.

제가 제안한 내용의 핵심은 예비타당성조사의 수행 주체를 기획재정부에서 각 중앙관서의 장으로 변경한 것과 지역균형발전을 위한 사안인 경우 국가균형발전위원회가 직접 예타를 수행하도록 한 것입니다. 미국과 일본에서는 공공투자사업에 대해서 각 부처에서 사전평가를 담당하고 있고, 영국의 경우 관문심사Gateway Review를 통한 사전평가를 시행하기는 하지만 예산 배정의 근거로는 활용되지 않는다는 점에서 우리나라와 차이가 있습니다.

국회 기획재정위원회에서는 이 법안에 관한 검토보고서에서 "개정안과 같이 예비타당성조사 수행 주체를 기획재정부 장관에서 중앙관서의 장 및 국가균형발전위원회로 변경하게 되면, 예비타당성조사 수행에 있어 각 부처의 다양한 특수성 및 전문성을 예비타당성조사에 반영할 수 있을 뿐만 아니라 지역 간 균형 및 형평성에 대한 충분한 고려가 이루어질 수 있다는 점에서 입법 취지에 타당한 측면이 있다"고 평가했습니다.

또한 "현재 국가연구개발사업R&D에 대해서 수행 주체는 기획재정부 장관으로 유지되고 있으나, 과학기술부 장관에게 위탁하여 실시함으로써 예비타당성조사 기간이 단축되고 다양한 사업유형을 고려한 조사체계를 갖추는 등 상당한 성과를 이루었다고 밝히고 있는 점을 고려할 필

자치분권과 균형발전을 위한 외침

요가 있다"고 적었습니다. 기재부가 반대 논리로 주장해 온 것처럼 주무 부처가 타당성 평가체계에 관여하는 것이 특별히 우려한 문제점을 남발할 것이라는 것은 근거가 미약하다는 것입니다.

예타 제도를 현행대로 일원화해서 유지해야 공공투자 예산이 절약된다는 믿음은 말 그대로 믿음일 뿐이며, 가정에 불과합니다. 기재부는 이 낡은 논거를 십수 년째 반복하고 있습니다. 저는 현재의 예타 제도가 대한민국의 미래를 발목 잡고 있다고 생각합니다. 국토 다극화와 광역 행정통합을 향한 움직임이 급속하게 이루어지고 있는 시점에서 이러한 변화를 뒷받침할 수 있도록, 공공투자시스템에 대한 과감한 개혁이 필요합니다.

동료의원 여러분들의 적극적인 동참과 국민 여러분의 응원을 부탁드립니다.

부울경의
두 번째 도약을
함께합니다

가덕도 신공항
책임지고 추진하겠습니다

오늘 김해신공항 추진에 대한 검증위원회의 검증 결과가 발표되었습니다. 김해신공항 검증위원회의 검증 결과는 김해신공항의 근본적인 재검토가 필요하다는 결론에 도달했습니다. 관문공항關門空港의 의미가 법적으로 정의되어 있지는 않지만, 대형 공항이라는 점을 볼 때 안전에 상당한 부담이 따른다는 것이 검증위의 설명입니다. 지금이라도 이런 검증 결과가 나올 수 있어서 천만다행입니다.

그동안 김해신공항 계획이 합당한지, 안전한지, 적합한지에 대해 이런 저런 말들이 많았고 이를 불식하기 위해 국무총리 산하에 검증위원회를 두기로 하였고 부울경 모두가 이 검증위의 검증결과를 따르기로 약속했습니다. 검증위의 의견은 안전문제가 확보되지 않았다는 것으로, 안전이 최우선이어야 할 공항의 조건에서 매우 심각한 결함이 아닐 수 없습니다. 오늘 검증위의 결과발표를 두고 부울경이 어떤 공통의 입장을 취해야 할지에 대해서는 더 논의가 진행되겠지만 현실적으로 안전문제가 제기된 공항계획을 계속 추진하기는 어려울 것입니다.

김해신공항의 문제가 드러났다는 것은, 이제 가덕도 신공항에 대한 검토도 본격적으로 진행해야 한다는 의미를 갖습니다. 동남권 관문공항과 관련해서 현실적으로 다른 입지를 고려하기는 어렵기 때문입니다. 그런 면에서 당에서 내년도 예산에 가덕도 신공항 연구용역비를 포함시

4장 균형과 분권이 나라를 살린다   262

킨 것은 천만다행한 일입니다. 국토부와 기재부도 이제 검증 결과가 나온만큼 국가균형발전의 큰 대의 아래, 대안 마련에 적극적으로 협조해야 할 것입니다.

이미 우리 당에서는 가덕도 신공항 조기 추진과 이를 위한 패스트트랙으로 특별법을 검토하고 있습니다. 법안에 특례조항과 면제조항, 예외조항을 삽입하여 적어도 2030년 부산엑스포에 활용될 수 있도록 해야 할 것입니다. 민주당은 이 일을 책임지고 추진해야 합니다. 또다시 신공항 문제에 대해 책임을 회피하면서 부울경 시민들을 희망고문하는 일은 없어야 합니다. 제가 앞장서겠습니다. 가덕도 신공항으로 부울경 도약의 제2의 막을 열겠습니다.

대한민국 균형발전에 획을 긋는 사업으로 가덕도를 바라봅시다

2020 11 20

김해신공항에 대한 검증위원회의 발표에 대해 대구, 경북권의 불편한 심기가 이어지고 있습니다. 권영진 시장과 이철우 지사는 물론 주호영 원내대표까지 '도둑질'이라는 험한 표현까지 써가며 목소리를 높이고 있습니다.

공항의 안전문제를 근본적으로 재검토해야 한다는 검증위의 발표가 곧 가덕도 신공항의 추진으로 연결된다는 점을 애써 외면하지 않더라도

자치분권과 균형발전을 위한 외침

공항의 위치가 단지 35km 정도 변경되는 문제에 대해 이렇게까지 서로가 반목해야 하는지 참으로 난망한 상황입니다.

조금 더 큰 시야를 가지고 이 문제에 접근하는 자세가 필요합니다. 수도권 관문공항의 필요성 얘기가 나온 것이 1971년이었고, 인천국제공항 개항이 2001년이었습니다. 그사이 세 번 정도 입지 문제로 정책 결정이 오락가락했고, 최종적으로 서울과 가까운 후보지로 뽑힌 것이 시화와 영종도였습니다. 이 과정에서 이전 후보지였던 청주는 중부권 거점공항이 됐습니다.

영종도로 낙점된 것이 1988년이고 개항이 2001년입니다. 거점공항 논의에서 개항까지 30년, 건설에만 13년이 걸렸습니다. 이후 인천국제공항은 인천, 서울, 경기 서부권 전역 발전에 큰 역할을 해왔습니다. 이처럼 거점공항은 큰 시각으로 수요를 봐야하고, 해당 권역의 그랜드 디자인을 함께 고려해야 합니다. 이렇게 볼 때 작은 지역주의가 아닌 영남권 미래의 큰 전망을 함께 바라보고 논의를 진전시켜야 합니다.

이미 잘 알려진 일이지만 가덕도 신공항 얘기가 나온 것이 벌써 언제입니까? 2006년 처음 얘기가 나오고 15년입니다. 벌써 비행기가 뜨고 내리고도 남을 세월입니다. 하지만 이명박 대통령도, 박근혜 대통령도 득표를 위해 가덕도 신공항을 약속해놓고 TK의 불만과 반대를 염려하여 김해공항 확장이라는 이도 저도 아닌 미봉책을 내놓았던 것입니다.

결과적으로 이번 김해신공항에 대한 검증위원회의 검증결과 발표는 국책사업을 손바닥 뒤집듯 뒤집은 것이 아니라 국민의 안전을 최우선 기준으로 과거의 잘못된 정책 결정을 다시 정상으로 돌려놓은 것입니다.

저는 오히려 이번 검증위의 발표가 장기적인 공항의 안전을 위해 다행이라는 생각을 갖고 있습니다. 전 세계 2만여 개의 공항 중에서 안전상의 문제가 있는 24개에 포함되어 있었다는 점을 외면해서는 안됩니다.

더 큰 시각으로 가덕도를 바라봐야 합니다. 이걸 부울경의 사업으로 바라보면 국가의 미래를 볼 수 없습니다. 가덕도 신공항은 서울공화국으로 병들어가는 수도권 집중을 해결하고 전국을 고루 발전시키자는 균형발전사업이자 국토재편 백년대계 프로젝트입니다.

인천공항에 맞먹는 동북아 허브공항을 만들고 남부내륙철도와 진해 신항이 완공되면, 부울경은 상해와 맞먹는 아시아 경제수도로 우뚝설 수 있습니다. 또 부산,울산,경남이 하나의 동남권 메가시티로 발전하고 수도권과 어깨를 나란히 하면서 나라 경제를 이끌어갈 수 있습니다.

가덕도 신공항이 들어서고 균형발전 항로가 열리면 발전의 시너지는 대구와 경북에도 돌아갑니다. 어떻게 부울경에만 좋고 나머지에게는 모두 손해가 되는 일이 있겠습니까?

주호영 원내대표를 비롯한 대구•경북 지도자들께 부탁드립니다. 정치가 10년 앞도 못 보면 국가 대계를 세울 수 없습니다. 10년 보수정권의 책임회피와 표밭 관리 때문에 아직도 위치조차 잡지 못하는 이 한심스러운 상황을 해결해야 합니다. 기왕에 논의의 물꼬가 터진 김에 미래를 멀리 보고 넓게 보고 국가발전의 백년대계를 내다보는 관점이 필요합니다.

지금은 질시와 반목이 아니라 영남 전체가 어떤 그랜드 디자인을 통해 어떤 발전 전략을 짜야 하는지를 생각해야 합니다. 이를 위해 필요한 것은 질시와 반목이 아니라 국가 대개혁 프로젝트로 인정하고 이에 힘을 합치는 대승적 관점입니다.

동남권 광역전철
민주당이 책임지겠습니다

2021 01 21

더불어민주당이 부산시장 보궐선거 공약으로 동남권 광역전철망을 전면에 내세우기로 결정했습니다. 부울경 소속 의원으로서 크게 환영하며, 당이 지역에 대한 비전 제시하면서 이 부분을 더욱 책임 있게 추진했으면 좋겠습니다.

저는 지난해 총선 공약에서 동남권 광역전철망 구축을 공약했고, 부산에서 광역전철 토론회를 주최했습니다. 광역전철망이야말로 부울경을 다시 살리는 핵심 인프라이기 때문입니다. 장기적으로는 부울경 일대를 지나는 순환선과 주요 거점을 잇는 GTX 수준의 고속전철망까지 되어야 할 것입니다.

재보선기획단장인 전재수 의원께서는 경남 창원시 마산역~부산시 부전역~울산시 태화강역으로 이어지는 경전선과 동해남부선 복선 구간에 전동열차를 운행토록 하겠다는 것을 일차적 과제로 제시하셨습니다. 당연히 이 노선은 부울경 광역전철의 기본 노선이기에 조속히 확정되어야 합니다.

다만 그것만으로는 부족합니다. 지역의 거주 인구와 산업 흐름을 고려한 더 정교한 노선들도 설계해야 합니다. 시점을 염두에 두되, 지역 거점을 잇는 광역전철은 더 많이 구축되어야 합니다. 제가 추진하고 있는 양산 웅상선도 같은 맥락입니다.

부울경 광역전철망은 향후 가덕도 신공항이 건설되면 산업과 물류에 있어 큰 시너지 효과를 만들어 낼 것입니다. 공항 완공 시기에 맞춰 기본적인 노선이 마련될 수 있도록, 저도 당과 힘을 모아 최선을 다하겠습니다.

가덕도 특별법
야당의 진정성을 촉구합니다

2021. 01. 29

오늘 부산에서 열린 현장 최고위원회에서 "가덕도 특별법을 2월 중에 처리하겠다"는 이낙연 대표의 공언이 있었습니다. 더구나 "설령 야당 지도부가 반대한다고 해도 저희는 갈 길을 가겠다"고 강조하신데 대해 부울경 지역 의원의 한 사람으로서 깊이 감사드립니다.

가덕도 신공항 같은 사업은 이런 강력한 의지와 실천으로만 지역민에게 우리의 진심을 보여줄 수 있습니다. 얼마 전 김종인 비대위원장은 "신공항 하나 한다고 부산 경제 안 달라져"라고 말했다가 야당 내부에서도 비판을 받고 있습니다. 특히, 주호영 대표는 가덕신공항에 대해 폄훼

자치분권과 균형발전을 위한 외침

하는 등 지역감정을 부추기고, 훼방을 놓고 있습니다. 야당 역시 정당을 떠나 대한민국의 미래를 위해 진정성을 보여주길 기대합니다.

애초 가덕도 신공항은 노무현 대통령의 지시로 검토가 본격화되었습니다. 이는 국가 균형발전에 대한 노 대통령의 의지와 관점을 정확히 보여주신 것이자 부울경의 미래를 보는 혜안 때문에 가능했습니다.

동남권 관문공항은 10년, 20년, 50년 후를 내다보는 프로젝트입니다. 우리 당이 제안한 가덕도 특별법에는 신공항의 패스트트랙을 위한 조치들이 담겨있습니다. 2030년 엑스포가 개최되는 일정에 맞춰달라는 지역민들의 바람에 화답하는 것이며 가덕도 신공항에 대한 민주당의 의지를 보여주는 것입니다. 참으로 잘한 일이고 바른 결정이었습니다.

더구나 오늘 이낙연 대표께서 그런 의지를 지역민 앞에서 다시 한번 분명히 밝히셨기 때문에 이제 가덕도 신공항 문제는 '실천의 과정'만 남았습니다. 부울경 의원님들과 더불어 정부와 부산시, 부울경 시도민들과 단합된 모습을 뚜벅뚜벅 걸어가는 데 앞장서겠습니다.

예비타당성 개혁 없이
균형발전은 불가능합니다

2021 03 10

오늘 오전 민주당 국가균형발전특위와 K-뉴딜위 지역균형분과에서 손명수 국토부 차관을 초청해 제4차 국가철도망계획에 관한 간담회를 가졌습니다. 균형발전을 국정과제의 중요한 기치로 내건 문재인 정부에서, K-뉴딜의 무게중심을 균형발전으로 크게 방점을 찍으면서 철도망 문제는 더욱 중요한 문제로 부각되고 있습니다. 더군다나 지역별 초광역행정통합이 가시화되면서, 그 물리적 토대가 되는 교통망^{철도망} 확보는 더욱 중요한 현안이 되었습니다.

올 상반기에 발표될 제4차 국가철도망계획은 향후 10년 국가 철도망의 초석을 놓는 자리가 됩니다. 지난해 6월 기준으로, 수도권 인구가 이미 전국민 인구의 절반을 넘어선 상태입니다. 수도권 과포화와 지방 공동화가 심각한 상태입니다. 지역 단위의 유효한 철도망 확보는 수도권 일극화를 해소하기 위한 첫 단추이자 핵심 사안이라고 볼 수 있습니다.

기존의 계속 사업만으로 60조 원이 소요됩니다. 초광역권 형성을 위해 지역이 체감할만한 정도의 철도망 확보를 위해서는 현재 수준으로는 턱없이 모자랍니다. 기재부는 신규 철도망을 30조 원 아래로 묶으려 하는데, 이렇게 되면 지방은 노선 증설이 거의 불가능할 것입니다. 신규 철도망도 개별 예타를 거쳐 우선 순위가 마련되는데, 그렇다면 대부분 수도권이 가져갈 것이라고 봐야 합니다.

일부 의원께서는 지역균형 뉴딜을 실체화하기 위해서는 신규로 약 1백조 원의 추가 철도망 예산투여가 필요하다고 말씀하십니다. 저도 상당 부분 동의합니다. 그러나 국토부 차관의 지적처럼, 현행 예타 체제가 존속하는 한 개별 철도망은 모두 예타에서 걸러지게 됩니다. 이것을 해소하려면 또다시 대거 예타를 면제하는 무리수를 둘 수밖에 없는 것입니다.

저는 국가재정법 개정안을 통해 기존 예타 제도의 완전한 개혁을 제안했습니다. 그 중요한 내용 중 하나가 "지역 균형발전을 위한 사업 중 구체적인 사업 계획이 수립되고 국무회의를 거쳐 확정된 사업"의 경우 국가균형발전위원회가 예타를 실시하도록 하는 내용입니다. 국가가 정책적으로 확정한 사업은 균발위가 균형발전의 시각에서 새로운 측정 요소를 가지고 예타를 진행할 필요가 있습니다.

국가재정법 관련 공청회가 당초 오는 17일로 예정되었는데, 협의가 되지 않아 미뤄지고 있다는 소식입니다. 기재위에서 조속히 공청회 일정을 확정해 주시길 부탁드립니다. 예타 개혁 없이 균형발전은 불가능합니다. 당연히 초광역 단위 행정통합도 차질을 빚을 수밖에 없습니다. 문재인 정부의 균형발전뉴딜 성공을 위해 반드시 예타 제도를 개혁해야 합니다.

'과감한 지방분권 급진적 균형발전 신구상'으로 대한민국을 바꾸겠습니다

2021 05 13

대선 후보는 자신의 비전과 철학을 가지고 승부해야 합니다. 뚜렷한 국가 비전과 비전을 실현할 정치 철학이 없다면 새로운 시대의 지도자가 될 수 없습니다. 국민은 대한민국을 한 단계 위에 올려 놓을 새로운 비전과 철학을 원하고 있습니다.

지난해 가을부터 자산 불평등 해소가 이번 대선에서 논의할 시대적 과제라고 선언했습니다. 불평등을 해소할 방책으로 국민기본자산제를 제안하고 다섯 도시를 돌며 설명해왔습니다. 국민기본자산제의 목표는 시대적 과제인 자산 불평등 해소입니다.

국민기본자산제와 함께 자산 불평등 문제를 근본적으로 해결하기 위해서는 과감한 지방분권, 급진적 균형발전'이 필요하다 강조해 왔습니다. 선진국이 지방분권을 잘하는 것이 아니라, 지방분권을 잘 한 나라가 선진국이 됐습니다. 우리 앞에는 부동산 문제 해결, 자산 불평등 해소라는 당면 과제도 있지만, 중장기적으로 경제발전을 위한 인재 육성, 민주주의 심화라는 숙제도 있습니다. 중장기적 과제를 해결하기 위한 국가적 과제가 지방분권과 균형발전입니다.

'벚꽃 피는 순서대로 망한다', '수도권에만 사람이 살고 지방은 국립공원 된다'는 말이 회자 될 정도로 지방소멸위기와 수도권 과밀집중은 망국적 현상입니다. 이는 불평등의 또 다른 모습입니다. '지잡대' 같은 표현이 거리낌 없이 쓰일 정도로 지방에 대한 멸시와 차별이 존재하고 있는 것이 사실입니다. 이제 급진적 실천을 통해 지방분권・ 균형발전을 과감하게 추진해야 합니다.

먼저 행정수도를 완성해야 합니다. 행정수도 이전이 관습헌법 위반이라는 해괴한 위헌 판결을 받았으나 대부분의 정부 부처가 이전한 상태입니다. 아직 남아 있는 정부 기관은 서둘러 이전을 완료해야 합니다.

그리고 국회를 이전해야 해야 합니다. 국회 상임위뿐 아니라 국회 전체를 세종시로 이전해야 합니다. 국회 터와 국회 때문에 건축 제한을 받았던 인근 지역을 서울시민에게 돌려드려야 합니다.

오랫동안 말만 무성했던 청와대 이전도 다음 대통령 임기 중에 반드시 실천해야 합니다. 청와대 자리에는 우리나라에 없는'대통령 기념 박물관'을 만들어, 역대 대통령들의 공과를 알리고 후대의 교훈으로 삼게 해야 합니다. 북한산 전체를 시민의 휴식처로 개방해야 합니다.

대법원과 헌법재판소도 이전할 지역을 선정해 빼내야 합니다. 대법원과 헌재가 들어설 지역에 법조 신도시를 만들어 모든 국민이 사법 서비스를 받기 편하게 만들어야 합니다.

제2차 공공기관 지방 이전에도 속도를 내야 합니다. 1차 지방 이전에는 구상부터 마무리까지 16년이 걸렸습니다. 혁신도시가 자리 잡는 데 긴 시간이 걸리는 것을 생각하면 기관 이전은 1차 때보다 빨리 진행되어야 합니다.

경남도지사 시절 파격적으로 제안했던 동남권 특별자치도 구상은, 지난해부터 국토 다극화 논의로 발전하여 우리 당의 당론이 되었습니다. 국토 다극화는 균형발전의 최대 비전입니다. 국토 다극화를 실현하려면 비전과 경험, 통찰력을 갖춘 지도자를 중심으로 콘텐츠를 만들어가야 합니다.

'과감한 지방분권'과 '급진적 균형발전'은 새로운 미래로 가는 수레의 두 바퀴입니다. 현재 그 내용을 가다듬고 있습니다. 참여정부 초대 행자부 장관으로 지방분권 3법을 만들고, 행정수도 이전 계획을 만들었습니다. 이장, 군수, 도지사를 거치며 우리나라 지방분권의 상징적 인물이 됐습니다. 김대중 대통령이 단식을 해가며 되찾아온 지방자치, 노무현 대통령의 꿈이었던 지방분권, 문재인 대통령의 핵심 정책인 지역균형발전을, '김두관의 과감한 지방분권 급진적 균형발전 신구상'으로 이어받으려 합니다. 더 가다듬어 비전과 철학을 잘 설명하겠습니다.

대한민국에 사는
모든 국민과
함께합니다

제헌절에
서울공화국 해체를 다짐합니다

2021 07 17

선진국 대한민국을 가로막는 근본 모순, 최대 불공정은 '서울 올인, 지방 차별'입니다. 지금 저를 제외한 모든 경선 후보는 아파트, 철도, 기업, 대학! 이 세상 모든 좋은 것은 서울로 몰아주자고 합니다. 부동산도 용적률 높이자, 그린벨트를 해제하자, 수도권에 신도시 더 만들자고 합니다. 서울에 지하도시 만들자고 할 날도 멀지 않은 것 같습니다.

3기 신도시는 2기 신도시를 죽일 것입니다. 이를 모르는 사람은 없습니다. 그걸 뻔히 알면서도 추진하는 이유도 서울공화국을 근본적으로 수술할 생각이 없고, 대한민국의 기득권자들, 민주당 경선 후보들 조차 모두 서울에 집과 땅을 갖고 있기 때문입니다.

서울 사람만 잘사는 '서울공화국'을 이제 해체해야 합니다. 자치분권을 신념으로 정치를 해 온 저 김두관은 아무리 힘들어도, 저 혼자서라도 서울공화국 해체를 외치겠습니다. 지방이 죽어간다고, 여기도 사람이 살고 있다고 외치겠습니다.

오늘은 뜻깊은 제헌절입니다. 헌법은 나라의 미래입니다. 73년 전에는 민주공화국이 대한민국의 미래였습니다. 오늘날 대한민국의 미래는 지역도 당당한 '지역공화국'입니다. 이제 서울공화국으로 망할 것인지, 연방공화국으로 흥할 것인지 결정할 때입니다.

한 곳에 모든 것을 다 주고 선진국이 된 나라는 한 나라도 없습니다.

자치분권과 균형발전을 위한 외침

진짜 선진국으로 가려면 오히려 연방제 개헌을 해야 합니다. 전국을 수도권, 충청, 호남, 부산울산경남, 대구경북, 이렇게 다섯 개로 나누고, 제주는 관광으로, 강원은 평화로 특별도를 만들어야 합니다.

노무현 대통령께서는 저에게 서울이 다 해먹는 구조를 바꿔야 나라가 산다고 하셨습니다. 그래서 수도 이전과 혁신도시, 공공기관 이전을 하셨습니다. 지방이 골고루 발전하는 나라, 서울에 오지 않아도 행복한 국민, 노무현 대통령의 꿈이었습니다. 김두관이 연방제 개헌으로 노무현의 꿈을 완성하겠습니다.

문재인 대통령께서 말씀하신 연방제 수준의 자치분권, 김두관이 완성하겠습니다. 서울공화국을 해체하겠습니다. 전국에 서울을 5개 만들겠습니다. 수도권 집중이 만든 부동산, 교육, 교통, 환경 문제를 완전히 해결하겠습니다.

서울에서 대학을 나와야 대접받는 사회로는 교육문제, 집값 문제 해결할 수 없습니다. 제대로 된 진짜 선진국을 제가 반드시 만들겠습니다.

민주당 경선 후보 김두관, 서울공화국 해체의 길로 대장정을 시작하겠습니다.

200조 원, 저를 주시면
먼저 지방에 서울대 4개 더 만들겠습니다

이재명 후보께서 '기본소득' 공약을 발표했습니다. 우선 저는 기본소득에 반대하지 않습니다. 노동 형태 변화로 경제구조가 근본적으로 바뀌는 현실에서 '기본소득'은 논의를 시작하는 것만으로도 의미 있는 일입니다. 하지만 모든 정책에는 순서와 완급이 중요합니다. 저는 기본소득이 소멸 위기로 내달리는 지방을 살리는 일 보다 앞선다고 절대 생각하지 않습니다.

연간 전 국민 100만 원, 청년세대 200만 원을 지급하려면, 최소한 연간 50조 원, 4년간 200조 원 이상의 예산이 필요할 것입니다. 만약 저에게 200조 원이 있다면, 앞뒤 가리지 않고 제일 먼저 지방에 서울대와 같은 수준의 대학을 4개 더 만들겠습니다. 서울로 공부하러 오지 않아도 되는 나라를 만들겠습니다.

지방 국립대학에 우수 교수진과 교육 인프라를 대대적으로 지원해서, 현재의 서울대 수준으로 만들고, 한 해에 3만 명 이상 신입생을 뽑겠습니다. 이렇게 하면 굳이 서울에 기를 쓰고 올라와서 사교육에 올인 하는 일도 없어지고, 계층이동 사다리도 복원되고, 수도권 집값도 잡고, 죽어가는 지방에 생명의 숨길을 불어넣을 수 있을 것입니다.

또 지방 민간병원에 대한 지원법을 만들어 거점 종합병원을 키우겠

자치분권과 균형발전을 위한 외침

습니다. 병에 걸리면 서울로 가야 하는 현실을 고치겠습니다. 서울엔 의료기관이 너무 많아 서로 경쟁하다 죽어가는 의료기관도 있지만 지방엔 산부인과, 소아과도 없는 도시가 부기지수입니다. 이런 이상한 현실을 뜯어고치겠습니다.

이렇게 쓰고도 돈이 남을 것입니다. 그 돈은 놀이공원, 미술관, 전시장, 박물관, 공연장 같은 문화시설에 투자하겠습니다. 즐길만한 문화시설은 수도권이 싹쓸이하고 있습니다. 이래 가지고는 서울행 상행선 열차 행렬을 멈출 수 없습니다. 서울에 있는 제일 좋은 문화시설을 지방에도 똑같은 수준으로 설치하겠습니다.

이재명 후보님! 그 200조 원 저에게 주십시오. 그러면 서울로 가지 않아도 행복한 나라, 지방도 잘사는 나라, 전국에 서울이 5개인 선진국을 만들겠습니다. 교육, 교통, 문화, 의료 모두 서울 수준인데 왜 서울로 몰려가겠습니까? 집값 잡고 사교육비도 줄이고, 기후위기도 막을 수 있습니다. 국가 경쟁력이 살아나서 일자리도 생기고, 그래서 기본소득을 지급하지 않아도 되는 나라로 직행할 수 있습니다.

억강부약이 이재명 후보님의 핵심주장입니다. 대한민국을 억강부약하려면 서울공화국을 해체하고 지방을 살려야 합니다. 억강부약의 원칙으로 볼 때, 기본소득이 우선입니까? 죽어가는 지방을 살리기 위한 서울공화국 해체가 우선입니까? 김두관은 서울이 5개인 행복한 나라를 만드는데 200조 원을 쓰겠습니다.

분권뉴딜에
321조 원을 투자하겠습니다

2021 08 12

여기 와인 잔이 있습니다. 지금 이 와인 잔이 꽉 찼습니다. 욕심을 버리지 못한 어리석은 정치인들이 넘치는 줄도 모르고 더 붓습니다. 와인 한 방울이 넘쳤고 부동산 폭등이라는 난리가 났습니다. 그래도 계속 붓습니다. 또 한 방울이 넘쳐 교통이 엉망이 되고, 또 한 방울이 넘쳐 환경이 엉망이 되고 있습니다. 성문 안엔 모든 것이 다 있고, 성문 밖의 마을들은 계속 사라지고 있습니다. 성문 밖 와인 잔에는 와인이 한 방울도 없습니다. 서울밖에 없는 나라, 대한민국의 자화상입니다.

국토 면적의 11.8%에 불과한 수도권에 인구 절반이 살고 있고, 대한민국의 좋은 것은 여기에 다 갖다 놓았습니다. 최고 권력기관 100%, 1,000개 기업 본사의 74%, 문화콘텐츠 산업의 86.2%, 상위 20대 대학의 80%가 성문 안에 있습니다. 무엇보다 기업 신규 투자의 75.8%가 수도권에 있습니다.

김두관은 장담합니다. 이번 대선이 서울공화국을 해체할 수 있는 마지막 선거가 될 것입니다. 2019년 12월, 이미 수도권 인구가 지방 인구를 앞지르기 시작했습니다. 서울공화국과 수도권 시민의 이해에 충실하지 않으면 대통령이 될 수 없습니다. 표가 적은 지방을 살리겠다고 서울공화국 해체를 외칠 후보는 김두관이 마지막일 것입니다.

저 김두관이 반드시 대통령이 되어 서울공화국을 해체하겠습니다.

광주, 부산, 대구, 대전을 서울보다 더 살기 좋은 도시로 키워 서울이 다섯 개인 나라, 그래서 지방이 더 잘사는 나라를 만들겠습니다. 전국을 경기권, 충청권, 호남권, 동남권, 대경권, 다섯 개 지방정부로 재편하고, 제주는 환경자치도, 강원도는 평화자치도로 키우겠습니다. 5극2특! 김두관이 설계하고 실천할 자치연방공화국의 미래입니다.

김두관은 분권뉴딜 예산 321조 원을 확보해, 서울에 있는 최고 수준의 교육·문화·산업 인프라를 지방에도 똑같이 건설하겠습니다. 지방 국립대학 지원금을 지금보다 4배 더 늘려 서울대와 교육 수준이 똑같은 대학으로 만들어, 좋은 대학 가려고 서울로 몰려가는 '교육 디아스포라'를 없애겠습니다. 청와대와 국회를 세종시로 옮겨 행정수도를 완벽하게 완성하고, 사법 신도시를 만들어 대법원과 대검찰청, 헌법재판소를 옮기겠습니다. 지방세 법인세의 과세권을 과감히 지방으로 넘겨 지방이 서울보다 더 우수한 기업들을 유치하도록 돕겠습니다.

대한민국 최고 기득권은 서울이고, 최고 불공정은 서울과 지방의 차별입니다. 서울공화국 해체가 대한민국 최고의 공정이고 정의입니다. 서울공화국 해체에 동의하지 않고, 서울과 지방의 차별에 침묵하면서 공정과 정의를 말하는 후보는 서울공화국 수호자요, 공정의 가면을 쓴 기득권세력일 뿐입니다.

누구는 성남공항에 아파트 3만 호를 짓고, 누구는 수도권에 기본주택 1백만 호를 공급하고, 또 누구는 초등학교 위에 아파트를 짓겠다고 합니다. 수도권에 아파트 공급 폭탄을 퍼붓겠다고 하면서, 좋은 것은 다 서울에 몰아주자고 하면서, 불로소득으로 재산을 불리겠다는 욕망에 무릎 꿇고 성안 사람과 성 밖 사람의 격차를 더 크게 벌리겠다고 하면서, 바로 그 똑같은 입으로 지방분권을 외칩니다. '뜨거운 아이스크림' 같은 헛공약이며, 서울공화국 수호자들의 위선일 뿐입니다.

서울공화국 해체는 서울시민도 살리는 길입니다. 서울시민들도 이제는 쾌적하고 품격 높은 도시를 원합니다. G8 수준까지 상승한 한국의 위상에 맞는 쾌적한 도시를 원합니다. 나쁜 공기, 막히는 교통, 살인적인 물가, 부동산 폭등, 서울공화국 해체가 아니면 해결할 수 없습니다.

서울공화국 해체, 서울이 다섯 개인 나라! 지금까지 서럽고 억울하게 살았던 지방뿐만 아니라, 서울에서 간신히 버티던 서울시민들까지 살릴 유일한 방법입니다. 중앙으로 집중되는 나라는 변방이 변방일 뿐입니다. 하지만 변방으로 뻗어가는 나라는 변방이 중심입니다. 변방이 모두 중심인 나라를 만들 사람, 이장, 촌놈, 몸뚱이 하나로 지역주의를 돌파해 온 김두관이 유일한 적임자입니다.

김대중 대통령께서 단식으로 쟁취한 지방자치, 노무현 대통령께서 못다 이룬 균형발전, 문재인 대통령께서 주창한 연방제 수준의 자치분권 국가, 김대중 노무현 문재인의 가치와 철학을 계승한 민주당의 유일한 개혁 후보, 변방에서 지역주의를 돌파하고 분권과 자치를 위해 평생을 싸워 온 김두관만이 완성할 수 있습니다.

서울이 다섯 개인 나라, 서울에 올라오지 않아도 되는 나라, 지방에 살아도 행복한 나라, 김두관이 반드시 만들겠습니다.

이재명 후보의 균형발전 공약,
반갑지만 아쉽기도 합니다

2021 08 22

이재명 후보께서 어제 발표한 균형성장 지방분권 공약에 대체로 동의하고 환영합니다. TV토론을 보신 분들은 아시겠지만, 후보 간 토론회가 거듭될수록 국가균형발전은 토론의 중심 주제가 되고 있습니다. 다음 정권의 최대 과제가 '서울공화국 해체, 지방도 잘사는 나라'라는 사실을 우리 당 대선 후보 모두 인정하고 있다는 뜻입니다.

'서울공화국 해체, 지방도 잘사는 나라'를 국가 비전으로 이미 오래전에 밝혔고, 5개의 서울과 2개의 특별도로 국가발전전략을 수정할 것을 강조했던 제 입장에서는 경쟁 후보들 모두 자치분권과 균형발전에 큰 관심을 보이는 것에 안심하고 있습니다. 특히 오늘 공약을 발표한 이재명 후보의 경우 저의 '5개 서울 2개 특별자치도' 비전에 전적으로 동감한다고 말씀해 주시니 더욱 고맙습니다.

이 후보 공약 중 강원호남축 경박단소형 첨산산업 집중 배치, 2단계 공공기관 지방 이전 조속 추진, 법인세 지역별 차등화, 국세 지방세 비율 조정 등은 전적으로 동의합니다. 그러나 어제 발표한 내용에 좀 부족한 부분이 있어 말씀드리고자 합니다.

첫째, 미진한 부분은 행정수도 이전입니다. 이재명 후보는 대통령 제2 집무실 설치, 국회 분원 설치, 행정부 추가 이전을 약속하셨지만, 이 정도로는 부족합니다. 행정수도 완성을 목표로 청와대와 국회, 행정부 전체를 완전히 옮겨 충청권을 행정수도권으로 확실히 발전시켜야 합니다. 이재명 후보가 자치분권 개헌을 약속한 이상, 행정수도 완성을 위한 내용이 개헌에 포함되지 않을 이유가 없습니다.

참여정부 초대 행자부 장관으로 균형발전 3법을 입안했던 경험으로 말씀드리자면, 행정수도 이전은 과밀한 수도권을 해체하는 국가균형발전의 상징적 불가역적 조치입니다. 행정수도가 완전하게 이전하지 못하고, 찔끔 이전에 그치면 균형발전 정책 전체가 위험합니다. 행정수도 완전 이전에 망설이지 말고 동의해 주시기 바랍니다.

둘째, 반드시 들어가야 하지만 포함되지 않은 내용도 있습니다. 균형발전이 성공하려면 사법 신도시를 만들어 대법원과 헌법재판소를 반드시 이전시켜야 합니다. 모든 권력기관의 100%가 서울에 몰려있는 상황을 해소하기 위해서라도 사법 신도시를 만들어야 합니다.

2004년 행정수도 위헌 판결을 내렸던 헌재가 지방에 있었다면 과연 그런 결정을 내렸을지 지금도 의문입니다. 마침 당시 위헌 판결문에도 대법원과 헌재는 수도가 포함해야 하는 기능에 들어가지 않는다고 했으니, 사법 신도시를 지정해 사법기관들을 대거 이전하는 것은 국회 이전보다는 훨씬 쉬울 것입니다.

셋째, 중요하지만 빠진 부분도 있습니다. 초광역 경제생활권에 필요한 중앙정부의 인프라 지원 문제입니다. 서울이 다섯 개인 나라를 만들기 위해서는 각 권역별로 철도, 공항, 대학, 문화시설 등의 인프라가 필요합니다. 중앙정부가 초광역 정부에 인프라 건설을 지원하지 않는다면,

자치분권과 균형발전을 위한 외침

분권은 거꾸로 지방정부 간의 빈익빈 부익부 현상을 더 심화시킬 수도 있습니다. 이재명 후보의 공약에는 지방세 비율을 높이고, 법인세를 차등화하겠다는 것 외에, 중앙정부가 초광역 정부를 지원하겠다는 의지를 밝힌 부분이 없어서 아쉽습니다.

넷째, 들어가서는 안 될 부분이 공약에 포함되어 있는 것도 유감입니다. 이재명 후보는 균형발전 공약 안에 기본소득을 끼워 넣었습니다. 개인별로 지급되는 기본소득은 수도권에 집중된 국민 수만큼 수도권에 돌아갑니다. 기본소득이 균형발전에 도움이 된다는 가정은 이해하기 어렵습니다. 오히려 수도권 집중을 고착화시키게 됩니다.

기본소득에 쓸 한해 20조 원에서 66조 원의 돈이 있다면, 급진적 균형발전을 위한 균형뉴딜 자금으로 쓰는 것이 국가의 미래를 위한 길이라고 이미 말씀드린 바 있습니다. 다음 TV토론에서 김두관의 321조 원 균형뉴딜이냐, 이재명의 200조 원 기본소득이냐를 놓고 본격적인 토론이 있었으면 합니다. 아무리 생각해도 균형뉴딜이 먼저라고 생각됩니다.

하지만 이번에 이재명 후보가 발표한 공약에는 균형발전과 자치분권에 꼭 필요한 내용이 많이 들어있습니다. 이 후보께서 '5개 서울, 2개 특별도' 비전에 적극 동의하셨듯이 저도 이 후보님 공약에서 좋은 내용은 고맙게 수용하겠습니다.

내일 저는 지방대학과 지방경제를 살리기 위한 공약을 발표할 예정입니다. 2003년부터 국가균형발전전략을 만들어온 '원조 균형발전 맛집' 김두관 요리사의 공약을 더 많은 분들이 맛보셨으면 합니다. 감사합니다.

반쪽 행정수도는
서울공화국에 대한 미련인지요?

어제 토론을 하면서 많이 아쉬웠습니다. 현장에 있는 것과 집에서 온라인으로 참여하는 것은 크게 달랐습니다. 토론은 얼굴을 보면서 해야 하는데, 화면을 보면서 하니까 할 말을 제대로 못했던 것 같습니다. 어제 못다한 말을 적어 봅니다.

모든 것이 서울에 있는 나라는 경제적으로도 환경적으로도 발전할 수 없습니다. 나라를 개조하는 수준의 지방분권과 균형발전 없이 국가의 경쟁력을 유지할 수 없는 것입니다. 따라서 저는 대한민국의 미래는 서울공화국 해체와 서울이 다섯 개인 나라, 지방도 잘사는 나라라는 확신을 가지고 있습니다.

그리고 서울만 오아시스고 나머지는 사막인 나라에서 적어도 대통령 후보들이라면 모두 서울공화국 해체를 위한 첫 단추인 행정수도 이전을 완전하며 불가역적인 형태로 완성하자고 주장해야 한다고 봅니다.

그런데 이재명, 이낙연 후보의 수도 이전 공약은 경기도민에 대한 배려인지, 서울공화국에 대한 미련인지 몰라도 반쪽 이전에 불과합니다. 여의도에 국회의사당을 두고 세종의사당을 만들고, 청와대를 서울에 두고 세종시에 대통령 제2 집무실을 만들자는 것이 핵심공약입니다.

서울공화국 해체는 행정부, 입법부, 사업부의 완전한 지방 이전, 공공기관의 혁신도시 이전이 핵심입니다. 그런데 두 후보 모두 서울에 본점

285   자치분권과 균형발전을 위한 외침

을 두고 지점만 옮기자고 합니다. 헌재의 관습헌법 판결을 이유로 들고 있는 것 같습니다. 하지만 저는 서울 기득권을 놓지 않으려는 핑계에 불과하다고 봅니다.

본점과 지점으로 기능이 분산되면 예산 낭비, 중복투자, 교통 수요 유발, 온실가스 증가 등 여러 가지 문제가 발생합니다. 인수 분산 효과는 미미하고 서울에 거주하면서 세종으로 출퇴근하는 사람만 늘어날 것입니다. 헌재의 판결이 문제라면 분권형 개헌을 하면 됩니다. 의지만 있다면 개헌도 완전한 행정수도 이전도 얼마든지 가능합니다.

행정수도 완성은 대통령의 의지가 가장 중요합니다. 행정수도 완성의 열망 김두관처럼 강한 사람은 없습니다. 노무현 대통령을 도와 행정수도를 시작한 김두관이 마무리도 하겠습니다.

김두관은 헌재의 관습헌법 판결을 무력화하겠습니다. 헌재의 관습헌법 판결은 잘못된 것입니다. 국민투표, 재입법, 개헌 등 모든 방안을 찾아서 충청권을 명실상부한 수도권으로 만들겠습니다. 그리고 청와대와 국회, 서울에 남아 있는 정부 부처 모두 세종시로 옮겨 행정수도를 완성하겠습니다. 헌법재판소와 대법원, 대검찰청은 별도의 신도시를 지정해서 옮기겠습니다. 또한 하염없이 미뤄지고 있는 2차 공공기관 이전, 즉시 추진하겠습니다. 공공기관 추가 이전으로 기존의 혁신도시에 2차 도약의 에너지를 공급하고 새로 지정된 대전과 충남의 혁신도시에 공공기관 이전을 우선 배려하겠습니다.

대한민국 최고 기득권은 서울이고, 최고 불공정은 서울과 지방의 차별입니다. 서울공화국 해체가 대한민국 최고의 공정이고 정의입니다. 노무현 대통령의 꿈은 반쪽짜리 행정수도가 아니라 완벽한 행정수도였습니다. 이재명, 이낙연 후보는 노무현 대통령의 뜻에 따라 반쪽짜리 행정수도가 아니라 완벽한 행정수도 건설에 동참해 주시기 바랍니다.

이제 청와대만 남았습니다

2021 09 29

세종에 국회의사당 분원을 설치하는 법안이 통과되었습니다. 박병석 의장님, 그리고 송영길 당대표님, 윤호중 원내대표님, 모두 역사의 한 장면에 남길 큰 수고를 하셨습니다. 여야가 큰 이견 없이 처리한 것도 뜻깊습니다. 2002년 행정수도 이전을 본격 논의한 후 꼭 20년 만에 국회 세종의사당이 설치됩니다. 노무현 대통령의 말씀처럼, 역사는 더디더라도 전진한다는 것을 이렇게 확인하는 것 같습니다.

국회는 대한민국 헌정의 중심입니다. 그렇기 때문에 국회가 세종으로 이전하는 것은 큰 의미를 가진다고 생각합니다.

지금은 세종 분원일 따름이지만, 조속히 국회를 완전히 이전해야 한다고 생각합니다. 세종의사당 부지도 충분하고, 무엇보다 세종과 여의도 사이를 오가는 기간이 길수록 쓸데없는 낭비가 커질 것이기 때문입니다. 국회가 있었던 여의도도 긴 안목을 가지고 이제 새롭게 태어나야 합니다.

이제 청와대만 남았습니다. 충청권을 행정수도권으로, 부울경을 메가시티로 만드는 역사가 시작되었습니다. 4기 민주정부는 행정수도 완성은 물론, 국토의 불균형 발전에 대한 근본적인 전환, 즉 서울을 다섯 개로 만드는 국토 대전환을 핵심 과제로 삼아야 할 것입니다. 모두가 차별 없이, 지방도 골고루 잘 사는 나라를 만들자는 게 행정수도를 추진하신 노 대통령의 뜻 아니겠습니까?

세종의사당은 올해 설계예산이 반영되었고, 10월부터 사전타당성 조사 및 기본계획을 수립할 예정입니다. 절차가 차질없이 진행되면 이르면 2024년 세종의사당 건립의 첫 삽을 뜨게 되고 2027년에 국회 분원이 문을 열게 됩니다.

세종의사당이 문을 열고 첫 국회 본회의에 참석한다면, 그 이상의 감격이 없을 듯합니다. 오늘 참여정부가 단초를 열었던 오랜 기억을 더듬어 균형발전을 염원하는 모든 분들과 함께 이 기쁨을 나누고 싶습니다.

부울경 메가시티 특별법 제정 토론회를 열었습니다

2022 03 31

부울경 메가시티 특별법 제정을 주제로 한 토론회를 오늘 부산일보 대강당에서 개최했습니다. 문정수 전 시장님, 윤준호 전 의원님, 성경륭 이사장님과 이민원 전 국가균형발전위원장님 등 여러 내빈이 참여한 가운데 밀도 있는 발제와 토론의 시간이 이어졌습니다. 참여해주신 모든 분들께 깊이 감사드립니다.

부울경 메가시티의 논의가 많이 진척되어 특별협약도 만들어지고 있고, 중앙 차원의 지원방안도 마련되고 있습니다. 그러나 여전히 권한 문제를 다룰 핵심적인 추진체계 마련과 사무 권한의 영역에 대한 적극적인 논의는 매우 더디고, 소극적입니다. 이는 기존 자치단체들 간의 민감한 권한 문제도 있지만, 중앙 차원에서 부여하는 법적 지위나 협약에 부여하는 권한 정도가 미흡하다 보니 어쩔 수 없이 나타나는 문제입니다.

저는 이 문제는 결국 특별법을 통해 풀 수밖에 없다고 생각합니다. 지자체 당사자 간 협의도 중요하지만, 여기에만 의존하면 교착을 풀기 어려운 국면이 얼마든지 생길수 있습니다. 보다 대담한 진척을 위해서는 특별법 수준의 강행규정, 즉 근거가 필요합니다. 중앙에서 위임되는 각종 권한을 초광역 특별자치단체에 부여하도록 조정하는 것도 특별법을 통해 가능할 것입니다.

오늘 토론회에서 정말 많은 지적들, 현실적인 검토사항과 아이디어 제안이 있었습니다. 고견을 잘 모아서 특별법의 내용을 구체화하는데 보태도록 하겠습니다. 부울경 메가시티는 반드시 추진되어야 합니다. 그것이 부울경이 사는 길이고, 크게는 대한민국이 사는 길이기 때문입니다.

자치분권과 균형발전을 위한 외침

부울경 메가시티 특별법안을
발의했습니다

2022 04 26

많은 분들의 노력을 바탕으로, '부산·울산·경남초광역특별지방자치단체 설치 등에 관한 특별법'을 발의했습니다. 수도권은 대부분의 자원과 인구가 몰리면서 과밀화의 부작용을 겪고 있는 반면, 지방은 심각한 소멸위기를 겪고 있습니다.

이를 해소하기 위해, 초광역공동체를 구성하는 특별지방자치단체 설립에 대한 논의들이 이어져 왔습니다. 최근에는 '부울경 특별연합'이 출범하기도 했습니다. 하지만 특별연합의 역할, 정부와 협의 과정 등이 모두 규약을 바탕으로 하고 있어서, 실제 운영에는 많은 어려움이 예상되었습니다.

토론회 개최 등 여러 의견을 청취한 결과, 특별법을 제정하여 특별지방자치단체의 권한과 역할을 강화하고, 정부의 권한 위임과 지원 협의에 대한 법적 근거를 마련해야만, 숙원사업인 메가시티의 동력을 확보할 수 있다고 판단되었습니다.

그래서 특별법을 통해, 특별지방자치단체에 대한 정부의 지원과 역할을 명시했습니다. 국무총리 산하 '부울경특별지방자치단체지원협의회'를 설치하여, 국무총리를 비롯한 5개 정부 부처 장관과 메가시티 사무와 관련하여 국가 사무 위임 및 이양, 국가 지원 등을 협의하고 특별협약을 체결하게 됩니다.

국가는 체결된 사무에 관하여 재정적·행정적 지원과 우선 및 특별지원을 할 수 있습니다. 또한 메가시티 완성을 위한 3대 핵심사업인 교통 및 물류망 구성, 신산업 육성 및 기반시설 구축, 인재 육성의 분야를 법안에 명시하여, 효율적인 업무 진행과 국가의 지원 근거를 만들었습니다.

주요 내용으로는 광역도시계획과 교통시설확충 등 초광역 교통물류망을 구성하고, 신재생에너지와 탄소 중립 등 신산업과 산업별 발전 전략을 구축하며, 지방대학 소멸과 청년 인구 유출, 일자리 문제 등에 대응하기 위해 특별지방자치단체 산하에 지역대학과 기업, 기관 등이 참여하는 공립학교와 시설을 설립할 수 있습니다. 원활한 사무를 위해 지방 공공기관을 설립 및 운영할 수도 있습니다.

이번 특별법을 시작으로, 부울경 메가시티 완성에 한 걸음 다가가고, 수도권 일극에서 전국을 다극 체제로 전환하는 초석을 쌓으며, 메가시티가 전국으로 확산되어 대한민국의 경쟁력을 제고하는 좋은 선례로 자리 잡기를 간절히 기대합니다.

많은 의견과 도움을 주신 부울경 지역주민들과 전문가분들, 동료 의원님들께 감사드립니다.

믿기 힘든 부울경 국민의힘 시도지사

어제 10월 12일 부울경의 국민의힘 광역단체장들이 '부울경특별연합'을 해체하고 대신하여 '부울경 초광역경제동맹'을 결성하고 부산과 경남은 2026년 지방선거 전까지 행정통합을 하겠다고 성명을 냈습니다.

지난 9월 19일 박완수 경남지사는 부울경특별연합 탈퇴를 선언하였습니다. 그러나 경남지사의 선언은 도민과 여론의 강한 질타를 받았습니다. 민주당이 부울경의 부흥을 위해 심혈을 기울여 추진한 부울경 메가시티를 좌초시키려 몽니로밖에 볼 수 없기 때문입니다.

부울경특별연합은 단계적이고 온건한 통합절차를 담은 것입니다. 부울경이 그간 각자도생하면서 형성된 이해관계를 합리적으로 조정하고 소외되는 지역이나 부분이 발생하지 않도록 미세한 검증와 광범위한 시도민의 동의를 얻기 위한 절차를 철저히 밟아가겠다는 구상입니다. 그리고 내년 정식출범을 앞두고 있었습니다.

부울경 국힘단체장들은 특별연합을 해체하고, 초광역경제동맹을 출범시킨다고 했습니다. 뜬금없습니다. 경제동맹은 특별연합이 하려는 가장 중요한 플랜입니다. 국힘 단체장들은 초광역경제동맹의 실질적 내용은 하나도 제시하지 못했습니다. 시도민들의 눈을 가리기 위한 허황된 몽상입니다.

창원에서 자동차 생산이 중단된다는 뉴스에도 대책 하나 내놓지 못하면서 기분 내키는 대로 행동하는 행태를 이해할 수 없습니다.

덧붙여, 경남과 부산이 2026년 행정통합을 한다고 선언했습니다. 특별연합의 중간과정을 생략하고 바로 행정상 통합하겠다고 약속했습니다. 당장 경남과 부산은 통합의 프로세스를 공개하고, 주민들의 동의를 받는 절차를 진행해야 할 것입니다.

통합 시점을 2026년을 적시하였다는 것은 그해 지방선거가 있으니 지방선거 때까지 통합을 완료하고 경남과 부산은 통합선거를 치르겠다고 천명한 것으로 받아들입니다. 국민의힘 단체장들은 허언이 아니라 약속한 그대로 실천해야 할 것입니다. 그렇지 않으면 시도민을 기만한 국민의 준엄한 심판을 피할 수 없을 것입니다.

혁신도시는 실패했다구요?

2023 01 09

국민의힘이 하는 행태를 보면 왜 대통령이 되고 왜 여당을 하는지 도무지 모르겠습니다. 뭘 하겠다는 것은 하나도 없고, 야당 대표와 전 정권 인사들 뒤나 캐고 문재인 정부가 했던 성과를 뒤집기 위해 정권을 잡은 것 같습니다. 공부 못하는 학생이 열등감에 시달려 공부는 안 하고 뒷골목에서 우등생 험담만 하는 것과 같습니다. 언제까지 이럴 것인지 정말 답답합니다.

국민의힘 정진석 비대위원장이 새해 첫 고위당정협의회에서 "지방교육과 산업을 연결하는 관점으로 볼 때 혁신도시는 사실상의 실패"라

자치분권과 균형발전을 위한 외침

는 말을 했습니다. 태양광사업의 뒤를 캐며 세계적인 기후위기 극복에 찬물을 끼얹더니 이제 혁신도시마저 실패했다며 실태조사를 하겠답니다. 이런 것 좀 해보겠다는 이야기가 나와야 할 여당 대표의 입에서 또 전 정권 비난입니다.

모두가 아는 사실이지만 우리나라는 40여 년간 권력도 산업도 투자도 특정 지역에 몰아서 하는 소위 '서울공화국'으로 성장했습니다. 특정 지역에 집중하는 방식은 사회적으로 바람직한 일은 아니었지만 투자할 돈이 부족했던 시대에서는 어쩔 수 없는 선택이기도 했습니다.

하지만 더 이상 수도권 집중은 안됩니다. 수도권 집중이 가져올 국가적 재앙은 지방소멸로 예고되어 있습니다. 수도권은 터져서 죽고, 지방은 비어서 죽습니다. 혁신도시가 조금 부족해도 균형발전과 지방분산을 위해 더 키우고 더 지원해야 할 정책이지 실패로 단정하고 실태조사를 하겠다는 것은 지방소멸을 방치하고 수도권만 키우겠다는 선언과 다를 것이 없습니다.

빈부격차의 확대와 주택가격 급등, 일자리 불안으로 결혼과 출산은 급감하고 인구는 감소하고 있습니다. 이 와중에 수도권에 진입하는 연령대는 20대 후반에서 20대 초반으로 낮아지고 있습니다. 지방은 빈집이 급증하고 수도권은 전세 구하기가 어렵습니다. 수도권 집중과 불균형 발전은 정진석 비대위원장의 지역구인 공주, 부여, 청양도 곧 소멸시키게 될 것입니다.

혁신도시는 이러한 문제를 막기 위해 준비된 거의 유일한 대책이었습니다. 경쟁은 상대방의 정책을 폄훼하는 것이 아니라 상대보다 더 좋은 정책을 내놓고 시작하는 것입니다. 국민의힘은 그동안 지역을 살리기 위해 어떤 정책을 20년 이상 해왔는지 묻고 싶습니다. 머리가 없어 다른 정책을 내놓을 자신이 없으면 있는 정책이라도 성공하도록 돕는 것이 맞습니다.

혁신도시와 지방 교육이 미흡하다면 지방대학을 지원하면 되지, 왜 혁신도시를 뭉개려고 하는지 모르겠습니다. 저는 지난 대선의 당내 경선을 통해 '서울공화국 해체'와 더불어 전국을 5개의 광역권을 재편해야 한다고 주장했습니다. 지방소멸을 막을 현실적 대안은 구호가 아니라 국가체계를 재조정하는 것 외에는 대안이 없다고 생각했기 때문입니다.

여당의 비대위원장이라는 사람이 야당 탄압에 눈이 먼 대통령의 홍위병 역할을 하는 이 나라의 미래는 캄캄할 수밖에 없습니다. 국민의 대통령이길 포기하고 지지자의 대통령을 자처하는 윤석열 대통령이나, 절반의 인구가 사는 지방을 포기하고 수도권만 쳐다보는 여당 대표나 도긴개긴입니다.

자치분권과 균형발전을 위한 외침

김두관의 외침

초판 1쇄 2023년 11월 06일

지은이 김두관
펴낸이 최경선
편집장 유승현 **편집3팀장** 김민보

책임편집 김민보
마케팅 김성현 한동우 구민지
경영지원 김민화 오나리
디자인 studio KEY

펴낸곳 매경출판㈜
등록 2003년 4월 24일(No. 2-3759)
주소 (04557) 서울시 중구 충무로 2(필동1가) 매일경제 별관 2층 매경출판㈜
홈페이지 www.mkpublish.com **스마트스토어** smartstore.naver.com/mkpublish
페이스북 @maekyungpublishing **인스타그램** @mkpublishing
전화 02)2000-2632(기획편집) 02)2000-2646(마케팅) 02)2000-2606(구입 문의)
팩스 02)2000-2609 **이메일** publish@mkpublish.co.kr
인쇄·제본 ㈜M-print 031)8071-0961
ISBN 979-11-6484-632-0(03340)